会展实务丛书

编委会

▶ **总主编**

张　凡　　中国会展集训营创始人，武汉晖之石科技公司董事长
王春雷　　上海对外经贸大学中德国际会展研究所研究员，活动研究订阅号创始人

▶ **编　委（排名不分先后）**

储祥银　　中国会展经济研究会常务副会长
陈泽炎　　中国会展经济研究会学术指导委员会常务副主任
仲　刚　　全球展览业协会（UFI）亚太区主席，上海万耀企龙展览公司总裁
刘海莹　　全国会展业标准化技术委员会副主任委员
张　岚　　励展公司大中华区副总裁
赵慰平　　法兰克福展览（上海）公司总经理
梁　洁　　南京市贸促会会长，南京市会展办公室主任
陈树中　　长沙市会展办公室主任
徐惠娟　　无锡市贸促会会长、无锡市会展办主任
潘建军　　米奥兰特国际会展股份公司董事长
万　涛　　31会议创始人、总经理
姜　淮　　广东现代会展管理公司副总经理
王亦磊　　晟荟管理咨询（上海）公司创始人
郑路逸　　上海汇展信息科技有限公司合伙人
许　峰　　北京华恺国际展览公司总经理
姚　歆　　中国贸促会商业分会秘书长
顾　瞻　　上海灵硕展览公司执行总裁
李　益　　北京逸格天骄国际展览公司副总经理
王新生　　湖北省会展业商会专家委员会主任
唐烨斌　　上海复一会展管理公司董事长
陈　震　　月星集团文化旅游与娱乐事业部总经理
卢　晓　　上海师范大学旅游学院副教授
杨荫稚　　上海旅游高等专科学校副教授
冯　玮　　湖北大学商学院副教授
徐　勤　　桂林旅游学院高级经济师

会展实务丛书

会展策划（修订版）

张凡　编著

MICE
Planning

华中科技大学出版社
http://www.hustp.com
中国·武汉

图书在版编目(CIP)数据

会展策划/张凡编著. —2版(修订本). —武汉：华中科技大学出版社，2019.8(2023.1重印)
(会展实务丛书)
ISBN 978-7-5680-5638-0

Ⅰ.①会… Ⅱ.①张… Ⅲ.①展览会-策划 Ⅳ.①G245

中国版本图书馆CIP数据核字(2019)第178719号

会展策划(修订版) 张 凡 编著
Huizhan Cehua(Xiudingban)

策划编辑：胡弘扬 李 欢
责任编辑：胡弘扬
封面设计：刘 婷
责任校对：李 琴
责任监印：周治超

出版发行：华中科技大学出版社(中国·武汉) 电话：(027)81321913
　　　　　武汉市东湖新技术开发区华工科技园 邮编：430223
录　 排：华中科技大学惠友文印中心
印　 刷：武汉科源印刷设计有限公司
开　 本：787mm×1092mm 1/16
印　 张：16.5 插页：2
字　 数：375千字
版　 次：2023年1月第2版第3次印刷
定　 价：59.80元

本书若有印装质量问题，请向出版社营销中心调换
全国免费服务热线：400-6679-118 竭诚为您服务
版权所有 侵权必究

总序

如果从1984年国内第一家专业展览公司创立算起，我国会展业已经走过了三十多年历程。时至今日，从产业规模来看，中国无疑已跻身于世界会展大国的行列。

自2015年以来，全国每年举办经贸展览会超过1万场，展览面积超过1亿平方米。每年举办非官方会议（主要是学术会议、企业会议、社团会议）的数量超过400万场，与会人数不少于2亿人次。此外，以现代节庆、民俗赛事为代表的各类活动更是丰富多彩，难以计数。

作为服务贸易的一个行业重要领域，中国会展业的从业人数大约在200万以上。而自2002年起步的会展专业教育，全国目前已有300余所高校开设会展专业（其中，108所设有会展经济与管理本科专业），每年有近万名大学生毕业。据商务部报告统计，2016年全国展览业直接收入超过5000亿元人民币。会议及活动产业的经济规模虽无统计数据，但应该不会小于展览业。

国务院《关于进一步促进展览业改革发展的若干意见》（国发〔2015〕15号）要求，"坚持专业化、国际化、品牌化、信息化方向，倡导低碳、环保、绿色理念，培育壮大市场主体，加快展览业转型升级，努力推动我国从展览业大国向展览业强国发展，更好地服务于国民经济和社会发展全局"。培养高素质的专业人才，是中国从展览业大国向展览业强国转变的战略需要。《若干意见》提出："鼓励职业院校、本科高校按照市场需求设置专业课程，深化教育教学改革，培养适应展览业发展需要的技能型、应用型和复合型专门人才。创新人才培养机制，鼓励中介机构、行业协会与相关院校和培训机构联合培养、培训展览专门人才。探索形成展览业从业人员分类管理机制，研究促进展览专业人才队伍建设的措施办法，鼓励展览人才发展，全面提升从业人员整体水平。"

根据国务院《若干意见》精神，结合我国会展人才需求的实际，针对当前国内会展教育普遍存在的问题，应华中科技大学出版社邀请，由张凡、王春雷担任联合主编的《会展实务丛书》，经积极筹备、整合资源，在2017年应运而生。2017年6月，《会展实务丛书》编委会在武汉召开编研座谈会，提出以创新的思路和务实的态度，认真做好丛书的编写工作。会议明确，《会展实务丛书》将在以下几个方面体现特色。

——丛书根据中国会展业最新发展趋势，从培养技能型、应用型、复合型"三型"专业人才的需求出发，按会展业相关领域设计书目，在传播会展管理及业务的实操经验的同时，介绍相应的专业知识和理论知识，力求在国内诸多会展教材中独树一帜。

——丛书书目将注重三方面创新：一是针对目前会展教材中短缺的课程；二是反映近五年来在会展业界形成共识的新经验、新成果；三是弥补既有教材中缺乏实操实用案例的短板。力求体现应用型学科教材与时俱进的时代特征。

——丛书由会展业者和高校会展专业老师共同编著，以利于业界实践经验与高校教学经验有机结合，力求拓展产学研合作和校企合作的新领域。

——丛书将面向两个市场，即高校的学历教育和会展业者的继续教育，力求兼顾两方面使用教材的需要。

《会展实务丛书》将包括15—20本教材，竭诚为学习者奉献一套操作性强且知识体系比较完整的丛书。敬请业界同仁和广大读者关注，并多提供宝贵意见和建议。

《会展实务丛书》主编
张　凡　王春雷
2018年初春

会展项目是会展业的重要载体。没有主题多样、形式缤纷、数量庞大的会展项目,就没有活力充沛、与时俱进的会展业。

会展项目源于经济社会发展的需要,其创办离不开策划。可以认为,会展项目由策划催生,策划是驱动会展业发展的智慧生产力。正因如此,充满魅力的策划工作,才令会展业者兴致勃勃、乐此不疲。

作为教科书的《会展策划》,本书特点鲜明:

这是一本由会展职业经理人撰写并两度出版的教科书。

这是一本从历史和现实相结合的角度论述会展策划发展的理论性教科书。

这是一本汇集会展策划实操经验的工具性教科书。

这是一本反映会展策划新变化的实证性教科书。

这是一本贴近中国会展策划工作现实需求的实用性教科书。

这是一本既可用于本科和高职院校学历教育,也可用于会展业者培训或自学的教科书。

本书的内容创新表现为:

通过溯源"策划",将会展策划置于历史和现实的广阔背景下加以研讨,以深化学习者的专业认知。

通过分别介绍展览会和会议的策划,主要介绍经济贸易展览会和商业性会议的策划知识,以便学习者把握当今会展业发展的主流需要。

通过围绕展览会和会议新项目的主题创意、市场调研、立项操作工作,即"上项目",系统性地介绍会展策划的专业知识,以利于学习者明晰会展策划工作的基本概念。

通过简略介绍会展项目营销策划和评估项目实施效果的知识,展现会展策划的全流程和商业价值,促进学习者务实认知会展策划工作。

通过贯穿全书的"开篇故事"和诸多案例(全书包括每章的"开篇故事"共收录60个案例。其中,部分"开篇故事"和案例是编著者为此书专门采写或编撰的),强调教材的时代特征、实训功能和可读性,以增强学习者的阅读兴趣和思考能力。

改革开放以来,中国会展业发展迅速。展览业在规模上已居全球前列。会议业方兴未艾,前景乐观。

在此背景下,应运而生的中国会展专业教育,从无到有,并日益受到重视,正在走向成熟。

会展策划是会展专业教育中的核心课程。由于会展策划属于会展主办方的战略管理范畴,而从事策划工作需要宽口径的知识储备、丰富的社会阅历,以及一定年限的从业经验。因此,撰写适于本科和高职院校教学以及业者培训与自学的会展策划教材并非易事。希望此书能够为中国会展业的专业教育和职业教育贡献绵力。

　　由于个人学识局限,书中所论不足或表达错漏在所难免。恳请专家、学者、广大会展业者赐教指正。

张　凡

2019 年 6 月

目录 CONTENTS

第一章 导论

第一节
商业策划的来历与发展　3

第二节
会展策划的基本概念　12

第三节
会展策划的意义　29

开篇故事　范蠡原是"陶朱公"　/2
案例1　知名公司营销方案的策划　/8
案例2　行业协会主办的展览会　/16
案例3　国有机构主办的展览会　/17
案例4　展览会新项目的策划　/30

第二章 会展策划基本知识

第一节
展览会与会议的分类　38

第二节
会展项目经营的商业模式　63

第三节
会展策划工作的基本原则　67

第四节
会展策划的基本方法　77

第五节
会展策划的基本流程　80

开篇故事　CES光环未褪　展位销售代理商为中国企业创造商机　/35
案例1　文化类和经贸类展览会的结合　/39
案例2　地方政府主办或参与主办的展览会　/47
案例3　展览会举办地的选择　/48
案例4　大学、媒体、社团、公司主办的非官方会议　/56
案例5　专业学会主办的学术会议　/58
案例6　商业性会议中的营销式会议　/60
案例7　商业性会议中的经营式会议　/61
案例8　展览会的商业模式　/65
案例9　展览会举办地的选择方法　/68
案例10　展览会的市场定位　/68
案例11　进一步扩大对外开放与展览会主题创新　/70
案例12　德国知名展览公司项目构成的基本情况　/72
案例13　展览会举办地的社会环境风险　/75
案例14　举办展览会、会议的政策风险　/75
案例15　同主题展览会的竞争风险　/76

第三章　展览会主题的创意方法

第一节
创意概念与展览会创意来源　84
第二节
展览会新主题的创意思路　87
第三节
依据实践经验创意展览会主题　92
第四节
展览会主题创意的发展趋势　95
第五节
创意展览会主题常用的工具性方法　104

开篇故事　周恩来与"广交会"　/83
案例1　汽车展览会的主题创意　/86
案例2　地域性的展览会创新项目　/89
案例3　根据政府规划或政策意图创意新主题的展览会　/96
案例4　全球性科技发展孕育展览会新主题　/100
案例5　综合性展览会转向细分性展览会　/101
案例6　展览会主题的"SWOT分析"　/106

第四章　展览会项目市场调研的方法

第一节
市场调研的资料收集工作　111
第二节
市场分析与可行性研究工作　116
第三节
市场调研的工具性方法　126

开篇故事　酒店展"大佬"调研中部市场　/110
案例1　展览会项目市场调研资料收集工作的计划　/115
案例2　展览会项目市场调研资料收集的提纲　/115
案例3　展览会项目市场分析报告的撰写　/123
案例4　展览会项目可行性研究报告的撰写　/124
案例5　客商参展意愿市场调查的电话询问提纲　/127

第五章　展览会的立项与组织工作方案

第一节
展览会新项目立项工作及其流程　134
第二节
设计展览会的名称　136
第三节
设计展览会的展览范围　141

开篇故事　"做展览真不是件容易的事"　/132
案例1　展览会名称设计　/137
案例2　展览会总体名称与分展名称设计　/140
案例3　采用产业链横向细分的方法设计展览会的展览范围　/144
案例4　采用纵向细分的方法设计展览会的展览范围　/145

第四节
明确展览会的组织架构与合作伙伴
149

第五节
确定举办展览会的地点与时间 157

第六节
组建展览会的项目团队 160

第七节
编制展览会项目的财务预算 163

第八节
制定展览会的组织工作方案 167

第九节
党政机关举办展览活动的审批及
总体方案 169

案例5 依据概念设计展览会的展览范围 /146
案例6 根据综合主题的特点设计展览范围 /147
案例7 展览会主办方商请支持单位的函件 /154
案例8 展览会项目财务预算表 /164
案例9 展览会组织工作方案 /168
案例10 党政机关境内举办展览项目的总体方案 /171

第六章 会议的创意方法

第一节
会议主题创意的两个层次 175

第二节
工作性、学术性和商业性会议的
主题创意 177

第三节
论坛式、培训式会议的主题创意 182

第四节
会议活动与会议形式的创意 187

开篇故事 "全球开发者大会"苹果和谷歌打擂旧金山 /173
案例1 学术性会议的主题创意 /179
案例2 商业性会议的主题创意 /180
案例3 论坛式会议的主题创意 /183
案例4 论坛式会议的专题设置 /184
案例5 培训式会议的主题创意 /186

第七章 会议的立项与组织工作方案

第一节
会议项目立项工作的流程 192

第二节
企业年会立项工作的流程 193

第三节
设计会议的名称 194

开篇故事 克林顿在郑州的9个小时 /190
案例1 会议名称的设计 /196
案例2 举办国际会议的审批程序之一 /202
案例3 举办国际会议的审批程序之二 /202

第四节
举办国际会议的申请　199

第五节
明确会议的合作伙伴　204

第六节
设计会议的赞助方案　205

第七节
邀请出席会议的嘉宾　207

第八节
确定举办会议的地点与时间　211

第九节
组建会议项目的团队　214

第十节
编制会议项目的财务预算　215

第十一节
制定会议的组织工作方案　220

案例4　培训式会议课程设定与讲师选聘　/210

案例5　会议项目财务预算　/217

案例6　会议项目经营管理工作意见　/221

第八章　技术性的会展策划工作

第一节
技术性会展策划的性质与特点　226

第二节
会展项目的推广策划　227

第三节
会展项目配套活动的策划　229

第四节
展览会观众邀请的策划　231

第五节
展览会代理销售的策划　232

第六节
承接性会议项目的策划　233

开篇故事　韩国举办"慢餐"展　6天吸引53万游客　/225

第九章　会展项目策划效果的评价

开篇故事　从大学生到会展人　/236

第一节
会展项目评价的标准　238

第二节
新项目策划工作效果的评估方法　239

第三节
老项目"估值"的方法　242

第四节
展览会项目经济活动分析的方法　245

附录　247

参考书目　248

后记　249

Chapter

1

第一章 导论

本章教学要点

本章通过介绍商业策划的历史和基本概念,旨在阐述会展策划工作的意义。

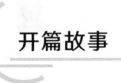

开篇故事

范蠡原是"陶朱公"

"已立平吴霸越功,片帆高扬五湖风。不知战国官荣者,谁似陶朱得始终。"

这首名为《五湖》的七绝,是唐代诗人汪遵所写。这首诗赞扬的人叫范蠡。

公元前494年,布衣出身的范蠡,在越王勾践穷途末路之际主动来到越国。被拜为上大夫后,秉持"越兴吴败"信念,随同勾践夫妇到吴国为奴三年。归国后,提出"十年生聚、十年教训"战略方针,督促勾践"卧薪尝胆",辅助勾践实现了灭吴称霸的政治愿景。

功成名就的范蠡,为避免"兔死狗烹"的下场,辞官携西施隐姓埋名,泛舟五湖。范蠡先后隐居齐、吴两地,自称"陶朱公",兴农桑,事商贾,积资巨万,富甲一方。后世尊"陶朱公"为"商圣",敬为文财神并设庙供奉。

范蠡的故事主要来自《史记》的《越王勾践世家》。司马迁在记载越王勾践故事的过程中,花了大量笔墨讲述范蠡的事迹。其中,范蠡功成身退,携西施泛舟五湖,经商致富,舍财救子的记载,竟然占据了很大篇幅。犹见史学家司马迁对于范蠡的看重。

范蠡是中国古代著名的谋略家。范蠡无论是从政还是经商,都是策划的高手。喜欢研究策划的人,包括学习会展策划的人,是应该知道范蠡的,哪怕是通过西施的故事知道范蠡。

会展业的发展需要策划。

现代商业策划影响广泛,会展策划是现代商业策划中的一种。

会展策划是会展主办方主要的业务工作之一,属于会展主办方战略管理的重要内容。

第一节　商业策划的来历与发展

作为现代工商业管理概念的商业策划,学界公认其产生于近代西方。但论及策划的历史渊源,就必须了解源远流长的中国谋略文化。

一　策划一词的来源与比较

弄清楚"策划"这个词的内涵,对于理解会展策划的概念十分必要。

在现代汉语中,"策划"一词的解释是:筹划、谋划(《现代汉语词典》,商务印书馆,第5版);或解释为:谋划,计谋(《新华字典》,商务印书馆,第11版)。

但查阅史籍,我们发现"策划"一词在中国的应用非常古老。早在春秋战国时期,就有了"策划"一说。不过,那时将"策划"写作"畫策"或"劃策"(其中,"畫"为"画"的繁写,"劃"为"划"的繁写)。伟大的历史学家司马迁在其编纂的中国第一部纪传体通史《史记》中(完成于公元前91年),就多次使用了"畫策"一词。

如果从语言学的角度,我们可以简单分析组成"策划"一词的两个字的字义。

先分析"策"字。

"策"字的原意为马鞭,引申为鞭打、驾驭、督促、勉励。"鞭策"一词的"策",就源于这一字义。

"策"字的另一原意为古时卜卦用的小竹棍或小木棍(比现在使用的筷子要短一些),又称为"筹"。引申为数额、数值、谋算、计谋、谋划。进而引申为宫廷文书的一种,后来发展成为古代的一种议论文体,引申为策论、策议、策士;"策"与"册"通假,又泛指书籍。现代汉语的"对策""策略""预测""书册"等词都源于这一字义。现在社会上仍可见到的"测字算命",源于上古时期的甲骨占卜。其中的"测""算"就是以"筹"为"策",用以预测未来之事的。

再分析"划"字。

在古代,"划"与"劃",是意义不同的两个字。

"划"字读 huá,是从戈、从刀的形声字,指划水、划桨、划船。现代汉语仍然这样用。

"劃"字由"畫"("画"的繁体)而来,读 huà。原意指用笔或其他工具写画或图画,即我们常讲的比比划划,引申为割开、分开。秦汉以后,"畫"与"劃"通假,含义扩展为刻画、筹划、计策。成语"画地为牢"的"画"字就源于这一字义。这个成语也可写作"划地为牢"。

通过以上分析可知,"策划"一词从古代汉语到现代汉语,从"畫策"或"劃策"演变为"策划"(港台地区不使用简体字,"策划"现今仍然写作"策劃"),但其筹划、谋划的内涵是一贯的。在当代语言环境中,"策划"一词与以下词语搭配使用的频率颇高,如战略策划、商业策划、营销策划、项目策划、活动策划、广告策划、公共关系策划、新闻节目策划、出版策划、文艺演出策划、庆典策划、会展策划,等等。从这些词语与"策划"的搭配中,有两方面的共性值得注意:一是这些被策划的对象可大体归为"活动"。而展览和会议,在英文中均可被称为"活动"(event);二是策划这些"活动",更多的是反映策划者的主观性,即策划者作用于被策划的"活动"。

如进行对比研究,英语中没有单词可与汉语的"策划"相对应。一般翻译为 Strategy Plan,或 Marketing Planning,或 Consult、Consultation。其中:

Strategy Plan 的意思为战略计划;

Marketing Planning 的意思为市场营销规划;

Consult、Consultation 的意思为咨询、商议、请教、顾问、图谋、查阅等。

从汉英词语翻译上的差别,我们可以明显感到"策划"一词的中国文化特色。

了解"策划"一词的来源,研究"策划"一词的内涵,对于我们学习会展策划知识,有着特别的意义。

思考题

1. 参看本教材附录《"策划"的历史》。
2. 阅读《史记》中《越王勾践世家》,了解范蠡以智谋从政从商的故事,加深对于中国谋略文化的理解。
3. 查阅《汉语大字典》或《辞源》《康熙字典》等工具书,了解"策""画"和"划"的字意。
4. 从中西文化的角度思考"策划"一词汉英翻译的差别。

二、策划与谋略文化

考察"策划"一词的源流,可以引导我们浏览"策划"的历史。浏览"策划"的历史,就可发现"策划"贯穿于谋略文化史之中。谋略文化的另一个较为现代的学术名称叫"战略学"。中国学界有专家呼吁建立"策划学"。

在源远流长、博大精深的中华文化中,反映谋略的故事,史不绝书。精彩生动、内涵丰富的谋略文化,是中国智慧的重要来源之一。中国的谋略文化是国际"战略学"或"策划学"的重要历史根据。

纵览中国的谋略文化史,具有谋略性质的"策划",基本上是为政治服务的。由于战争是政治的延续,故而为军事斗争服务的"出谋划策",就成了中国古代谋略文化的主旋律。

中国谋略文化兴盛的第一个高潮,应是距今两千多年的先秦时期即春秋战国时期。这一时期前后长达五百余年,即从公元前770年至公元前221年期间。在此期间,诸子百家各领风骚,争鸣学术,交融共存,相映生辉。在此时期产生的《周易》《论语》《道德经》《墨子》《韩非子》《孙子》《吕氏春秋》等伟大著述,无不论及谋国韬略。其中,《孙子》(也称《孙子兵法》)乃是全世界现存历史最为久远的兵书战策,被公认为集中国古代军事谋略大成之巨著。而整理于西汉末年的《战国策》,作为战国时期的国别史书,生动记述了七国争霸的风云变幻、兴衰变故。智士献策、君臣伐谋的史实更是贯穿全书。该书定名为《战国策》,实在是大有深意。

秦汉以降直至清末,谋略文化在中国封建王朝的兴替更迭中继续发展。其中,秦汉之交的楚汉相争、汉末魏晋时期的三国割据,李唐、赵宋、朱明以及清王朝的建立,都是中国谋略文化欣荣发散的重要时期。

近代中国,自1840年鸦片战争到1949年新中国成立的百多年间,国内政治动荡,战乱频仍。活跃于晚清民初政治舞台上的著名人物,在他们的政治生涯中都展现了各自的谋略。他们的谋略都不同程度地影响了中国近代历史的进程。在中国近现代史上,毛泽东无疑是全世界公认的谋略大家。他关于中国革命与建设问题的战略研究与伟大实践,不但为中国共产党通过武装斗争夺取政权开辟了道路,而且作为毛泽东思想的重要组成部分,成为指导社会主义中国强国强军的思想武器。

实行于1978年的改革开放政策,是中国经济发展、社会进步、国力强盛、民生改善的动力之源。其决策者邓小平被国内外舆论称为"中国改革开放的总设计师"。而"设计"一词,在古汉语中的原意就是"设定计谋"。而现代汉语解释为"根据一定要求,对某项工作预先制定图样、方案"。"设计"改革开放政策需要大谋略,绘制改革开放蓝图自然离不开高屋建瓴的"策划"。

中国的谋略文化影响深远,以致形成了许多成语或格言,其中不少广为流传,堪称经典。

汉语中有关谋略或策划的成语或格言

运筹帷幄,决胜千里

君臣之会,六者谓之谋

不谋万世者,不足谋一时;不谋全局者,不足谋一域

上兵伐谋,其次伐交,其次伐兵,其下攻城

多算胜,少算不胜,而况于无算乎

欲胜多败算,不失其望;欲赢先败予,不失其利

临事而惧,好谋而成

君子之谋也,始、衷、终皆举之

预则立,不预则废

谋定后动,蚤谋先定

运智铺谋,渊谋远略

诈谋奇计，操奇计赢

谋事在人，成事在天

道不同不相为谋

以上成语或格言均与谋略或策划有关，其形成都离不开中国历史上著名的谋略故事。直到今天，这些闪烁着智慧之光的成语或格言依然能够启迪我们，滋养我们的思想。

思考题

1. 举例说明汉张良"运筹帷幄中，决胜千里外"的功绩。
2. 了解中国的《孙子兵法》和德国克劳塞维茨的《战争论》两部著作的内容，以及写作的时代背景。
3. 简单地将"权谋"和"兵法"作为当今商业策划或者是企业管理的思想内涵，有什么不妥？

三、现代商业策划的理论来源

作为现代工商业管理概念的商业策划，并不产生于中国，而被公认为产生于西方。

"商业策划"这一概念的理论，大体来自以下三个工商管理学科。

一是，来源于市场营销学。

20世纪初，美国一些大公司开始在内部设立市场研究部门，但当时仅被作为公司销售部门的附属机构，主要是给销售部门提供市场信息，以利其把产品卖出去。与此同时，市场营销（Marketing）开始成为美国一些大学的研究课题和课程内容。但此时的研究与教学仅限于产品推销和广告宣传的方法。

20世纪20年代后，在竞争的压力下，许多美国公司开始把市场研究部门独立出来，职能范围扩大为市场调查、销售分析、广告推广和售后服务。与此同时，1915年成立的美国全国广告协会在1926年改组为美国市场营销学与广告学协会。1937年又改组为美国市场营销协会（AMA）。

"二战"以后，市场营销学进入全面发展时代，新的营销理念层出不穷。其在西方大行其道的同时，逐渐影响到日本、韩国、新加坡以及中国的台湾和香港等亚洲国家及地区的企业。20世纪80年代前后，市场营销学引入中国大陆（内地），逐渐为越来越多的企业经营管理者所熟知，而后成为大专院校开设的热门专业。

美国著名的营销学者菲利普·科特勒给市场营销学下的定义是：营销学是一门建立在经济科学、行为科学、现代管理理论基础上的应用科学。

二是，来源于公共关系学。

1904年，曾在《纽约日报》《纽约时报》《纽约世界报》担任过记者的美国人艾维·莱德拜特·李，与人合伙开设"派克与李合伙公司"，为雇主提供新闻代理服务并收取佣金。

1914年,其为洛克菲勒家族所牵涉的"鲁德洛大屠杀事件"提供的公共关系服务,令其名声大噪。美国企业界由此认识到公共关系管理的重要性。艾维·李关于"公众必须被告知"和"讲真话"的原则,对于公共关系学的发展具有里程碑式意义。同样是记者出身的美国人爱德华·伯纳斯,1913年在福特汽车公司担任公关经理。1923年,受聘纽约大学讲授公共关系课程,同年,出版《舆论明鉴》(又译为《舆论之凝结》),被认为是史上公共关系学的第一部专著。到1937年,全美公关顾问公司有250余家,5000人从业,业务繁忙,收入可观。

"二战"以后,公共关系学说风行西欧,并传播到亚洲。此学说在政治界、工商界、传媒界的影响越来越大,美欧知名大学纷纷开设公共关系学专业。1987年,中国公共关系协会成立,显示公关行业在国内已成规模。

《韦伯斯20世纪新辞典》对于公共关系的定义分为两个层次:通过宣传与一般公众建立的关系;公司、组织、军事机构等向公众报告他们的活动、政策等情况,企图建立有利的公众舆论的职能。1978年8月在墨西哥召开的世界公共关系大会,经与会者讨论,对于公共关系定义达成共识如下:公共关系是一门艺术和社会科学。公共关系的实施是通过分析趋势和预测后果,向组织领导人提供咨询意见,并履行一系列有计划的行为,以服务于组织和公众的共同利益。

三是,来源于企业战略管理学。

20世纪60年代,企业战略管理学出现于西方发达国家。原因是,战后资本主义国家的经济、技术发展迅速,企业所面临的外部环境复杂多变,以致企业管理上的战略问题日益突出。任教于麻省理工学院和霍普金斯大学的艾尔弗雷德·D·钱德勒,在1962年发表《战略与结构:美国工业企业史的若干篇章》,通过分析杜邦、通用等4家跨国公司的案例,首次提出企业的组织结构必须适应发展战略的观点,由此成为企业战略管理学的奠基人。所谓企业战略,是在企业市场竞争、市场营销、技术研发、人才培养等多种类、多层次战略基础上建立的综合性战略。

商业策划概念之所以成熟于"二战"之后的美国,与美国工商经济空前繁荣并执世界经济之"牛耳"有关。20世纪70年代后,随着日本经济起飞和亚洲"四小龙"崛起,亚洲经济活力大增。在此背景下,亚洲工商界借鉴西方的先进管理理念,促使"商业策划"大行其道。由于受中国传统文化的长期影响,日本、韩国、新加坡、中国台湾等亚洲国家及地区很自然地将中国谋略文化的元素植入现代商业策划之中,使之具有东方智慧与地域色彩,大有"青出于蓝而胜于蓝"的功效。

中国改革开放后,社会主义市场经济体制的逐步建立为工商业发展带来了前所未有的机遇。在此背景下,许多企业从制定发展战略或开展市场营销的需要出发,纷纷设立市场部或企业策划部,推动商业策划风行中国。国内的策划公司也应运而生,专业从事商业策划的机构一度成为发展服务经济和智力经商的热点。

案例1　知名公司营销方案的策划

小米公司的社会化营销

小米公司自创立之初就开始积攒社会化营销的经验。

1. 借力网络论坛

早在做MIUI系统时，小米创始人兼CEO雷军提出"能不能不花钱做到100万用户"的要求。分管市场营销的副总裁及其团队满世界泡论坛，找资深用户，好不容易拉来了1000人，从中选出100个作为超级用户，参与MIUI的设计、研发、反馈等。这100人是MIUI操作系统的点火者，也是小米粉丝文化的源头。到2013年7月，MIUI的用户总数达707万人，日发帖量12万，帖子总数累计达1.1亿。与此同时，通过自建小米论坛以"同城会"名义推动线下活动。各地"同城会"由粉丝自发组成。

2. 利用微博、微信、QQ空间

小米开设微博，起初只是发挥客服功能。公司规定，对于微博上的客户留言必须在15分钟内快速响应。后来发现微博的宣传效果超乎想象，于是扩充力量丰富内容，促使微博的活跃度稳定持续提升。2012年，在青春版手机发布前，小米团队以"150克青春"为话题在微博上传播。通过插画呈现大学时代象征青春的各种场景，但对150克指什么引而不发。此话题在网上发酵长达一个半月，不断撩拨年轻人怀念校园生活的浪漫情怀。在此期间，小米制作的微电影《我们的150克青春》上传优酷网。影片的后半段，记录了雷军和其他六个联合创始人重回大学宿舍，演绎了他们的大学生活。影片发布当日，小米微博转发量200多万，评论有100万。这一话题有效预热了青春版手机的销售。

2013年4月9日，在第二届米粉节上，小米在微信上做"大家看发布会直播"的抢答活动。规则是每10分钟进行一轮抢答，每轮送新品小米手机1部或50个F码（小米手机优先购买权）。活动开始后两个小时内就有280万条互动信息，当天新增加粉丝18万人。

2013年8月，小米以互动预约销售方式，选择QQ空间发布低端手机——红米手机。此活动吸引745万用户参与，在90秒的时间里销售了10万台手机。选择QQ空间首发红米手机，是因其面对的年轻群体大多来自三四线城市。这个群体收入不高，但对于低价位高配置的手机有强烈的消费需求。

3. 创办米粉节

小米公司成立于2010年4月6日。2012年4月6日，小米在北京798艺术区举办第一届米粉节。雷军在送给米粉的贺卡上写道："小米的哲学就是米粉的哲学。"在米粉节上，小米以折扣价回馈用户。2013年4月9日的第二届米粉节上，小米发布了名为《100个梦想的赞助商》的微电影,感谢铁杆米粉。同时,发布四款新品。其中,10万部小米2S手机在前一天晚八点通过官网首发,6分钟便售卖一空。2014年第三届的米粉节,没有举行线下发布会。而是公司员工聚会庆祝小米创办四周年。同时,提供100万台小米手机包括移动电源、活塞耳机、随身Wi-Fi等配件、5000台小米电视和10万台小米盒子折价抢购。抢购活动从4月8日早上10点到晚上10点,全球共有1500万人参与米粉节活动。小米官网接受订单共计226万单,售出手机130万部(含港台地区及新加坡售出的10万台),销售总额超过16亿元。

说明与评点

创建于2010年的小米公司,是互联网经济的产物。小米产品采用社会化方式生产,营销的社会化更是特色。

社会化营销,是指采用社会化媒体包括网络论坛、微博、微信、网站进行信息传播,而不同于采用报刊、电视、广播等传统媒体传播。社会化营销具有低成本、互动性强、适应青年受众的特征。

基于"小米的哲学就是米粉的哲学"理念,小米的社会化营销服务于产品销售,服务于用户,包括利用节庆活动线下"圈粉",让小米不断刷新销售纪录。2013年,小米营业收入316亿元。到2018年前三季度,其营业收入已达1305亿元。

思考题

1. 怎样理解企业战略管理学是商业策划的基础学科来源之一?
2. 尝试阅读菲利普·科特勒的《市场营销》一书,把握商业策划与市场营销两者的关系。
3. 通过查阅小米公司官方网站、社群和有关资料,了解小米公司最新的发展战略,并跟踪其近年有影响的商业策划案例。

四、现代商业策划的特点

根据工商管理学科中市场营销、公共关系和企业战略管理这三个方面的学科来源,我们可以这样认识现代商业策划。

商业策划是企业或组织根据其业务发展的需要,同时结合市场需要而设计的商业活动。商业策划是企业或组织市场营销工作的组成部分,其目的是扩大企业或组织的影响力,以提高企业或组织的竞争力。

商业策划的活动都是针对公众的,必须通过维护和管理公共关系才能达成策划效果。

商业策划是企业或组织战略管理的对象,必须服从并服务于企业或组织发展战略的需要。

我们还可以运用比较分析的方法,从四方面加深对于现代商业策划的认识。

第一,商业策划不是"出点子"。

"出点子"是中国的老话,而新词是"创意"。

商业策划与"出点子"的区别见表1-1。

表1-1 商业策划与"出点子"的区别

区别分类	商业策划	出点子
概念外延	可以包括"出点子"	不能涵盖商业策划
概念内涵	从"出点子"到实现操作	不包括实现操作
提供者	一般需要专业团队集体完成	一般是个人
产生条件	必须调研论证可行性	多凭经验或直觉提出
结果检验	必须对实施结果负责	一般不承担实施责任

第二,商业策划不是广告策划。

广告策划只是商业策划中的一种,而不是商业策划的全部。

在商业策划中,可能需要广告,也可能不需要广告。一般而言,涉及高层次发展战略的商业策划,是不大需要广告宣传的。如某企业决策三年内成为上市公司,实施这个决策不能没有商业策划。但企业上市工作本身是不需要广告宣传的。因为,以上市为主题的广告宣传不但不能帮助企业上市,而且会使社会舆论包括竞争对手关注此事,带来不必要的干扰。在此过程中,企业更多需要的是展开公关活动。服务上市工作的公关活动,是需要商业策划的。

第三,商业策划方案不等于经营工作计划。

商业策划方案以"策"为主,即以谋略驱动实施方案的制定。经营工作计划以"划"为主,即围绕经营目标安排工作步骤。两者区别可见表1-2。

表1-2 商业策划方案与经营工作计划的区别

区别分类	商业策划方案	经营工作计划
驱动因素	根据创意提出方案	根据经营目标提出计划
利用资源	外部、内部资源并用	主要使用内部资源
服务对象	主要服务于市场营销	不一定服务于市场营销
思维方法	抽象思维与逻辑思维并重	主要依靠逻辑思维
技能要求	需要综合性的知识与能力	主要采用专业性的知识与能力
实施方法	强调创新,灵活应变	注重程序,强调细节

续表

区别分类	商业策划方案	经营工作计划
经验复制	程度偏低	程度较高
信息反馈	重视社会反映	偏重组织内部反映
结果检验	检验结果的时间不确定	检验结果的时间确定

第四,商业策划不是战略决策。

在企业或组织中,商业策划从属于战略管理,即商业策划受企业或组织战略决策的管控和指导。"商业策划"必须服从并服务于企业或组织的战略决策的需要。商业策划与战略决策的区别见表1-3。

表1-3 商业策划与企业战略决策的区别

区别分类	商业策划	战略决策
相互关系	服从与服务战略决策	管控和指导商业策划
工作对象	短期、具体的项目	长期、宏观的发展问题
创新重点	偏重活动的内容或形式	重视发展方向、体制、机制、关键技术
策划人员	来自企业或组织内的职能部门 可委托专业机构提供方案并操作	来自企业或组织内的高层领导 可外聘专业机构提供咨询
影响力	局部的、短期的	全局的、长期的

亚洲知名企业大都内设策划机构,如丰田汽车公司、三星电子公司、富士康公司称之为企业策划部,简称"企划部"。其英文翻译为"Corporate Planning Department"。这些部门的职责主要是战略规划。

由上可知,现代企业的商业策划是组织行为,在企业管理中有明确的分工和职责划分,绝非个人行为。"君臣之会,六者谓之谋"。这是中国古代著名政治家管仲曾说过的话。古人策划尚懂得依靠集体智慧,今人做"商业策划"更不可能是个人作为。

五、商业策划的定义

通过分析现代商业策划的特点,我们可以将其定义如下。

商业策划是企业或组织根据本企业或本组织的发展战略,为扩大企业或组织的影响力,或为提高企业或组织产品(包括服务项目)的竞争力,面向公众或特定受众,创造性地组合所能利用的信息、资源和时间三大要素,设计并实施的商业活动。

企业或组织可以委托专业机构进行商业策划,即商业策划业务外包。

正是由于商业策划外包市场持续扩大,专业从事商业策划的服务机构日益增多,以致发展成为服务业中的一个行业。国际上将这个行业称为"咨询业"。

2006年3月颁布的《中华人民共和国国民经济和社会发展第十一个五年规划纲要》提出:"拓展和规范律师、公证、法律援助、司法鉴定、经济仲裁等法律服务。发展项目策划、财务顾问、并购重组、上市等投资与资产管理服务。规范发展会计、审计、税务、资产评估、校准、检测、验货等经济鉴证类服务。支持发展市场调查、工程咨询、管理咨询、资信服务等咨询服务。鼓励发展专业化的工业设计。推动广告业发展。合理规划展馆布局,发展会展业。"这是国家首次把会展业列入五年规划。从中可见,咨询业与会展业虽然同属"商务服务业",但并不是一个行业。

思考题

1. 现代商业策划与中国古代历史上的策划有什么不同?
2. 为什么说商业策划必须服从并服务于企业或组织的发展战略?
3. 叶茂中是商业策划界知名人士,登录"叶茂中策划机构"官网,了解其发展历史、组织机构和服务案例。

第二节　会展策划的基本概念

　　从商业策划的角度看,会展策划只是现代商业策划的一个分支,其理论来源和基本规律与商业策划并无二致。因此,不能认为会展策划是游离于商业策划之外的"独门绝技"。但是,会展业是国民经济中的一个独立行业,其服务国民经济和社会发展的产品主要是会展项目。因此,围绕会展项目进行的策划在商业策划中就有了特殊性。针对会展策划的特殊性进行研究和总结,以便有规律可以遵循,有方法可以借鉴,使之成为专业性的知识,正是本教材的目的。

　　为科学地定义会展策划,我们需要逐一梳理与会展策划相关的基础概念,包括什么是会展业、会展策划为谁服务、策划工作的对象和内容是什么、谁是策划的提供者、策划工作者需要具备什么素质等问题。

一、会展业的定义与构成

　　会展业是展览业和会议业的合称。会展业是国民经济服务业中一个独立行业,属于生产性服务业领域。世界贸易组织(WTO)将会展业列为服务贸易范畴。

　　在中国,官方正式将会展业视为一个独立的行业,始于2002年公布的《国民经济行业分类》国家标准(GB/T 4754—2002)。其将会议、展览及相关服务作为商务服务业中的细分行业,行业代码为L7291。该标准对于会议及展览服务的备注为:"是指为商品流通、促销、展示、经贸洽谈、民间交流、企业沟通、国际往来而举办的展览和会议等活动。"2017年,新修订的《国民经济行业分类》国家标准(GB/T 4754—2017)将"会议、展览及相关服务"由之前的"小类"升格为"中类",行业代码调整为L7298。该标准对于这一行业的备注为:"指以会议为主,也可附带展览和其他活动形式,包括项目组织策划、场馆租赁保障、相关服务。"其下分设科技会展服务、旅游会展服务、体育会展服务、文化会展服务和其他会议、展览及相关服务五个子类,行业代码分别为L7281、L7282、L7283、L7284和L7289。

2011年12月,中国商务部发布《"十二五"促进会展业发展的指导意见》(下称商务部《指导意见》),指出:"会展业是现代服务业的重要组成部分,影响面广,关联度高,发展潜力大,其发展程度体现一个国家文化、经济和社会的综合发展水平。发展会展业,能够汇聚人流、物流、资金流、技术流,直接拉动和间接带动相关产业和配套行业发展,引导产业升级与转移,促进就业,拉动消费,优化资源配置,促进创新发展。"

商务部《指导意见》认为:"当前,会展业已成为行业间、地区间和国家间交流与合作的桥梁纽带,宣传推介各行业和各城市的窗口平台,反映一国文化、经济、社会发展状况的晴雨表和风向标。"

二、组成会展业的机构

既然会展业是国民经济中的一个独立行业,其存在形态和经济活动方式必须具有不同于其他行业的特殊性。本教材认为,会展业的这种特殊性集中表现在两个方面:该行业由从事会展服务的专业机构组成;该行业服务社会的产品主要是一个个具体的会议或展览会。

组成会展业的机构可大致分为12类,具体分类及其服务功能见表1-4。

表1-4 从事会议与展览服务的机构

机构分类	服务功能
会议/展览会的组织机构	策划并主办会议/展览会
会议场所/展览场馆经营机构	提供会议/展览会举办场所/场地租赁服务
展示工程服务机构	提供会议/展览会会场布置、展位搭建服务
会议/展览会信息服务机构	提供会议/展览会相关信息的收集、整理、传递服务
平面设计、印刷经营机构	提供会议/展览会组织机构所需的平面设计、宣传品印刷服务
物流运输机构	提供展品物流运输服务
会议/展览会现场服务机构	提供会议/展览会现场所需的人员接待、同声翻译、摄影摄像、物品租赁、礼仪、文艺演出、灯光音响等方面服务
酒店经营机构	提供会议人员、参展/参观人员的住宿服务
餐饮经营机构	提供会议/展览会期间人员的餐饮服务
保洁经营机构	提供会议/展览会期间的保洁服务
保安经营机构	提供会议/展览会期间的保安服务
旅游经营机构	提供会议人员、参展/参观人员的旅游服务

在组成会展业的服务机构中,会议/展览会的组织机构即会展主办方,其通过主办一个个具体的会议或展览会项目,在服务国民经济和社会发展的同时,引领着会展业的发展进步。因此,会展主办方是会展业生产力的核心代表。其他服务机构实际是围绕会展主办方的需要提供细分服务的。

思考题

1. 为什么说会展业可以成为"反映一国文化、经济、社会发展状况的晴雨表和风向标"?
2. 查阅《国民经济行业分类》最新版,看看商业服务业中除会展业之外,还包含哪些行业?

三、会展策划的需求方

谁需要会展策划?答案是会展主办方。

会展主办方是拥有合法的资格和资质,可以发起、举办会议或展览会及其配套活动的组织机构。

在国际展览界,经济贸易展览会的主办方被称为组展商。在会展业中,任何一个会展项目的举办都离不开主办方。

会展策划是在会展主办方领导或授权下展开的一项业务工作。会展策划工作必须服务并服从于主办方的需要。换言之,会展策划工作绝不可能游离于主办方的需求之外而单独存在。

在中国,会展的主办方主要分为政府、社会团体和公司三大类。

(一)政府及其部门主办的会展项目

在国内,主办会展的政府及其部门,包括中央和地方两个层次。中央政府主办会展,担任主办单位的基本是国务院的组成部门,如商务部自1957年起就主办"中国出口商品交易会"("广交会")。地方政府主办会展,担任主办单位的主要是省(自治区)直辖市和省会城市政府及其组成部门,也有部分地级或县级政府担任主办单位。

由政府及其部门主办的展览会,在业内称为"政府展"。

由政府及其部门主办的会议,在业内称为"官方会议"。

由政府及其部门主办的展览会或会议,其展览会或会议项目的所有权属于政府。

1."政府展"举办情况

商务部是国务院主管商业贸易的行政部门,也是展览业的主管机构(目前,中国尚未明确会议业的行政主管部门)。商务部不但参与主办了国内数十个展览会,而且围绕国际贸易主题重点主办了13个展览会项目(见表1-5)。

表 1-5　商务部重点主办的国际经贸展览会

序号	展览会名称	举办地	主办方
1	中国进出口商品交易会	广州	商务部、广东省政府
2	中国(北京)国际服务贸易交易会	北京	商务部、北京市政府
3	中国(上海)国际技术进出口交易会	上海	商务部、科技部、国家知识产权局、上海市政府
4	中国国际投资贸易洽谈会	厦门	商务部、联合国贸发会议、联合国工发组织、世界贸易组织、经济合作与发展组织、世界银行国际金融公司、世界投资促进机构协会
5	中国加工贸易产品博览会	东莞	商务部、国家知识产权局、广东省政府
6	中国国际进口博览会	上海	商务部、上海市政府
7	中国—阿拉伯博览会	西宁	商务部、中国贸促会、宁夏回族自治区政府
8	中国—东盟博览会	南宁	商务部、东盟10国经贸主管部门、东盟秘书处
9	中国—南亚博览会	昆明	商务部、南亚各国商务主管部门、云南省政府
10	中国—亚欧博览会	乌鲁木齐	商务部、外交部、中国贸促会、新疆维吾尔自治区政府
11	中国—东北亚博览会	长春	商务部、国家发改委、外交部、科技部、工信部、文旅部、中国贸促会、吉林省政府、辽宁省政府、黑龙江省政府、内蒙古自治区政府
12	中国中部投资贸易博览会	中部地区六省省会城市	商务部、文旅部、国家市场监管总局、全国工商联、中国贸促会、中国工业经济联合会、湖南省政府、河南省政府、湖北省政府、安徽省政府、江西省政府、山西省政府
13	中国国际进口博览会	上海	商务部、上海市政府

(资料来源:各展览会官方网站)

上表所列 13 个展览会,是商务部重点规划并直接主办的国家级政府展。

这 13 个展览会,可分为以下三种类型。

(1) 1—6 个是按国际贸易中货品、服务、技术、投资、加工和进口六种贸易形态设立的展览会。

(2) 7—12 个是按地域特点设立的国际贸易展览会。其中,设于西宁的"中国—阿拉伯博览会",突出了宁夏回族自治区与阿拉伯地区国家在伊斯兰文化上的联系;在中部地区六省省会城市轮流举办的"中国中部投资贸易博览会",是中部地区六省联合搭建的对外开展投资贸易的平台;其他 4 个展览会则是根据中国与东盟、南亚、中亚、东北亚等邻国开展国际或边境经贸交流需要设立的项目。

(3) 排在第 13 的"中国国际进口博览会",首届于 2018 年 11 月在上海创办。其参展商来自境外,采购商(专业买家)来自国内。

从这 13 个展览会的展览主题以及参展商与观众的规划中,我们不但可以感知商务部作为国务院主管商业贸易的部门对于推动国际经济贸易工作的思路,而且可以感知主管经济贸易展览会的商务部,利用展览会的形式推动国际经济贸易工作的用心。

据不完全统计,全国每年由地方政府主办的以经济贸易为主题的展览会不少于500个。其中,大部分是按年制度化举办的项目。

近年来,一些地方政府设立博览局,专事当地大型"政府展"的操作。如广西壮族自治区博览局专事"中国—东盟博览会"承办工作,吉林省博览局专事"中国—东北亚博览会"承办工作。

2."官方会议"举办情况

"官方会议"是由政府举办的会议。在中国,"官方会议"包括人大、政协会议、党政机关部门工作会议、主题会议。

在"官方会议"中,会议业者关注的往往是论坛性质的会议。论坛性质的"官方会议"可大致分为两种:一种是中国政府承办的国际组织会议,如APEC峰会(2014年北京)、亚信峰会(2014年上海)、上海合作组织成员国总理会议(2015年郑州)、G20峰会(2016年杭州)、金砖五国峰会(2017年厦门)等;另一种是中国政府创办的会议,如"一路一带"国际合作高峰论坛、博鳌亚洲论坛、中非合作论坛等。这些国际会议成为中国政府开展主场外交和多边外交的重要舞台,有效地提升了会议业的影响力。

(二)社会团体主办的会展项目

国内主办会展的社会团体,主要分为行业协会、专业学会和商会三类。

在行业协会中,制造业的行业协会绝大多数办有本行业的展览会。预计全国每年由国家级制造业行业协会主办的大型展览会(展览面积在5万平方米以上)数量不少于150个。目前,在国内巡回展出的大型展览会有30多个,大多由行业协会主办。因此,行业协会的展览会在国内展览业中,尤其是在大型专业展项目中,具有举足轻重的地位。

案例2　行业协会主办的展览会

中国轻工业联合会系统举办44个展览会

轻工业是消费品加工业。全国轻工行业细分的45个行业共涉及137个小类的产品。轻工产品之间关联度较小,市场细分程度较高,外贸依存度较大。因此,积极举办轻工产品的展览会项目,是行业协会帮助企业拓展市场的重要工作。

2011年以来,中国轻工业联合会代管的协会/学会及直属单位自办展览会共计44个,展览总面积超过300万平方米。其中,有7个展览会的展览面积超过8万平方米,有10个展览会的展览面积达到国际同主题展览会的前三位(其中,"中国国际缝制设备展览会""中国国际衡器展览会"展览面积为国际同主题展览会规模第一)。

(资料来源:人民网)

说明与评点

在中国,冠名"中国"字号的行业协会,大部分是中央政府原工业主管部门转型而来,故而官方色彩浓厚,对该行业拥有重要影响力。

中国轻工业联合会是轻工业部撤销后转型的产物。其代管轻工业系统的45个国家级协会,涵盖造纸、家电、自行车、缝制机械、日用玻璃、日用陶瓷、日化用品、洗涤用品、照明、电池、五金制品、家具、工艺美术、皮革制造、塑料制品、文体用品、乐器、眼镜、玩具、钟表、食品、酒业饮料、乳制品等多个行业。这些协会大都办有展览会,且办展规模通常在国内外同主题展会中保持领先。由此可见,主办展览会已成为行业协会服务行业、服务会员的重要工作。

商会主办展览会,集中于贸促会、工商联合会两大系统。其中,中国国际贸易促进委员会举办展览会不但历史长,而且项目多。该委员会受商务部委托,负责国内机构出境办展或组团参展的行政审批工作。自2017年起,中国国际贸易促进委员会对于所属展览会实行"管办分离"的体制改革。其将展览会移交中国国际商会管理。

专业学会是主办会议的主要力量。如中华医学会及其专业委员会2017年主办的学术性会议超过200个。行业协会也大量主办会议。

(三)公司主办的会展项目

国内主办展览会或会议的公司,大体可分为以下四种。

1.国有企业

国有的展览公司数量虽然不多,但各地都有。其中,尤以"中国对外贸易中心(集团)"(隶属商务部,公司位于广州)、"中国国际展览中心集团公司"(隶属中国国际贸易促进委员会,公司位于北京)和"上海东浩兰生集团公司"(隶属上海市国资委,公司位于上海)实力较强。这三家公司分别以"北上广"为大本营,均拥有自营的大型展览场馆/会议场所,既雄踞一方又辐射全国甚至海外,是中国展览业大型企业的代表。中国国际旅行社、中国青年旅行社是举办会议较多的大型国有控股公司。

案例3 国有机构主办的展览会

2018年中国对外贸易中心(集团)主办的展览会如表1-6所示。

表1-6 2018年中国对外贸易中心(集团)主办的展览会

序号	展览会名称	举办地点/时间	合作方
1	广州国际广告标识及LED展览会	广州/3月	广州交易会广告公司
2	第40届中国(广州)国际家具博览会	广州/3月	中国家具协会、广东省家具协会

续表

序号	展览会名称	举办地点/时间	合作方
3	广州国际工业自动化技术及装备展览会	广州/3月	广州光亚法兰克福展览公司、广州富洋展览公司、德国美赛高法兰克福展览公司
4	中国国际标签印刷技术展览会	广州/3月	雅式展览服务公司
5	第25届华南国际印刷工业展览会	广州/3月	雅式展览服务公司
6	中国(广州)国际木工机械、家具配料展览会	广州/3月	德国科隆展览公司
7	广州国际智能广告标识及LED展览会	广州/3月	广东省广告协会、广州交易会广告公司
8	第20届中国(广州)建筑材料装饰博览会	广州/7月	中国建筑装饰协会
9	中国(上海)国际建筑装饰及材料博览会	上海/8月	北京中装华港建筑科技展览公司
10	第27届广州国际汽车用品、零配件及售后服务展览会	广州/9月	北京雅森国际展览有限公司
11	第42届中国(上海)国际家具博览会	上海/9月	红星美凯龙家居集团
12	第8届中国—东盟(泰国)商品贸易展览会	曼谷/9月	
13	第16届中国(广州)国际汽车展览会	广州/11月	广州展联展览服务有限公司

(资料来源:中国对外贸易中心网站)

说明与评点

中国对外贸易中心(集团)是商务部直属单位,也是广州琶洲国际会议展览中心(该会展中心又称中国进出口商品交易会展馆)的经营管理方。该集团除承办"中国进出口商品交易会"("广交会")之外,另主办(包括合作主办)13个展览会。其中,12个在国内,1个在国外。

在国内主办的12个展览会中,除2个在上海举办外,其余都在广州举办。2012年,该集团代表商务部作为投资方,主导上海虹桥、天津海河两处超大型展馆项目的建设。

2. 外资公司

进入中国的外资展览公司,以德资、英资公司为多,有近20家。全球展览业营收规模排序第一的英国励展博览集团,于20世纪80年代进入中国,到2013年在中国各地举办的展览会达53个,涵盖能源、电子制造与装配、机床与金属加工、建筑、医药与医疗器械、汽车后市场、包装、礼品与家居、旅游等多个领域。励展公司在中国通过项目并购,合资组建了6家展览公司。其与中国医药集团总公司组建的"国药励展展览公司",成立于2006年,目前在国内主办的医药与医疗类展览会有14个,涉及原料药、药品、家庭用药、兽药、保健品、制药设备、医疗器械、实验室仪器、口腔医学、药店、医院管理等细分市场。在国内鲜见以经营会议为业的外资公司。

3. 民营公司

国内民营的展览公司自20世纪90年代初期兴起,早期创业者多在广州入行,而后扩散至全国。到2018年,全国从事组展业务的民营展览公司超过3000家,是中国展览业中数量最多的主办方。

会议业中的民营公司数量较多,如武汉市经工商登记涉及会议服务的企业超过2200家,但能够自办商业会议的却寥寥无几,多数是会议服务公司,包括提供会议地接、会场布置、速记、摄影、表演、与会者旅游等方面服务。还有专门代理境外会议(替境外会议招徕收费的与会者)的公司。目前,国内自办商业会议的机构以上海为多,但总数也不超过50家。

4. 媒体机构

媒体机构一向热衷主办会议。

专业媒体往往是主办专业或行业会议的重要力量。如机械行业的专业媒体,如《通用机械》《机电开发与创新》《现代制造》《汽车工艺师》等杂志均办有机械行业的专业会议。又如《中国会展》《中外会展》《中国会议》等杂志则是诸多会展行业专业会议的主办者。

近年来,许多地方党报为拓宽发展领域,涉足展览业的日益增多。其利用自身拥有的广告客户,以乘用汽车、房地产、旅游、食品为主题展开展览业务,成为展览市场上一支新军。

通过以上介绍,我们可以知道,中国会展业的三大类主办方——政府及其部门、社会团体和公司,既是中国会展业市场竞争的三大主体,也是会展策划的三大需求方。

> **思考题**
>
> 1. 查阅资料,列明商务部重点主办的国际经贸展览会的创办年份。
> 2. 查阅资料,列明浙江省义乌、永康、余姚三个县级市"政府展"的名称及其主办方。
> 3. 查阅资料,列出在国内从事展览业务的德国公司名称。
> 4. 查阅资料,指出中国国际展览中心集团公司所拥有的展览场馆,同时列出该公司主办的展览会。

四、会展策划的对象

会展策划到底是策划什么？答案是主要策划会议或展览会项目。

换言之，会议或展览会项目就是会展策划的工作对象。必须强调，凡被策划的会展项目，应该是会展主办方所需要的项目。

为理解会展策划的对象，我们需要了解以下概念。

（一）什么是项目？

项目，即事物分成的门类。

将展览会或会议称为项目，是借用了建设工程、科研工程的概念。比如，"海珠澳大桥"是交通工程项目，"嫦娥探月"是航天科研工程项目。建设工程、科研工程项目具有类别性、过程性和系统性的特征，而且每一个工程项目都具有独立性和特殊性。展览会或会议项目同样如此，不但每个项目都具有独立性和特殊性，而且普遍具有项目运行的类别性、过程性和系统性特征。

（二）什么是会议或展览会项目？

会议是"有组织有领导地商议事情的集会"。世界旅游组织（UNWTO）认为，会议的价值包括学习、观点分享、讨论、社交、开展业务、激励与会者等六个方面。如将会议作为名词，则可定义为"一种经常商讨并处理重要事务的常设机构或组织"（据《新华字典》）。联合国贸易和发展会议（简称"贸发会议"）、"中国人民政治协商会议"（简称"政协会议"），就是举办会议的机构。会议在这里是作为名词，既指会议名称，也指主办会议机构的名称。

展览会是"陈列出来供人观看、欣赏的集会或机构"（据《新华字典》）；或是"用固定或巡回方式公开展出工农业产品、手工业制品、艺术作品、图书、图片，以及各种重要实物、标本、模型等供群众参观、欣赏的一种临时性组织"（据《辞海》）。这两种解释大同小异，都强调展览会是陈列物品用于人们观看，认为展览会也是组织者使用的名称。

基于国际会展业采用"活动"的概念来阐释会议或展览会，从会展策划工作的角度，本教材认为，将会议或展览会定义为群体性活动更为妥帖，具体如下。

1. 会议与会议项目

会议，是人们经由组织而聚集于同一时空环境中，围绕共同主题沟通信息的群体性活动。

会议项目，是主题明确并可单独举行的会议活动，如"国际植物园大会""亚洲博鳌论坛"。

2. 展览会与展览会项目

展览会，是采用固定或巡回的方式，经由组织者将展品及其提供者与参观者聚集于同一时空环境中，达成信息交流目的的群体性活动。

展览会项目，是主题明确并可单独举办的展览活动，如"迪拜航空展览会""中国国际机床展览会"。必须说明,本教材所介绍的展览,专指经济贸易展览。

还须说明,在会展业内,将会议或展览会项目包装为节庆活动的并不鲜见,如"物流节""购物节""美食节"等。由中国会展杂志社创办于2004年的"中国国际会展文化节",就包含了论坛、颁奖文艺晚会、大学生会展项目策划方案比赛、会奖旅游等多种活动元素。这恰好印证了会议或展览会的本质是"活动"。2010年以来,国内许多地方政府把节日庆典尤其是新创立的现代节庆活动纳入会展业的管理范围。正因如此,有研究者将节庆活动列为会展策划的对象。但本教材不涉及节庆活动的策划研究。

在了解会议或展览会项目的基础上,我们就可以明确会展策划的对象。

主办方对于会展项目策划的需求,会因工作阶段或业务层次的不同而产生区别。我们可以就此细分会展策划的工作对象(见表1-7)。

表1-7 会展策划工作对象的细分

展览会策划工作对象	会议策划工作对象
创办展览会项目	创办会议项目
购并展览会项目	购并会议项目
改造原有展览会项目	改造原有会议项目
展览会配套活动,包括开幕式、会议、酒会、商务考察等活动	会议配套活动,包括展览会、开幕式、酒会、文艺表演、商务考察、旅游等活动
承接展览会主办方外包服务项目,包括提供展位销售、广告营销、观众邀约、现场观众接待、展位搭建、酒会、文艺表演、商务考察、旅游等方面的外包服务	承接会议主办方外包服务项目,包括提供会议代表邀约、广告营销、会议场所、会场布置、现场接待、酒会、文艺表演、商务考察、旅游等方面的外包服务

一般而言,创办、购并会议或展览会项目的策划,以及改造原有会议或展览会项目的策划,属于主办方战略管理的范围。这些策划工作技术含量较高,最能体现会展策划的专业性和系统性,故而最为会展主办方所重视。会展策划工作的层次区分如表1-8所示。

表1-8 会展策划工作的层次区分

战略性策划的内容	战术性策划的内容
创办展览会/会议项目	展览会/会议项目的营销推广
购并展览会/会议项目	展览会/会议项目的配套活动
改造原有展览会/会议项目	展览会项目的观众邀请 展览会项目的销售代理 会议项目的承接服务

战略性策划是会展主办方及其高中级管理者所为,主办方的普通员工难以参与。战术性策划则可在会展主办方及其高中级管理者的领导或指导下,普通员工可按主办方内部的业务岗位分工不同程度地参与。

> **思考题**
>
> 1. 为什么说会展策划主要是策划会议或展览会项目？
> 2. 如何理解会议或展览会都是"群体性活动"？
> 3. 如何理解战略性和战术性的会展策划？

五、会展策划的方案

会展策划工作为主办方提供什么产品？答案是会展项目的组织工作方案。会展项目的组织工作方案，就是会展策划的工作内容。

对会展主办方及策划工作者而言，会展项目的组织工作方案是"职务作品"。业内不少人习惯将会展项目的组织工作方案称为策划方案。但本教材认为，称为组织工作方案更加切合会展业的实际，也比较科学。

会展项目的组织工作方案，是由项目主题创意、市场调研分析、可行性研究、项目操作设计、项目操作措施等具体内容构成的，可供主办方实施操作的综合性、系统性、完整性的会展活动组织工作方案。

需要特别强调的是，提供给主办方的组织工作方案，必须是可以付诸实际运作的会展项目组织方案。不能指导实际组织工作的奇思妙想，或缺乏操作"路线图"的纸上谈兵，或缺乏财务预算基础的庞大安排，都不是会展主办方所需要的项目组织工作方案。

会展项目的组织工作方案，一般是书面的，即通过规范格式的文本呈现。但也有采用不规范格式文本呈现的，还有用口头方式表达的。口头表达或采用不规范格式文本呈现的会展项目组织工作方案，其内容多为"上项目"的工作意见、工作建议或工作措施（在会展业内，"上项目"是会展项目策划工作的俗称）。会展项目组织工作方案不同表达形态的内容比较如表1-9所示。

表1-9　会展项目组织工作方案不同表达形态的内容比较

规范的文本表达	非规范的文本表达	口头表达
项目组织工作的方案	项目经营管理工作的意见	项目组织工作的设想与操作意见及建议
项目组织工作方案的演示文本（PPT）	讨论项目组织工作方案的会议纪要或会议记录	项目在组织实施过程中难点工作的应对举措

在会展主办方的经营管理实践中，会展项目组织工作方案以口头方式表达或采用非规范格式文本呈现的情况，明显多于采用规范格式文本的表达。其具体原因，本教材在后面的章节中会予以说明。

> **思考题**
> 1. 如何理解会展组织工作方案是会展主办方及策划工作者的"职务作品"?
> 2. 如何理解会展组织工作方案必须是可供实际操作的活动方案?

六、会展策划的提供者

谁是会展策划的提供者?答案是会展项目的主办方或主办方委托的专业机构。

会展主办方所需要的会展项目组织工作方案,要么由主办方自行提供,要么是主办方委托专业机构提供。目前,国内外绝大多数会议或展览会项目的策划工作,都是由主办方自行完成的。

会议项目中的非官方会议(本教材第二章对于"非官方会议"有具体介绍)项目,大多由专业学会、行业协会、媒体或企业主办。其项目的策划工作基本是由这些主办方自行完成的。在这些主办机构内部,有的设置部门分管策划工作,如中华中医药学会内设"推广发展部"具体负责;有的则根据需要临时组建团队或安排专人展开策划工作。企业经营会议项目的内设机构各不相同,往往根据经营需要予以架构。

展览公司进行展览会项目的策划工作,基本是依靠内设的专业部门或专职人员完成的。在大型展览公司内部,大多设有专业部门负责策划业务。跨国公司一般不将此部门称为策划部。如德国法兰克福展览公司在德国总部设有创新/研究部,其职能包括展览会策划。该公司在香港的亚太地区总部设有业务发展部,接受德国总部创新/研究部指导,负责管理策划工作。法兰克福上海公司隶属亚太总部管理,同样设有业务发展部从事策划业务。英国励展公司将负责项目策划工作的业务部门称为市场拓展部。国内企业集团性质的大型展览公司尤其是国有公司,在总部层级一般将策划业务划归市场部。而策划部的职责范围往往小于市场部。中型或小微型展览公司由于管理体制扁平,员工人数少,加之经营范围局限,大多不会为策划工作设立专门部门。其策划工作往往由公司管理者亲自掌控,必要时再组建团队,以便集体研商,或安排助手帮忙。

政府主办的会议或展览项目,策划意图往往源于政府及其部门的领导人。其策划方案一般由负责操作展览项目的相关部门提供。如2018年在上海举办的中国国际进口博览会,其组织工作方案由博览会的主办方——商务部和上海市政府提供。

会展项目主办方委托专业机构提供策划服务,多见于"政府展"项目。多个单位联合主办的会展项目,有时也会委托专业机构提供策划服务。

提供策划服务的专业机构,既有展览公司、会议公司,也有广告公司或公关咨询公司。如国家发展改革委员会、商务部、工业与信息化部、科学技术部、教育部、中国科学院、中国工程院、中国国际贸易促进委员会和上海市政府联合主办的"中国国际工业博览会",就是由上海东浩国际服务贸易(集团)有限公司(原上海世博集团公司)所属上海外经贸商务展览公司策划的。该公司同时是"中国国际工业博览会"的承办机构之一。

非官方会议项目的策划外包，以企业主办的商务会议为多，常见的是企业年会或企业产品推介会。然而这类会议项目所需专业机构提供的策划，往往集中于会议服务方面，而会议主题和会议议程基本由主办方自行策划。因此，承担这类会议策划的专业机构，一般是会议服务的承接机构。

近些年来，常有舆论拔高鼓吹会展策划的作用，以致许多人尤其是青年学生误以为会展策划是玄思妙想的"点金术"，是所谓"策划大师"的个人作品。但从现实情况看，会展策划工作都是由组织完成的。无论这个组织是会展项目的主办方自身，还是会展项目主办方委托的专业机构。而属于自然人的个体策划者，虽然可以在策划工作中发挥顾问作用，也就是"出点子"的作用，但往往无法以契约方式承揽会展策划业务。也就是说，个体策划人无法承担会展项目主办方以经济合同方式约定的策划工作的法律责任。即便是主办方自行策划的会展项目，其分管此项业务的内设机构，或承担此项业务的专业人员（包括主办方管理层的决策者亲自从事此项业务），同样要承担主办方内部约定的经营管理责任。所以，会展策划应该是法人行为，而非自然人行为。这与会展策划服从并服务于主办方的属性是一致的。

考察以个人品牌从事策划业务的知名人士，如叶茂中、王力等人，他们或注册成立了公司，或建立了具有法人资格的工作室，并组建了专业化工作团队。叶茂中、王力等人虽是中国策划业名家，但他们并不是以自然人的身份行走江湖，而是通过公司或工作室对外承揽策划业务，依靠专业团队开展策划工作。叶茂中、王力等人的公司或工作室所承揽的策划业务，以企业品牌推广项目为主，鲜见从事会展策划。

> **思考题**
>
> 1. 通过接触会展项目的主办方，了解其策划业务的工作现状。
> 2. 为什么说会议项目策划外包的业务往往是会务服务？
> 3. 为什么说会展策划不是个人行为，而是团队行为？

七、会展策划工作者的业务素质

从事会展策划工作的人，不但需要熟悉会展业，具有丰富的实践经验，而且知识面要宽，综合能力要强，业务技能要专业。

会展策划工作者应具备的业务素质，可以分为知识性素质和技术性素质两大方面。对于会展策划的学习者而言，知识性素质为"应知"，技术性素质为"应会"。

（一）会展策划工作者应具备的基本知识

一般而言，人的知识越丰富越好，知识面也是越宽越好。这样的人思路开阔，学习能力较强。这种人一旦深入某一专业，成为专业人才的概率相对较高。"汝果欲学诗，工夫在诗外"（苏东坡诗句），说的就是这个道理。

会展策划工作者需要有良好的综合素质,其知识结构应为复合型。优秀的会展策划人才,既应该是专家,也应该是"杂家"。会展策划工作者应特别重视基础性和专业性知识的吸纳和沉淀,以利不断提升自己的文化素养和专业学识。

会展策划工作者应具备的基本知识即"应知",可以分为基础性知识和专业性知识两个层面。

1. 会展策划的基础性知识

会展策划的基础性知识(见表1-10)涉及宽泛,一般归纳为以下12个方面。

表1-10 会展策划工作者应具备的基础性知识

知识分类	说明
经济贸易的常识	国际国内贸易
服务业法律法规的常识	主要是国内现行的法律法规
国民经济行业分类的常识	第一、第二、第三产业,制造业、服务业的细分行业,新兴产业
中国政府机构组成情况的常识	党政机关设置及其职责范围
国内外社会团体发展情况的常识	协会、学会、商会的发展情况
企业运行的常识	企业组织、经营特点、管理方式
市场营销的常识	侧重于会展项目营销
公共关系管理的常识	侧重于会展项目公共关系管理
企业战略管理的常识	侧重于会展企业、会展项目的战略管理
企业财务管理的常识	侧重于会展企业、会展项目的财务管理
商务礼仪的常识	侧重于会展活动的礼仪
艺术审美的常识	主要是会展项目纸媒或电子媒体的平面设计、展会现场布置等视觉审美的知识,包括艺术感觉

2. 会展策划的专业性知识

会展策划的专业性知识与基础性知识相辅相成,但专业性知识与会展策划工作直接相关。会展策划的专业性知识一般归纳为以下12个方面(见表1-11)。

表1-11 会展策划工作者应具备的专业性知识

知识分类	说明
会展业发展史	了解发展进程,属于经济史范畴
国际会展业的发展现状	主要是欧美、亚洲及新兴经济体国家的发展情况
中国会展业的发展现状与特点	全国和主要会展城市的情况,包括掌握行业统计数据
国际知名会展主办方的基本情况	全球营业收入前20位会展主办方的情况
中国会展主办方的基本情况	政府、社会团体、公司三大主办方情况,以及营业收入前100位主办方的情况
中国展览场馆/会议场所的基本情况	大型城市展览场馆和著名旅游目的地会议场所的情况

续表

知识分类	说明
中国会展业的法规与政策	包括各地政府扶持会展业发展的政策
展览会与会议的分类常识	主要是经济贸易展览会、非官方会议的分类与功能区别
设计并组织会展项目的常识	营销、销售、运营三种主要业务的基本流程
会展项目经营诊断的常识	市场分析、财务分析、经营管理分析
会展项目购并的常识	展会项目资源整合的情况与资本运作的方法
会展业服务提供商的基本情况	包括展馆营运、展示工程、展品物流、设计印刷、酒店餐饮、旅游、展会数据服务等机构业务经营的情况

会展策划工作者所需的基础性和专业性知识，除可在学校里、书本中获得之外，社会实践是更重要的来源。例如，要掌握展览场馆或会议场所的情况，就必须实地考察，甚至亲身使用过；要借鉴同行的先进经验，就需要到展览会或会议现场观摩，以及利用各种机会交流请教。

当今世界已进入互联网时代。在这样一个信息爆炸的时代，知识更新的速度前所未有。在互联网时代，会展业的发展变化同样很快。因此，知识的学习是动态的，也是活态的，需要与时俱进、常学常新。"学而时习之，不亦说乎""学而不思则罔，思而不学则殆"，孔子的教诲仍然是我们今天愉悦学习、终生学习的座右铭。

（二）会展策划工作者应掌握的基本技能

会展策划工作者应掌握的基本技能，可以分为通用性技能和专用性技能两个方面。

1. 会展策划的通用性技能

所谓通用性技能，是指从事会展业所需要的基础性和方法性技能。这些技能对于会展策划工作者来说是不可或缺的。换言之，没有这些技能的人，就从事不了会展业，更不要说从事会展策划工作了。

会展策划的通用性技能可以包括很多方面，现归纳主要的 6 个方面如表 1-12 所示。

表 1-12 会展策划工作者应掌握的通用性技能

技能分类	说明
语言表达能力	汉语普通话、外语
文本写作能力	公文或商业文案以及新闻的写作
沟通能力	语言沟通与文字沟通
组织协调能力	组织管理的意识与方法
分析数据能力	运用数据表达观点
应用互联网与计算机软件能力	收集、整理、分析和传播信息

2. 会展策划的专业性技能

所谓专业性技能，是指从事会展策划工作所需要的业务性和工具性技能（见表 1-13）。

这些技能是从事会展策划工作必须了解或需要掌握的。缺乏专业技能，不但影响策划工作上手对路，也将阻碍策划工作提档升级。

为便于学习者了解并掌握这些技能，考虑到会展策划是团队作业，且会展项目有大小之别，简单或复杂之分，故而将专业性技能分成初级和中高级两个层次，以利学习者循序渐进，提升能力。

表1-13　会展策划工作者应掌握或了解的专业性技能

（初级）	
技能分类	说明
撰写一般性会展商务文案的能力★	撰写参展/参观、参会邀请函、手机短信、展商服务手册，设计格式化参展/参会合同等
维护展会官方网站、微博、微信公众号、QQ群的能力★	更新信息，读取服务数据，回复垂询
收集、整理客户信息资源的能力★	
绘制展览会展位图的能力	
编辑展览会/会议会刊、会报的能力★	
电话销售展览会/会议及广告的能力	
与客户洽谈参展参会合同的能力	
拜访客户的能力	
向客户提供售后服务的能力	
与媒体洽商合作的能力★	
撰写、编辑展览会/会议新闻稿的能力★	撰写新闻报道，或编辑、改写其他媒体发布的与展会项目有关的新闻稿
设计并组织实施会展项目配套活动的能力★	组织开幕式、技术交流会议、演艺等现场活动
邀请/回访展览会观众的能力★	
展览会/会议现场问卷调查、提交调查报告的能力★	
在展览会/会议现场服务展商、观众/与会者的能力★	为展览会布展、撤展、展商报到、观众参观、专业观众现场登记提供服务，会议接待服务
会展现场拍摄照片的能力★	
融入项目团队合作共事的能力★	
在项目团队业务会议上参与讨论的能力★	反映情况，发表个人独立见解
制作与业务相关的PPT、演讲PPT的能力★	
辅导新员工的能力★	

（表中加★，为会展策划工作者必须掌握的能力）

续表

(中高级)	
技能分类	说明
调查研究会展项目市场的能力★	老项目增加新主题或新项目创办的市场需求调研
购并会展项目尽职调查的能力	
会展项目财务分析、经营诊断的能力	通过财务数据提出分析意见
编制会展项目财务预算的能力★	
撰写或审查会展商务文案的能力★	撰写或审查办公电子邮件、非格式化参展/参会合同、主办方对内对外经济合同、会展项目可行性研究报告、会展组织工作方案、展后/会后总结报告、重要对外公函、为官方或半官方机构代拟与会展项目相关文件稿；审查参展/参观/参会邀请函、格式化参展/参会合同、展商/会议服务手册、会刊、会报和手机短信、微博、微信的信息内容
提供主办方官网设计及改版方案、审查网站平面设计的能力★	
分析展会展商、观众、会议代表信息数据的能力★	
设计展览会展位图并调度布置的能力	
编写或审查会展项目电话销售或邀约观众话术文本的能力★	
审查会展项目销售合同的能力	
商请会展主办、协办、支持机构的能力	
与会展合作方谈判的能力	
与会展服务提供商谈判的能力	
拜访大客户的能力★	
统筹展览会/会议现场服务管理工作的能力	
利用媒体的能力★	接受媒体采访，或应邀为媒体写稿宣传主办方或会展项目
撰写会展新闻通稿和审查会展新闻稿的能力★	
带领项目团队开展业务工作的能力	
解决项目经营管理中重大困难的能力	
学习、借鉴国内外先进主办方经验的能力	
应用计算机软件管理项目的能力★	

续表

(中高级)	
技能分类	说明
主持项目团队会议的能力	确立议题,启发讨论,形成结论
培训新员工的能力★	

(表中加★,为会展策划工作者必须掌握的能力)

由上可知,会展策划工作者需要了解或掌握的基本技能,就是职业教育强调的"动手能力"。这些技能的获得,既需要在学校里进行系统的训练,更需要通过参与会展项目经营管理实践熟练掌握,并逐步累积为工作经验。

无论是知识性的"应知",还是技术性的"应会",会展策划的学习者都应全面了解并掌握,不能偏废。"应知"是"应会"的基础,"应会"是"应知"的体现。

强调"动手能力",意在通过"应会"加深感悟"应知",以求达到"知行合一"的学习效果。更深的意义是,会展策划工作不是坐而论道,纸上谈兵,而是需要通过实战、实操来显示工作的实际成效。

思考题

1. 会展策划工作者为什么需要具备艺术审美的常识?
2. 为什么说优秀的会展策划工作者既是专家,又是"杂家"?
3. 以自身体验举例,说明通过社会实践获得的会展策划的基础性或专业性知识。
4. 会展策划工作者为何需要文本写作的知识与能力?
5. 会展策划工作的业务技能在哪里学习最有效,为什么?
6. 访问会展项目主办方,了解策划工作中存在的困惑。

第三节　会展策划的意义

自工业革命以来,从1851年英国举办第一届世界博览会算起,现代会展业发展至今已有160多年的历史了。

纵观国际会展业发展史,会展业在欧美国家获得长足发展是在"二战"之后。这与战后西方经济复苏、制造业繁荣、服务业进步和大规模的城市建设密切关联。到20世纪70—80年代,德国、英国、法国、美国业已成为国际会展业强国,东京、新加坡、中国香港则成为亚洲新兴的会展都市。

进入新世纪,发达国家或地区的会展业仍然保持了相当的活力。国际大会及会议协会(ICCA)认为,全球会议市场高达万亿美元,非官方会议市场占60%以上。

改革开放以来,中国政府将会展业视为对外开放、经济贸易的先导产业,通过政府展会以及促进企业、社团办展办会,在培育会展产业、繁荣会展经济的同时,促进了中国经济的发展。2017年创办的"一带一路"国际合作高峰论坛和2018年创办的中国国际进口博览会,彰显以习近平为首的党中央善用会展平台,进一步扩大对外开放、促进经济全球化的战略意图。据中国会展经济研究会统计,2018年全国181个城市共举办展会1.09万场,展览总面积达1.45亿平方米,居全球第一。其中,上海展览总面积达0.19亿平方米,占全国展览总面积的13%,居全球城市之首。与此同时,中国会议业保持较快发展,学术会议、企业会议数量大幅增加。《北京市统计年鉴2018年》公布,2017年北京市接待会议21.5万个,与会人数1723.8万人。其中,国际会议0.4万个,与会人数55.3万人。

一、会展策划助推会展业发展

根据本教材介绍的会展策划基本概念,我们知道,会展项目既是会展业服务社会的产品,又是会展主办方经营管理的生意。我们还知道,会展主办方既是会展策划方案的需求方,又是会展策划方案的主要提供者与施行者。

正因如此,会展策划对于会展主办方的业务成长,乃至对于会展业的整体发展,都具有十分重要的作用。会场策划助推行业发展的作用主要体现在以下三方面。

一是,驱动会展项目主题创新。

从1851年英国伦敦的第一届世界博览会,到1890年国际贸易标志性展会的德国莱比锡样品展览会;从西德政府在"二战"之后重新布局会展都市,到1959年美国拉斯维加斯会展中心落成开业;从新加坡、中国香港地区在1970年后大力支持发展会展业,到中国内地近40年会展业的持续快速发展,百多年来全球会展业的发展,不是仅靠大规模兴建展览场馆、会议酒店而成就的,而是通过层出不穷的会展新项目推动的。主题创新是会展新项目产生的动力,而项目主题创新离不开会展策划。因此,以人类智力为动能的会展策划,通过不断创办新项目,在服务国民经济众多行业的同时,促进了会展业的发展。

 案例4 展览会新项目的策划

"京交会"创建国际服务贸易的会展平台

20世纪70年代以来,全球经济竞争的重点已从货物贸易转向服务贸易,服务业发达与否已成为衡量各国现代化水平的重要标志。

2006—2010年,中国服务进出口总额全球占比从3.6%提高至5.1%,世界排名由第8位提升至第4位。但发展不平衡的矛盾突出:一是服务贸易与货物贸易发展不平衡,服务贸易仅占服务进出口总额的20%;二是服务贸易的进出口发展不平衡,进口多，出口少；三是服务贸易业结构不平衡，高端服务贸易比例偏低；四是国内服务贸易业区域发展不平衡，中西部地区落后；五是服务贸易国际市场开发不平衡，新兴市场拓展乏力。

为此，国家"十二五"规划强调加快发展服务贸易，以利实现贸易大国向贸易强国的转变。据此，商务部在2011年11月公布《服务贸易发展"十二五"规划纲要》。《规划纲要》提出举办"中国国际服务贸易交易会"（简称"京交会"），打造国际服务贸易的专业会展平台。

2012年5月28日至6月1日，首届"京交会"以"服务贸易：新视野、新机遇、新发展"为主题，在北京国家会议中心举办。其活动由开幕式暨高峰论坛、高层论坛、专业交易洽谈、综合展示、主题推介和权威发布等六大元素组成。参展的中外企业1721家，与会专业观众达102000人次。其中，全球"500强"企业中有67家与会，有30位负责人出席。首届"京交会"签约总额超过600亿美元，签约项目达458个。

2019年的"京交会"，由中国（北京）国际服务贸易交易会，更名为中国国际服务贸易交易会。举办频率将由两年一办调整为一年一办。此届"京交会"采取"一主多辅"方式，北京"文博会""旅游博览会""金融博览会"与"北京经贸洽谈会"与"京交会"同期举办，展览面积达到15万平方米。

"京交会"由商务部策划，经党中央、国务院批准，并联合北京市政府共同主办。世界贸易组织、联合国贸发会议、经济合作与发展组织为其永久支持单位。其具体执行机构是北京市国际服务贸易事务中心。

说明与评点

"京交会"是全球首个专门促进服务贸易的会展项目。

"京交会"是商务部和北京市政府共同投资举办的会展项目。

把"中国国际服务贸易交易会"简称为"京交会"，应是商务部策划。此与同属商务部管理的"广交会"（全称为"中国进出口商品交易会"）一南一北，遥相呼应。"广交会"是货物贸易的展会平台，而"京交会"是服务贸易的展会平台。从这两个展会的定位及其运作方式中，可以领会商务部推动中国进出口贸易的思路，也可窥见商务部作为国务院主管会展业部门的管理方法。

"京交会"的策划与实施，既是会展项目的主题创新，也是"政府展"在中国会展业中发挥引导作用的战略举措。

二是，驱动会展项目的品质提升。

会展项目的品质提升分为品牌增值和突破瓶颈两个层面。在品牌增值方面，主要是根据客户不断增长的新需求,通过改善服务促使会展常办常新。在突破瓶颈方面,主要是针对会展项目制约发展的重要因素,通过积极而灵活的调整焕发会展活力。会展项目无论是品牌增值,还是突破瓶颈,都需要策划先行,提出方案或措施。因此,保持既有会展项目即"老项目"的市场竞争力,主办方同样需要会展策划予以智力驱动。

三是,驱动会展项目的资源整合。

国际会展业的资源整合,自20世纪80年代以来趋于活跃。在中国,以会展项目为对象的资源整合,主要表现为两种情况:一种是商业机构接受主办方委托,承办会展项目;一种是不同主办方之间会展项目的购并。前者多见于政府项目的市场化改革,后者反映为会展公司的资本运营。在此过程中,围绕承办或购并项目的信息收集、市场调研、操作路径选择,都离不开策划工作。因此,主办方为增强自身竞争实力而抓住机遇,掌握日益稀缺的会展项目资源,同样需要会展策划通过智力服务予以驱动。

必须指出,在以上三方面的作用中,驱动会展项目主题创新是会展策划最主要、最普遍、最基础的作用。换言之,掌握会展项目主题创新的策划,是学习会展策划知识的重中之重。

在国际会展业蓬勃发展的背景下,特别是在新兴经济体会展业迅速成长的进程中,伴随经济全球化浪潮,围绕国际产业结构调整、科技进步的需要,会展业在开拓新市场、构架新合作、创设新主题、整合新资源、探索新业务等方面,比以往任何时候都需要策划工作发挥重要作用。这正是会展策划成为商业策划中的"热门",策划人才成为会展业宝贵资源的客观原因。

> **思考题**
>
> 1. 如何理解会展策划对于会展业发展的智力支持?
> 2. "京交会"的创办对于中国展览业发展的意义。

二、会展策划的定义

经过本章的学习,在以上概念性知识的基础上,我们可以这样定义会展策划。

会展策划是策划工作者(包括专业策划机构)根据会展主办方的发展战略或经营意图,为扩大或增强主办方的影响力,或为提高主办方服务性产品的竞争力,面向公众或特定受众,创造性地组合所能利用的信息、资源和时间三大要素,向主办方提供可供组织实施的会展活动方案。

简言之,会展策划是策划工作者向主办方提供可供组织实施会展活动方案的全过程。

在这个定义中,包含了策划工作者、主办方和会展活动方案三个关键性名词。其中,策划工作者和主办方分别代表会展策划的提供者和需求者;会展活动方案即会展策划的对象和内容。

作为学习者,应从这个定义中体会到,做策划工作的人是会展策划过程中最为活跃基本元素。如同建设工程项目中的总设计师或科研项目中的首席科学家一样，高水平的会展策划工作者是会展业中十分宝贵的人才。

> **思考题**
>
> 1. 会展策划是策划工作者向主办方提供可供组织实施会展活动方案的全过程。为什么强调方案要可供组织实施？
> 2. 为什么说策划工作者是会展策划中最为活跃的基本元素？

Chapter 2

第二章　会展策划基本知识

本章教学要点

本章通过介绍展览会与会议的分类方式、经营会展项目的商业模式、会展项目策划的工作原则、方法及业务流程，旨在为学习者提供会展策划基本知识的框架。

开篇故事

CES 光环未褪　展位销售代理商为中国企业创造商机

　　2019年1月8日上午,深圳市新时代国际展览公司(下称"新时代")项目经理周玲香穿梭于CES会务组办公室和会场间。接下来的几天时间里,她要替客户申请2020年CES品牌馆展位。新时代是CES全球授权代理商之一,代理CES展会已有多年历史。

　　CES是全球消费电子风向标,CES历史超过50年,是全球最大、最有影响力的消费电子展。

　　"2019年CES中,中国公司在国际上依然保持了头部地位,中国公司展览面积占总展览面积的13%—14%,和2018年几乎持平,大型参展商占据了更大的空间,小型参展商占据了小位置。"CES会务组在回复第一财经采访函时表示。

　　2019年,参加展会将地区标注为中国的公司共有1213家。第一财经统计发现,含"深圳"字样的企业428家,"苏州"的6家,"上海"的22家,"东莞"的68家,与去年相比变化不大。

　　大量中小企业在代理商的帮助下来到了CES。他们有的来海外探路,观察海外同行的动作、听取海外声音反馈给国内公司;有的要拓展美国市场,此前参加展会已经帮他们赢得了海外市场。他们和轻车熟路的大型公司一起,使中国成为CES最具规模的海外展商。

1. 用积分选一个好位置

周玲香告诉第一财经日报,除了SouthPlaza(中国公司更多称之为国家馆)外的所有场馆可以称为品牌馆。品牌馆包括国际会展中心南馆、中央大厅、北馆、西门馆(Westgate)、金沙馆(Sands)、NorthPlaza等等。CES品牌馆审核严格,组委会要求品牌馆参展企业必须拥有自己的品牌,不能是OEM或ODM厂商;其次企业参展产品必须符合相应展馆主题,如AR、VR、AI、Robotics等,通过组委会审核的企业方能在CES参展、选位。

CES实行积分制,报名成为CES会员、参加CES展会都会赢得积分。选位开放时,积分多少决定了一家公司的选位次序。这也意味着参展经验丰富的公司能优先获得位置。CES授权代理商可以代客户向主办方申请位置,但不能转卖摊位(将A公司摊位给予B公司使用),曾有公司因为倒卖摊位被CES主办方取消代理资格。

创维等大型厂商有轻车熟路的市场部,但中小型企业未必有这样的配置,于是代理商成了参展CES的最佳途径。拉斯维加斯会展中心南区1到4号馆熙熙攘攘,中国大型公司比比皆是,这些公司在整个会馆最显眼的位置展示了产品,以参展面积和参展地段取胜。柔宇科技展示了可折叠笔记本柔派、大疆在CES上推出了适配"御"Mavic2系列无人机带屏遥控器、创维展示了一款具备8K分辨率的OLED电视。

"我们看到阿里巴巴、百度、长虹、拜腾、大疆、海尔、海信、京东、康佳、联想、苏宁、TCL等大型中国公司的数量显著增长,它们希望在CES上建立品牌知名度并形成全球合作伙伴关系。"CES会务组回复第一财经日报采访函时表示。

2. 从金沙馆到国家馆

周玲香替客户奔波于申请2020年摊位时,她的客户深圳市普渡科技市场总监张志斌正在前往会展中心南区1号馆的路上。张志斌早上8点多就到了这里布置公司的配送机器人,会展中心很快会人流如织。

2018年,张志斌曾带着公司产品参加了IFA(德国柏林国际消费电子展会),在这个展会上他结识了奥地利代理商,成功打开欧洲市场。

"CES是全球规模最大的消费电子展会,我们是第一次来,希望能打开美国甚至是全球市场。"张志斌对第一财经表示。

在离南区1号馆不远的国家馆,上海图正信息科技有限公司(以下简称"图正科技")等待着他们的访客,这也是他们第一次来到CES。2018年年中"图正科技"就筹备参加2019年CES,并联系了代理商——一家总部位于厦门的会务公司,后者帮助他们报名来到了CES。

"图正科技"的主营业务为半导体指纹芯片,"指纹芯片国内厂商还是比较领先的,公司有专门的海外市场拓展人员,我们做的是指纹模组,希望能认识终端厂商,但更重要的是听听海外市场的意见,要反馈给国内公司"。

SouthPlaza参展的企业中,除了入口处的阿里巴巴,其他多为小微型企业。

CES国家馆2017年开馆,原金沙馆OEM/ODM厂商可以在此展出自己的产品和技术。在此参展的公司多数来自中国,它们希望获得合作伙伴拓展美国及全球市场。

前述厦门会务公司对第一财经日报表示,最低4万元人民币就可以在CES参展,配置是一个9平方米的标摊。如果公司想要更大面积(9平方米倍数),或是自己定制摊位装饰,费用会贵上许多。在CES等国际展会参展可以向政府部门申请补贴,因此公司需要负担的成本其实很小。和熙熙攘攘的品牌馆不同,SouthPlaza稍显冷清。但周玲香对第一财经日报表示,金沙馆不过七八年历史,早期也曾经非常冷清,但已经被中国公司带火,SouthPlaza 2017年才开展,还需要时间让中国公司证明自己的实力。

"中国制造口碑差不是做得不好,是做得太好了,竞争力太强了,质量还可以但成本很低,"周玲香称,"巴西ES展,2015年以前是不让中国公司参加的。2015年开始让中国公司参加,这之后展会发生了很大变化,代理商数量变少了许多。他们本来是挣中间差价,但现在消费者或终端厂商可以直接接触到中国公司,他们没必要通过代理来买了。"

(资料来源:第一财经日报)

 说明与评点

> 创始于1967年的国际消费类电子产品展览会(英文简称CES),由美国电子消费品制造商协会(英文简称CEA),每年一月在美国赌城——拉斯维加斯举办。CES是全球规模最大的消费类电子产品展览会,也是国际电子产品制造商展示新产品和新技术的重要平台。
>
> 第一财经日报从展位代理销售商的角度报道2019年CES,标题中的"光环未褪",指中美贸易战虽有阴霾,但CES仍具魅力,吸引中国企业纷纷赴美参加。
>
> 报道中介绍,CES对参展商选择展位实行积分制。凡申请成为CES会员或参加过CES的企业都会获得积分。企业在选择展位时,其所拥有的积分将有利于选位次序。这是CES优惠客户尤其是老客户的策略。这一策略正是CEA营销推广CES总体策划中的一招。

会展策划工作主要是围绕设立会展项目而展开的。设立会展项目,在业内俗称为"上项目"。一个"上"字,策划工作的目的就尽显其中了。

为了"上项目",策划工作者必须弄清楚根据什么"上项目",如何"上项目","上项目"与"做项目"是什么关系,有什么区别。

为了"上项目",策划工作者必须知晓与此相关的基本知识,否则欲"上"无门。这个"上项目"的"门",会展策划工作者必须借助相关基础知识和丰富的从业经验才能开启。

会展业的基础知识内容广泛,除本教材第一章所介绍的内容外,有关"上项目"的基础知识,主要是展览会与会议的分类,经营会展项目的商业模式,会展项目策划工作的基本原则、基本方法和基本流程等内容。这些基础知识都是通过会展业者经营管理的实践总结并提炼出来的。因此,学习这些基础知识也是在借鉴前人的经验。

第一节 展览会与会议的分类

展览会与会议的分类,是会展策划工作者应该知晓的基本知识之一。不了解展览会与会议的分类及其方法,将致会展项目定位模糊,势必影响策划工作的针对性。

在中国从事会展策划工作,掌握展览会与会议的分类及其方法,还需要结合中国的国情。

我们知道,展览会与会议都有一个"会"字,且都有"聚合汇集"的内涵,在项目经营上也有关联,但展览会偏重于物质性产品的信息交流,会议偏重于非物质性产品的信息交流,故两者分类的区别甚大,不能混为一谈。

一、展览会的分类

展览会的分类比较复杂。如果按照展览会的功能加以区分,我们大体可以将展览会分为两大类,即文化类展览会和经济贸易类展览会。这是展览会分类的第一个层次。

(一)文化类展览会

服务于政治、艺术方面的需要而举办的展览会,属于文化类展览会。

文化类展览会在国内外数量庞大,内容丰富。如中华人民共和国建国七十周年建设成就展览、上海市纪念改革开放四十周年成就展览、雷锋事迹展览等,就是服务于政治宣传需要的展览;而美术作品、摄影作品、手工艺品等展览,则是服务于艺术欣赏与交流需要的展览。此外,历史文物、文化科技知识的展览,乃至博物馆常年举办的许多展览,都属于文化类展览会。

在中国,文化类展览会在名称上一般称为"展览",很少称为"展览会"。而与文化类展览会相区别的经济贸易类展览会,在名称上一般称为"展览会""博览会""展销会"或"交易会",很少有称为"展览"的。

创办于1851年的世界博览会,应归为文化类展览会。在相当长的一段时期内,世界博览会定名为"国际工业和艺术博览会"。其功能主要是向各国观众介绍国际最新的科学技术成果。自1933年在美国芝加哥举办的世界博览会推出"一个世纪的进步"的主题后,历届世界博览会相继设定各自不同的主题。这些主题无不围绕科学技术进步这个总的主题而创意。参加世界博览会的国家或国际组织,每届必须围绕不同的主题设计参展内容。20世纪50年代以来,世界博览会日益成为主办国宣传自己、开展国际交流、吸引国内外游客的大型文化旅游活动。2010年上海世界博览会共有189个国家和57个国际组织参加了展览。为了体现"城市,让生活更美好"这个主题,上海世界博览会专门设计布置了包括城市人馆、城市生命馆、城市地球馆、城市足迹馆和城市未来馆五个主题馆。在150天的展览时间里,上海世界博览会共吸引7300余万名观众参观。其中,境外观众425万人。近年来,国内许多地方相继举办的"园艺博览会",也应归为文化类展览会。

国家统计局2004年公布的《文化及相关产业分类》,其中就包括"会展服务"。由此可见,文化类展览会及其主办机构已是文化产业中的细分行业。

(二)经济贸易类展览会

经济贸易类展览会顾名思义,就是服务于经济贸易活动需要而举办的展览会。

2011年1月14日,国家质量技术检验检疫总局、国家标准化管理委员会发布《经济贸易展览会 术语》(GB/T 26165—2010)国家推荐标准。这是我国第一个有关展览业的国家标准。该标准对于"展览"和"经济贸易类展览会"的定义如下。

展览,指"在一定地域空间和有限时间区间举办的,以产品、技术、服务的展示、参观、洽谈和信息交流为主目标,有多人参与的群众性活动"。

经济贸易类展览会,"以贸易、投资和经济合作等商务活动为主要功能的展览会"。

在中国,服务于经济贸易活动的展览会,无论名称是展览会,还是博览会、展销会、交易会、订货会、采购大会或经济贸易投资洽谈会,均可归为经济贸易类展览会。

在中国,文化类展览会和经济贸易类展览会分属文化和旅游部及商务部管理。但在现实中,文化类展览会与经济贸易类展览会并非决然分开,互不相干。我们经常看到,这两类展览会同时存在于一个展览活动之中,并可以形成互相补充的关系。

> **案例 1　文化类和经贸类展览会的结合**

"广州国际设计周"及其配套展览会

创办于2006年的"广州国际设计周"活动,是广州市人民政府主办、市经贸委承办的大型活动,旨在促进工业设计创新。

"广州国际设计周"固定于每年的11月下旬举办,其内容是通过评比并展示优秀的原创建筑、工业设计作品。由于有政府资助,凡经"广州国际设计周"组织委员会邀请或遴选的作品参加展示,送展机构是无须支付展位费的。在展览会期间揭晓的"中国设计奖——红棉奖",是"广州国际设计周"一年一度的重头戏。由此可见,"广州国际设计周"中的设计作品展览活动,是公益性而非商业性的,属于推动科技进步的文化类展览会。

自2009年第四届起,"广州国际设计周"配套举办"设计+选材博览会"。博览会在广州保利展览馆与"广州国际设计周"的优秀设计作品展览同期举办,由主办方委托展览公司承办，参展者需要交纳展位费。2017年，"广州国际设计周"与"设计＋选材博览会"展览面积约4.5万平方米。其中，"设计＋选材博览会"展览面积4万平方米。有近20个国家和地区设计、材料、家居、智能和高级定制领域的550余家机构或企业参展，观众人数达208533人次。"设计＋选材博览会"不是公益性的文化类展览，而是为设计行业的商贸交流提供服务的经济贸易类展览会。

说明与评点

参加"广州国际设计周"活动的人士，既可观赏设计作品展览，又可参观"设计＋选材博览会"。这两种展览都可以为参观者提供设计行业的资讯。

"广州国际设计周"的主办者策划"设计＋选材博览会"，一方面希望丰富活动内容、扩大展览规模；另一方面希望通过配套举办的经济贸易类展览会增加收入，从而减轻活动投入的成本。

一般认为，文化类展览会与经济贸易类展览会联袂举办，必须具备以下三个条件，即展览主题相关、展品范围相融合观众来源相同。就国内的成熟案例看，在文化类与经济贸易类展览会共同举办的操作中，经济贸易类展览会多处于配套地位。这类项目往往是文化类展览会创立在先，经济贸易类展览会配套在后。

思考题

1. 经济贸易类展览会的主要功能是什么？
2. 经济贸易类展览会与文化类展览会的区别主要表现在哪些方面？
3. 研读国家质量技术检验检疫总局、国家标准化管理委员会发布的《经济贸易展览会 术语》(GB/T 26165—2010)国家标准，熟悉经济贸易展览会的术语。

二、经济贸易展览会的分类

国民经济中生产服务业范畴的展览业，是由无数个经济贸易展览会组成的。目前，国内外展览业界对于经济贸易展览会的分类并无统一的标准。

（一）国际展览业协会(UFI)的分类

国际展览业协会(UFI)将展览会分为综合、专业和消费三类(见表2-1)。其中，综合性展览会就是专业性展览会和消费性展览会的结合。

表 2-1　国际展览业协会(UFI)关于经济贸易展览会的分类

分类	编号	类别细分
A 综合性展览会	A1	技术与消费品展览会
	A2	技术展览会
	A3	消费品博览会
B 专业性展览会	B1	农业、林业、葡萄业及设备
	B2	食品、餐馆和旅馆生意、烹调及设备
	B3	纺织品、服装、鞋、皮制品、首饰及设备
	B4	公共工程、建筑、装饰、扩建及设备
	B5	装饰品、家庭用品、装修及设备
	B6	健康、卫生、环境安全及设备
	B7	交通、运输及设备
	B8	信息、通信、办公管理及设备
	B9	运动、娱乐、休闲及设备
	B10	工业、贸易、服务、技术及设备
C 消费性展览会	C1	艺术品及古董
	C2	地方综合展览会

(来源：中国国际贸易促进委员会网站)

在 C 类的消费性展览会中，艺术品及古董展览会虽有文化类展览会的性质，但其功能主要是艺术品及古董的经济贸易，而非只供观赏的艺术品及古董的展览。如创办于 1996 年的"广州国际艺术博览会"，主要展览可供交易的绘画、书法、雕塑作品。

国际展览业协会的这个分类标准并未获得德国、英国、美国这些世界展览大国业界的普遍认可。

（二）适合中国国情的分类

在中国，结合国情及中国展览业的实际情况，较为通行的分类主要有以下九种。

1. 按照展览会的展览范围分类

按照展览范围分类，一般分为综合性展览会和行业性展览会。

综合性展览会的展览范围比较宽泛，展品来自多个行业。2007 年 1 月 1 日施行的《商务部举办展览会管理办法（试行）》，提出了"综合性展览会参展的主要行业在 3 个以上"的概念。

在中国，综合性展览会还可细分为 4 小类，即商品贸易、投资/服务/技术贸易、高新科技和文化产业（见表 2-2）。

表 2-2 综合类展览分类

序号	分类	说明
1	商品贸易	如进博会、广交会、华交会、西博会、义乌小商品博览会
2	投资/服务/技术贸易	如投洽会、京交会、上交会、中博会
3	高新科技	如深圳高交会、大数据博览会
4	文化产业	如深圳文博会、长三角文化产业博览会

"中国进出口商品交易会"即著名的"广交会",就是典型的综合性展览会,也是商品贸易的综合性展览会。"广交会"分为春秋两季举办。因展馆限制,春季或秋季"广交会"又分为三期举办,每期布展时间三天,展览时间五天,连续进行。其中,第一期的展览范围包括电子及家电、照明、车辆及配件、机械、五金工具、建材和化工产品等门类的工业品;第二期的展览范围包括日用消费品、礼品和家居装饰品等门类的工业品;第三期的展览范围包括纺织鞋服、办公用品、箱包及休闲用品和医药及医疗保健以及食品等门类的工业品。第一期和第三期还单独设立进口产品展区。

行业性展览会的展览范围比较单一,展品集中来自一个行业或关联性较强的几个行业。如中国国际贸易促进委员会纺织行业分会和法兰克福展览(香港)公司联合主办的"中国国际纺织纱线展览会"(举办地上海),其展品是纺织纱线,细分为天然纤维纱线、人造纤维纱线、特种纤维纱线、弹力纱线和花式纱线等品类。而中国机械工业集团、中国机床总公司、中国机械国际合作股份公司联合主办的"中国国际机床工具展览会"(举办地北京),其展品以机床及工具、自动化控制及传动设备为主,以热加工技术与设备和相关制造技术与设备为辅。该展会现已成为全球三大机床展之一。

综合性的展览会有如"百货商店",而行业性的展览会有如"专卖店"。

中国会展经济研究会长期发布《中国展览业发展统计报告》。其根据统计工作需要,将国内行业性的经济贸易类展览会按展览范围分为 24 类 125 个子类(见表 2-3)。

表 2-3 行业性经济贸易类展览会分类

序号	类别	序号	类别细分	序号	类别	序号	类别细分
一	农林牧渔	1	农副产品	二	能源	8	太阳能光伏
		2	畜牧业			9	电池
		3	蔬菜			10	电力
		4	农用生产资料	三	矿物采掘	11	石油天然气
		5	肉制品			12	其他矿产
		6	水产品	四	化工	13	表面处理
						14	橡塑产品
		7	林业及花卉植物			15	轮胎

续表

序号	类别	序号	类别细分	序号	类别	序号	类别细分
五	装备制造	16	机械行业综合	十	建筑建材	44	房地产
		17	农机			45	建筑装修装饰材料及建筑五金
		18	机床及工具			46	门窗及铺地、吊顶材料
		19	烘焙			47	建筑涂料
		20	泵阀			48	建筑陶瓷及卫生洁具
		21	焊接			49	建筑石材
		22	电机与传达			50	墙纸及室内软包装
		23	激光			51	管材、电线电缆、暖通、制冷设备
		24	铸造			52	水泥制品及混凝土
		25	采挖设备			53	照明
		26	仪器仪表			54	建筑工程机械
		27	缝制设备			55	园林景观
		28	机器人与工业自动化			56	建筑工程机械
		29	其他机械制造	十一	家居用品	57	家装
六	便捷出行	30	摩托车			58	家具
		31	电动车			59	家电及厨卫
		32	自行车	十二	纺织服装与穿戴用品	60	服装
七	造纸包装	33	纸品、包装机械			61	纺织原料
八	信息电子	34	手机			62	鞋袜
		35	电子			63	箱包
		36	电脑			64	奢侈品
		37	光电子、激光			65	皮草
		38	软件			66	眼镜、钟表
		39	人工智能、集成电路			67	珠宝首饰
九	汽车	40	商用车			68	配饰配料
		41	乘用车	十三	医疗医药	69	医疗器械
		42	新能源			70	药品及医用原料
		43	汽车后市场及零部件			71	医院设备
						72	医疗技术
						73	医养保健
						74	糖茶酒及饮品
						75	年货

续表

序号	类别	序号	类别细分	序号	类别	序号	类别细分
十四	食品	76	蔬菜干果	二十一	休闲娱乐	108	旅游
		77	食材			109	酒店用品
		78	餐饮与美食			110	动漫
		79	调味品			111	游艇
十五	环保	80	环境保护设备			112	摄影器材
		81	污染治理			113	礼品与工艺品
		82	垃圾处理、再生资源			114	宠物、观赏鱼
		83	环卫设备			115	佛事用品
		84	水处理			116	美容美发
十六	航空	85	飞机			117	艺术品
		86	无人机			118	时尚用品
		87	机场服务	二十二	商业零售	119	电商及新零售
十七	交通物流	88	轨道交通及桥梁			120	老字号
		89	物流与仓储			121	加盟连锁
十八	公共安全	90	安防设备	二十三	设计	122	工业设计
		91	警用装备			123	时尚设计
		92	军用装备			124	其他设计
十九	人生消费	93	婚庆用品及服务	二十四	其他	125	城市建设
		94	孕婴童用品				
		95	玩具				
		96	养老用品与服务				
		97	殡葬用品与服务				
二十	文化教育	98	文化产业				
		99	图书影视作品				
		100	教育设备				
		101	留学及培训服务				
		102	体育用品				
		103	广告设备及印刷				
		104	办公设备				
		105	灯光音响乐器				
		106	游艺设备				
		107	广电设备				

2. 按照参观展览的观众分类

按照参观展览的观众分类,一般分为专业类展览会和消费类展览会。参观专业类展览会的观众被称为专业观众。参观消费类展览会的观众被称为普通观众。

专业类展览会是某一行业的参展商和观众进行专业交流的平台。创办于1957年的"广交会",为中国产品对外贸易的专业交流平台。2018年秋季"广交会"(第124届)共有来自215个国家或地区的189812位专业观众(采购商)参观。"中国国际纺织纱线展览会"和"中国国际机床工具展览会"则分别是纺织业和通用装备制造业的专业性展览会。

消费类展览会的特征有二:一是,展览会以现场售卖商品为主,并不是像专业类展览会那样,主要从事信息交流和贸易洽商的商务活动;二是,参观展览会的观众基本是普通消费者,而且大多来自展览会的举办地。来展览会看展品、买东西,是这些观众参观展览会的主要动机。如"香港国际工业出品展销会"即"工展会",是香港历史最悠久的消费类展览会,2018年已是第52届。2003年后移址维多利亚公园举办,设置食品饮料、粮油面食、参茸海味、美容保健、服饰、家居用品、美食等展区以及游乐活动区。"工展会"的展览时间一般安排在每年的12月至次年1月期间,展期长达20多天,主要满足香港市民和旅游者采购年货的需要。中国内地的消费类展览会繁多。2000年以来,汽车(乘用车)、房产(住宅)、家装(家庭建筑装修)、食品成为各地消费类展览会的四大热门展览主题。2010年后,茶叶酒品、婚庆用品与服务、婴童用品和珠宝首饰又成为新的展览主题。

此外,还有专业类和消费类相结合的展览会。创办于1907年的美国"北美国际汽车展览会"(1989年之前称"底特律汽车展览会"),既是国际汽车业界人士商务交流的专业平台,也是爱好者集中观摩赏玩汽车的场合。展览会展览时间15天。其中,第1天、第2天为媒体参观日,第3天、第4天为专业观众参观日,第5天至第15天为公众参观日。在国内外,图书、玩具、体育用品、电子游戏、音响、乐器、家居用品、航空、防卫装备等主题的展览会,大多是专业性和消费性兼具的展览会,可同时满足业内人士和普通观众的不同需求。

当今展览业界人士习惯借用互联网的术语概念来定义专业类展览会和消费类展览会。其中:

专业类展览会定义为B2B(Business to Business),即商家/企业对商家/企业;

消费类展览会义为B2C(Business to Customer),即商家/企业对顾客/消费者;

专业类/消费类相结合的展览会会义为B2B+B2C,即商家/企业对商家/企业+商家/企业对顾客/消费者。

3. 按照展览会的影响力分类

按照展览会的影响力分类,一般分为国际性展览会、全国性展览会、区域性展览会和地方性展览会。

展览会的国际性,一直被业界广泛认为是体现展览会水平和社会影响力的重要指标之一。考察展览会是否具有国际性,展览业界普遍认同以国外或境外参展商或观众占全部参展商或观众总数的比例而定。之所以如此,是因为国外或境外的参展商或观众需要花费比国内或境内参展商或观众更多的参展费、展品物流费、差旅费前来参展或参观。办展水平不高、缺乏国际市场影响力的展览会，是很难吸引到一定规模的国外或境外参展商和观众的。

《经济贸易展览会 术语》(GB/T 26165—2010)国家标准将"国际展览会"定义为"境外参展商不低于全部参展商的10%，或者境外观众不低于全部观众的5%的展览会"。而2001年科技部、外交部、海关总署、工商总局联合发布《国际科学技术会议与展览管理暂行办法》(国科发外字〔2001〕311号文)中，要求国际科技展览会境外参展商占全部参展商中的比例为20%。"广交会"是中国国际化程度最高的展览会。据"广交会"主办方提供的统计数据，2018年秋季"广交会"三期登记参观人数累计为189812人次。其中，亚洲105692人，占55.68%；欧洲35767人，占18.84%；美洲27696人，占14.59%；非洲14547人，占7.66%；大洋洲6110人，占3.22%。

全国性展览会是指影响力广及全国的展览会。《商务部举办展览会内部管理办法(试行)》(商贸字〔2006〕180号文)对于全国性展览会定有两条标准：①对全国经济发展有重大作用和意义，配合国家重大战略实施或配合外交外贸多双边工作的需要；②具有全国性、综合性或较强专业性，国内参展商来自全国一半以上省(市、区)，且展位比例达到30%以上。由中国农机工业协会、中国农机化协会、中国农机流通协会联合主办的"中国国际农业机械展览会暨全国农机产品订货交易会"，是符合商务部标准的全国性展览会。其创办于1996年，是国内规模最大并巡回展出的农业机械展览会。分为春秋两季举办：春季展一般在每年4月中旬举办，秋季展一般在每年10月下旬举办。秋季展规模大于春季展。该展览会已成为全国农机行业技术研发、生产制造、经销代理、终端用户、专业媒体等业内人士每年集中聚会、交流信息、洽商贸易的重要平台。

区域性展览会一般指影响力超越本省(区)地域的展览会。如四川省口腔医学会创办于2001年的"中国西部口腔医疗设备展览会暨口腔医学学术会议"，其影响力现已超越四川省地域范围，扩散至中国西部12个省、市、区，因而被口腔医学界公认为区域性展览会。

地方性展览会一般指影响力局限于某省(自治区)或举办城市的展览会。如国内许多城市春节之前举办的食品展览会或年货采购会(购物节)，吸引的观众基本是当地居民，是典型的地方性展览会。

判断展览会是国际性的，还是全国性、区域性或地方性的标准，应主要看观众来源。

4. 按照展览会的主办方分类

按照展览会的主办方分类，是颇具中国特色的分类方法。这实际是根据展览会主办方的身份予以分类。

在中国，展览会按主办方的身份分类，一般被分为"政府展""社团展"或"商业展"。

"政府展"，是指产权由政府及其部门所拥有的展览会。"广交会"是典型的"政府展"。"广交会"是中国中央政府拥有产权的展览会，其组织领导工作由商务部负责，承办具体业务工作的是商务部下属的事业机构——中国对外贸易中心(集团)。

案例 2 地方政府主办或参与主办的展览会（见表 2-4）

表 2-4 湖北省及武汉市政府主办或参与主办的展览会

序号	展览会名称	创办时间/地点	主办方	承办方
1	中国食品博览会暨交易会	1991/武汉	湖北省政府、武汉市政府	武汉市商务局
2	中国国际机电产品博览会	2000/武汉	商务部、中国贸促会、湖北省政府、武汉市政府	武汉市商务局
3	"中国光谷"国际光电子博览会暨论坛	2002/武汉	工信部、科技部、国家知识产权局、中国科学院、中国贸促会、湖北省政府	武汉市政府
4	华中旅游博览会	2002/武汉	国家文化和旅游部、湖北省政府	湖北省文化和旅游厅
5	中国武汉农业博览会	2003/武汉	农业部、湖北省政府	武汉市政府、湖北省农业厅
6	中国期刊交易博览会	2013/武汉	国家新闻出版广电总局、湖北省政府、中国邮政集团公司	湖北省新闻出版广电总局
7	世界大健康博览会	2019/武汉	武汉市政府	湖北省楚商联合会

说明与评点

表 2-4 所列的 7 个展览会中，看承办机构就可知晓，属于湖北省政府及其部门所有的项目有 2 个，属于武汉市政府及其部门所有的项目有 4 个。项目所有权的归属，也是省、市政府各自投资的结果。

在这些展览会中，"食博会""机博会""光博会""旅博会""农博会"项目已全部或部分商业化操作了。所谓商业化操作，即指展览会由政府及其部门交由商业公司承办或执行承办。这种模式称为"政府主办、商业承办"。

"社团展"又分为"协会展""学会展"或"商会展"。是指产权由某民间社会团体所拥有的展览会。如中国农业机械工业协会、中国农业机械化协会、中国农业机械流通协会共同拥有"中国国际农业机械展览会暨全国农机产品订货交易会"的所有权；中国商业联合会拥有"中国（广州）鞋业展览会"的所有权；香港中华厂商联合会拥有"香港国际工业出品展销会"的所有权。

"商业展"，是指产权由某企业所拥有的展览会。如中国糖业酒类集团公司拥有"全国糖酒商品交易会"的所有权；北京雅森国际展览公司拥有"中国汽车用品暨改装汽车展览会"的所有权；中国医药集团与英国励展博览集团共同拥有包括"中国国际医疗器械博览会"在内的多个医疗专业展览会的所有权。

此外，这一分类在展览会的服务功能上，往往被赋予了深层含义。

"政府展"主要服务于政府的施政需要。如经党中央、国务院批准，由商务部和北京市政府于2012年5月共同主办的首届"中国（北京）国际服务贸易交易会"，旨在落实商务部《服务贸易发展"十二五"规划纲要》，力图成为全球唯一涵盖世界贸易组织界定的商业服务、通信服务、建筑及相关工程服务、分销服务、教育服务、环境服务、金融服务、健康与社会服务、旅游与旅行相关服务、娱乐文化与体育服务、运输服务、其他服务等12大类服务贸易领域的综合型交易平台。故定位为国家级、国际性、综合型的服务贸易交易会。

"社团展"为民间社会团体的活动，主要为社团所在的行业服务，同时具有通过办展"创收"补充协会活动经费的作用。

"商业展"的功能有二：其一是服务社会经济发展的需要，其二是通过服务赢得商业利润。因此，"商业展"必须自负盈亏，在运作上必须是市场化的。而"政府展"和"社团展"可以全部或部分是公益性的。

5. 按照展览会的举办地分类

按照展览会的举办地分类，一般分为固定举办地或不固定举办地的展览会。

举办地固定的展览会，是指长期固定于某一地方举办的展览会。除举办地长期固定之外，也包括展览会的展览时间和展览场馆的固定。如"广交会"每年分春秋两季固定于广州市举行，春季展举办时间固定于每年的4月中旬至5月上旬，秋季展举办时间固定于每年的10月中旬至11月上旬，展览场馆固定于中国进出口商品交易会馆（广州琶洲会展中心）。

举办地不固定的展览会，是指举办地经常变换的展览会，也称为巡回性展览会或流动性展览会。

案例3　展览会举办地的选择

1955—2018年全国糖酒商品交易会的举办地如表2-5所示。

表2-5　1955—2018年全国糖酒商品交易会的举办地

年份	举办地	年份	举办地	年份	举办地
1955—1963	北京	1965	保定	1967	上海
1964	上海	1966	洛阳	1968	韶山

续表

年份	举办地	年份	举办地	年份	举办地
1969	太原	1990 秋	郑州	2004 秋	长春
1970	天津	1991 春	石家庄	2005 春	成都
1971	武汉	1991 秋	成都	2005 秋	济南
1972	石家庄	1992 春	成都	2006 春	成都
1973	扬州	1992 秋	郑州	2006 秋	西安
1974	柳州	1993 春	成都	2007 春	重庆
1975	无锡	1993 秋	石家庄	2007 秋	哈尔滨
1976	烟台	1994 春	成都	2008 春	成都
1977	西安	1994 秋	郑州	2008 秋	长沙
1978	邢台	1995 春	成都	2009 春	成都
1979	南昌	1995 秋	长沙	2009 秋	郑州
1980	邯郸	1996 春	成都	2010 春	成都
1981	长沙	1996 秋	石家庄	2010 秋	济南
1982	石家庄	1997 春	成都	2011 春	成都
1983	邯郸	1997 秋	郑州	2011 秋	沈阳
1984 春	石家庄	1998 春	成都	2012 春	成都
1984 秋	安阳	1998 秋	长沙	2012 秋	福州
1985 春	柳州	1999 春	成都	2013 春	成都
1985 秋	郑州	1999 秋	大连	2013 秋	武汉
1986 春	石家庄	2000 春	成都	2014 春	成都
1986 秋	郑州	2000 秋	石家庄	2014 秋	重庆
1987 春	成都	2001 春	成都	2015 春	成都
1987 秋	石家庄	2001 秋	郑州	2015 秋	南京
1988 春	成都	2002 春	西安	2016 春	成都
1988 秋	郑州	2002 秋	长沙	2016 秋	福州
1989 春	石家庄	2003 春	成都	2017 春	成都
1989 秋	成都	2003 秋	沈阳	2017 秋	重庆
1990 春	石家庄	2004 春	成都	2018 秋	长沙

> **说明与评点**
>
> 　　中国糖业酒类集团公司主办的"全国糖酒商品交易会"(简称"糖酒会"),创办于计划经济时期的1955年。自1984年起分为春秋两季举办。春季"糖酒会"于1987年起每年3月固定在成都举办(其间,仅2003年和2007年分别移址西安和重庆)。秋季"糖酒会"则一直采取巡回展方式,先后在多个城市举办。

　　此外,还有巡回与固定相结合的展览会。如由汉诺威米兰公司主办的"欧洲机床展览会",自1975年创办以来,形成了在德国汉诺威和意大利米兰两地按年巡回举办的格局。国内汽车展中著名的"北京展"和"上海展",也是固定地点轮年举办的巡回展。

　　6. 按照展览会的名称分类

　　按照展览会的名称分类,也是中国特色的分类标准。这种分类实际体现的是政府行政管理的要求。

　　在中国,在相当长的一段时间里,凡冠以"中国"尤其是"中国国际"名称的展览会,主办方须事先获得国家有关部门的批准。如事先未获得名称核准,则有可能被当地工商管理部门追究,并可能被责令取消展览会或者更改展览会名称。国家工商总局自1997年起负责审批冠名"中国"的展览会。此项审批职能于2010年7月4日经国务院批准宣布废止,即不再执行国家工商总局1997年颁发的《商品展销会管理办法》。

　　商务部、科技部和中国国际贸易促进委员会曾经履行对于申请冠以"中国"或"中国国际"名称的展览会的审批职能。2015年,中办、国办联合发文,明确党政机关境内举办展会活动的审批办法。文件规定,党政机关在中国境内举办展会活动均须上级机关审查批准。为深化展览业"放管服"改革,商务部、海关总署于2019年4月公告取消四种境内举办涉外经济技术展览会办展项目的审批,改为备案制管理。

　　凡经商务部批准冠名"中国"或"中国国际"的展览会,且主办单位包括国务院部委的(如国家发展和改革委员会、商务部、工业与信息化部等),经常被宣传为"国家级"展览会。

　　7. 按照展览会的出入境性质分类

　　按照展览会出入境的性质分类,可分为出境展览会和入境展览会。

　　出境展览会,指国内主办方出国或出境举办展览会,或指国内展位销售代理组织国内客商出境参加外国机构举办的展览会。又称为出国出境办展或出国出境参展,业内将其简称为"出展"。

　　中国贸易促进委员会不但是国务院授权管理"出展"经营者资质的机构,也是国内"出展"项目的重要组织者。

　　国内机构组织国内企业以"中国展团"方式参加境外展览会,是经营"出展"业务的主要途径。中国机械工程学会自1989年起就开始组织中国企业参加国际著名的"德国埃森焊接与切割展览会"(该展览会每四年举办一次)。2013年"中国展团"的参展企业达160多家,展览净面积超过3000平方米。该学会后来又组织"中国展团"赴美国亚特兰大参加"美国制造技术暨美国焊接学会焊接展览会"。

到2010年前后,国内机构在境外主办展览会渐多。其分为"国别综合展"和"国别专业展"两种类型。"国别综合展"的名称通常为"中国商品展览会"。"国别专业展"的名称根据展览范围设定,如"中国建材产品展览会""中国鞋帽服装展览会"等。无论是"国别综合展"还是"国别专业展",参展客商均来自中国。

入境展览会,是指境外主办方组织境外客商来国内举办的展览会。展览业内习惯用"来展"简称入境展览会。

由香港贸易发展局组织的"香港时尚精品展览会"、台湾半官方机构组织的台湾商品展览会,是经常可见的"来展"项目。1998年12月1日商务部颁布《在祖国大陆举办对台湾经济技术展览会暂行管理办法》,专门就台湾民间机构在祖国大陆举办经济技术展览会做出了具体规定。

8.按照展览会的规模分类

按照展览会的规模分类,可分为大型、中型或小型展览会。国际上一般以展览面积显示展览会的规模,而较少如国内习惯用标准展位数量来显示展览会的规模。与国际上一些国家以净面积统计的做法不同,我国习惯于以毛面积统计(净面积指客商参加展览会租用展位的面积,而毛面积指展览会主办方办展租用展馆展厅的面积)。如何划分大、中、小型展览会,国际、国内均无统一标准。

目前,国内一般认为展览面积在5000平方米及其以下的展览会为小型展览会。商务部《关于"十二五"期间促进会展业发展的指导意见》可以佐证这一概念。该意见指出:"'十一五'时期,我国会展业发展迅速,2010年,我国举办展览面积5000平方米以上展览会项目6200余个。"由此可见,主管会展业的商务部将统计展览会项目的最低规模标准定为展览面积5000平方米的展览会。

国内一般认为,展览面积在2万—5万平方米的展览会为中型展览会;展览面积在5万平方米以上的展览会为大型展览会;展览面积在10万平方米以上的展览会为超大型展览会。中国国际贸易促进委员会、中国社会科学院、中国会展经济研究会、《中国贸易报》《中国会展》杂志等机构或媒体,在其公布的年度会展业发展报告中,多以展览面积达2万平方米及以上的展览会作为统计对象。2012年春季"广交会"三期展览面积共计111万平方米,无疑是世界上展览面积最大的展览会,可称为巨型展览会。

因行业不同,衡量展览会规模的标准不甚相同。如航空展览会因其展品巨大,所使用的展览面积自然较多。号称全球第三大的"迪拜航空展览会",2013年的展览面积为65万平方米。在上海举办的"中国国际纺织纱线展览会",虽然展览面积只有4万平方米,但已是全球纺织纱线业最大规模的专业展览会了。

9.其他分类

(1)公益性展览会与商业性展览会。

这一分类与"政府展""社团展"和"商业展"的分类有所交叉。但其强调展览会是不是以营利为目的。

非营利性质的展览会,就是公益性展览会。为鼓励创业、增加就业,一些地方政府组织"创业项目推介展览会",以支持"全民创业活动"。这一展览会完全由政府出资,免收参展者(创业者)的展位费。组织此类展览会,有积极的社会效益,但在经济上只有投入,难以回报。

营利性质的展览会,就是商业性展览会。商业性展览会的主办方在经济上投入后,必须获得相应的回报。否则,商业性运作的展览会就无法持续。但商业性展览会同样要有社会效益,其内涵是为客户创造价值。不能为客户创造价值的展览会也是无法持续的。罔顾社会效益而只谋取经济效益的商业性展览会,在当今中国的展览市场上并未绝迹。其主办方缺乏商业道德,经营活动不可能持续。

(2)主办展览会与承办展览会。

在中国,许多展览会的运作采取"主办+承办"的管理体制。采取这种体制的展览会,一般分为两种情况:

一种是,展览会的主办方是展览会产权的所有者,其采取服务外包的管理模式,将展览会的展位销售、客户服务或展览会现场接待服务等业务工作委托另一方(甚至同时委托多方)经营管理,展览会产权所有者与接受委托的一方或多方订立经济合同,明确各自责任义务。展览会的所有者必须履行监管职责,并要承担相应的法律责任。

采取这种方式经营管理的展览会,展览会产权所有者与接受委托的一方或多方就形成了主办与承办的组织关系。不少"政府展"和"社团展"经常采用这种方式经营管理。如,2012年第九届"中国—东盟博览会"设立的"中国商品展区",分为农业、轻工、林木、工程机械、电力设备、电子电器、建筑材料、食品机械等专题。这些专题展览会多由"中国—东盟博览会"秘书处即广西壮族自治区国际博览局分别委托不同的商业公司承担展位销售、客户服务或展览会现场接待服务等业务工作。"中国—东盟博览会"是中国与东盟秘书处和东盟10国政府商务部或贸易部共同主办,广西壮族自治区人民政府承办的国际性展览会,是政府拥有所有权的"政府展"。其产权的责任人是广西壮族自治区人民政府。"中国—东盟博览会"秘书处即广西壮族自治区国际博览局,是广西壮族自治区人民政府下辖的事业机构,代表自治区政府行使"中国—东盟博览会"产权拥有者的具体责任。因此,"中国—东盟博览会"的实际主办单位是广西壮族自治区人民政府,实际承办单位是广西壮族自治区国际博览局。接受广西壮族自治区国际博览局委托的商业公司,是"中国—东盟博览会""中国商品展区"相关专题展览会的承办机构(广西壮族自治区国际博览局同样承担展位销售、客户服务或展览会现场接待服务等业务工作,但其重点是"东盟商品展区")。又如,在国家级的"社团展"中,中国工商联合会主办的展览会,多委由商业展览公司承办,这或许与其会员来源广泛而专业性相对不强有关。

另一种是,展览会的承办方是展览会产权的实际所有者,但主办方不是展览会产权的实际所有者。展览会产权的实际所有者因某种需要,商请具有社会影响力的机构作为展览会的主办单位,这种主办只是展览会名义上的主办方,并不拥有展览会的产权。如郑州某展览公司举办食材展览会,商请中国餐饮协会作为主办方。中国餐饮协会并不拥有该展览会的产权,而是名义上的主办方。业内将此称为"冠名"主办方。

"主办+承办"的管理体制,无论是第一种情况还是第二种情况,都有一个核心问题,即展览会产权归属及其法律责任问题。拥有产权的主办方外包展览会的承办服务,其必须履行监管职责,并要承担因主办展览会而产生的法律责任。拥有产权但却以承办身份对外的主办方,将实际承担因主办展览会而产生的法律责任。而"冠名"的主办方将承担名誉风险或可能产生的法律连带责任。

法律意识强烈的跨国展览公司在国内办展,对于自身拥有产权的展览会,基本不会同意政府机构或民间社团"冠名"作为主办单位。其认为,这种"冠名"模糊了产权属性,容易产生法律纠纷。对于具有影响力的政府机构或者民间社团,跨国展览公司一般商请为展览会的支持单位。为适应中国国情,跨国展览公司在华举办展览会在不得不商请"冠名"主办机构时,会与"冠名"机构订立协议,约定各自责任义务,尤其会明确展览会的产权归属,以预防可能产生的法律纠纷。

(3) 外贸展览会和内贸展览会。

这一分类仅见于商务部。2003 年,经由原对外经济贸易合作部、原国家计委、原国家经贸委的部分职能整合而新设立的商务部,其内部司局的管理职能一直有外贸业务与内贸业务的分别。为引导展览业开拓国内市场、扩大内需,商务部自 2004 年起推行内贸领域展会引导支持制度,全国首批共有 13 个展览会项目上榜。商务部 2006 年 7 月公布《内贸"十一五"规划》,提出"加快培育会展经营主体,力争培育百余个名牌展览会"。到 2011 年,列入商务部内贸领域引导支持展览会的项目增至 90 个。其中,22 个属于消费类展览会或节庆活动。

(4) 新展览会和老展览会。

所谓新展览会,可以理解为前所未有的展览会项目。从展览会项目创新的角度,这个"新"又可分为行业性创新、地域性创新和主办方创新三个层次(具体分析见本教材第三章)。

在展览界,对于新展览会"新"的程度,约定成俗的时限一般是:连续举办的展览会,举办届数第一至第三届被视为新展览会;而举办届数超过三届的就被看成是老展览会了。

拥有新展览会对于展览会主办方的意义在于:在显示主办方发展能力或创新能力的同时,表明新展览会相比老展览会需要更多投入进行营销推广,而花费更多的投入有可能造成新展览会第一至第三届的经营亏损。据了解,香港贸发局内部规定,新展览会若连续五届仍不能盈利的,原则上将予停办。

区分新、老展览会,对于展览会主办地的政府也有特别意义。为促进展览业发展,许多城市政府出台优惠政策激励主办方创办新展。如海南省海口市政府在 2010 年颁发文件,对于达到一定规模的新展览会给予资金补贴。

(5) 会议型展览会与非会议型展览会。

以会议活动为主旨,同时以会议为主要动力元素的展览会,可定义为会议型展览会。如创办于 2017 年的"中国中部(武汉)国际口腔设备材料展览会与口腔医学学术会议",就属于会议型展览会。其口腔医学学术会议连续举办四天,安排上百场学术交流和专业培训会议,近 2000 人参加。而口腔设备材料展览的展览面积只有 2 万平方米。参展商在很大程度上是被学术会议及其与会者所吸引参展的。

非会议型的展览会,其主体是展览会,而不是会议。由于会议不是展览会的主要动力元素，参展商与观众一般不会因为有无会议而决定是否参加或参观展览会。这类展览会即便举办会议，一般将会议称为展览会的配套活动。

(6) 线下展览会和线上展览会。

这是互联网时代的分类。线下展览会即实体展览会，也有人称之为传统展览会。线上展览会即互联网上的展览会，也有人称之为虚拟展览会。目前，线上展览会在国内外尚未见到成功案例，尤其未见线上展览会取代线下展览会的案例。更多的情况是，实体展览会的主办方通过建设展览会官方网站及微博、微信公众号、App，利用互联网推动展览会的网络营销。当展览会的主办方建设用于服务参展客户的电子商务网络平台时，那它的身份已从展览业者跨界成为电子商务业者了。

经济贸易展览会的分类虽然不同，但各种分类之间多有交叉，彼此界限并不严格。也就是说，一个展览会可以根据需要，同时采用不同的标准予以分类。

在以上经济贸易展览会不同的分类方法中，本教材认为最重要的是专业类(B2B)展览会与消费类(B2C)展览会和"政府展"与"政府展""社团展"或"商业展"的分类。弄清这两种分类，对于提高展览会策划工作的针对性具有重要作用。

思考题

1. 为什么说区分 B2B 展览会与 B2C 展览会是学习展览会分类方法的重点？
2. 借助本教材介绍的展览会分类方法，为"中国国际进口博览会"撰写一篇简介（篇幅控制在 200 字以内）。
3. 以表格形式，列出 10 个 2015 年以来国内新创办展览会的名称、举办地及其所使用的展览馆、举办时间、举办届数和主办及承办机构（或列出 2 个 2015 年以来国内某城市新创办展览会的名称、举办地及其所使用的展览馆、举办时间、举办届数和主办及承办机构）。

三、会议的分类

本教材所指的会议，局限于需要制定组织工作方案、预算经费、与会者来源广泛（或与会者人数较多），需要租赁会议场所的会议。换言之，本教材所指的会议，是指可以计入国民经济服务业统计（产生 GDP）并可作为会议业服务对象的会议。

会议的分类方法，较为通行的主要有以下七种。

(一) 按照主办者的性质分类

按照会议主办者的性质分类，一般分为官方主办和非官方主办的会议，即官方会议和非官方会议。

1. 官方会议

在国际上，官方会议主要指联合国及其下属机构组织召开的会议，同时包括多个国家政府共同组织并参加的会议。

根据《联合国宪章》的规定,联合国大会有权讨论宪章范围内的任何问题或事项。由联合国所有成员参加的联合国大会,按规定每年举行一次。在理论上,联合国大会自每年9月中旬起召开,会议可以开到下一年又一个会期开始的前一天为止,为期一整年。但实际上,联合国大会通常在每年9月中旬至12月底(圣诞节假期前)这段时间里在美国纽约的总部召开,完成会议的主要议程。联合国大会分为两个阶段,第一阶段为一般性辩论阶段,第二阶段为审议议题阶段。

联合国下属机构召开的会议,包括联合国安全理事会、联合国经济及社会理事会、联合国托管理事会、国际法院和联合国秘书处、联合国开发计划署、联合国环境规划署、联合国贸易和发展会议、联合国儿童基金会、联合国难民事务高级专员公署、联合国欧洲经济委员会、世界粮食计划署、亚洲及太平洋经济社会委员会、和平利用外层空间委员会、国际劳工组织、联合国粮食及农业组织、联合国工业发展组织、世界卫生组织、国际民用航空组织、万国邮政联盟、国际电信联盟、世界气象组织、国际海事组织、世界知识产权组织、世界贸易组织、国际原子能机构、国际农业发展基金、国际开发协会、国际货币基金组织、世界银行集团、国际金融公司等机构所召开的会议,与联合国大会一样,都属于国际性的官方会议。

多个国家政府共同组织并参加的会议,也是国际性的官方会议。如1999年12月召开的二十国集团会议即"G20"会议,是美国、日本、德国、法国、英国、意大利、加拿大、俄罗斯8个工业化国家在同年6月提出的建议,邀请中国、阿根廷、澳大利亚、巴西、印度、印度尼西亚、墨西哥、沙特阿拉伯、南非、韩国和土耳其等11个新兴工业国家及欧盟的领导人共同参加的国际性官方会议。会议主要围绕国际经济议题进行非正式对话。

在各个国家或地区内部,由政府、议会召开的会议也是官方会议。

在中国,官方会议主要指各级人民代表大会、政治协商会议、国务院及其部门和各级地方政府及其部门召开的会议。

其中,人民代表大会、政治协商会议是国家宪法规定的会议,是体现宪法意志、国家最高权力机构履行职责的活动形式。人民代表大会、政治协商会议不宜与一般性的官方会议混为一谈。

在中国的官方会议中,大量的会议是党务、政务、法务机构以及人民团体使用财政经费召开的会议。财政部、国家机关事务管理局、中共中央直属机关事务管理局在2013年9月13日印发的《中央和国家机关会议费管理办法》(财行〔2013〕286号文)中,对于由中央财政支出经费召开的中央和国家机关的会议,明确召开会议的中央和国家机关是:"党中央各部门,国务院各部委、各直属机构,全国人大常委会办公厅,全国政协办公厅,最高人民法院,最高人民检察院,各人民团体、各民主党派中央和全国工商联。"省、直辖市、自治区及各地官方会议的主办机构,与中央是一样的。

在国内,衡量官方会议的一个重要标准,就是看会议经费是否由政府财政拨付。除财政部等三部门联合印发的《中央和国家机关会议费管理办法》规定的机关外,凡会议经费列入各级政府财政预算开支的,一般可认为是官方会议。

在国际会议方面,财政部 2012 年 1 月 19 日印发的《在华举办国际会议费用开支标准和财务管理办法》(财行〔2012〕1 号文),明确规定:"本办法适用于中央部门与外国有关组织、团体、机构共同在华举办或受其委托承办年会、例会及其他以国际问题为主要内容,且申请中央财政拨款的会议"(详见本教材第七章所列案例)。从财政部的规定可知,国际会议与国内会议中的官方会议性质是一致的。

2. 非官方会议

非官方会议的主办者,一般指社会团体、工商企业、大学或媒体。

举办会议的社会团体,主要是行业协会、专业学会、商会、公益慈善机构、基金会等。

工商企业及媒体举办的会议,可称为公司会议或商业会议。

必须指出,需要提供专业服务的会议,或者说可以由专业机构策划组织的会议,主要是非官方会议。

案例 4   大学、媒体、社团、公司主办的非官方会议

中国学术会议网站发布的 2019 年部分非官方会议网站如表 2-6 所示。

表 2-6   中国学术会议网站发布的 2019 年部分非官方会议信息

会议名称	主题	主办方	地点	时间
中国债券市场信用风险展望论坛	中国债券市场的回顾与展望	联合资信评估有限公司、联合信用评级有限公司	北京	1月8日
第2届应用力学和机械自动化国际学术会议	促进中外技术交流	香港科学与研究中心	杭州	3月24日
IEEE人工智能和计算机应用国际会议	促进中外技术交流	自然科学和先进技术研究所	大连	3月29日
病原微生物检测临床应用精品班	介绍前沿信息,掌握实验、质检基本流程,通过临床案例分享临床应用技术	深圳市医学会、华大基因学院	深圳	3月29日
第5届国际经济学前沿论坛	国际经济学交流	中国社会科学院经济研究所、《经济研究》编辑部	长沙	5月12日
首届中国会计学者论坛	会计学研究与交流	北京大学光华管理学院	北京	5月25日

续表

会议名称	主题	主办方	地点	时间
第9届商务与经济研究国际会议	促进中外技术交流	国际经济发展与研究中心、北京工业大学	北京	7月15日
北京国际人工智能大会	发展新一代人工智能,促进其同经济社会发展融合	中国电子企业协会、国际人工智能创新发展联盟	北京	8月2日

（二）按照与会者的来源分类

按照会议与会者的来源分类,一般分为国际会议和非国际会议。

国际会议的标准并无统一规定。创建于1907年的全球国际社团组织（Union of International Associations,简称UIA）,规定国际会议的标准是:至少有300个参加者;国外参加者至少占参加者总数的40%;参加会议的国家不少于5个;会期最短为3天。而创建于1963年的国际大会及会议协会（International Congress & Convention Association,简称ICCA）,规定国际会议的标准是:至少有50个参加者;定期组织会议（不包括一次性会议）;必须至少在3个国家举行过。

我国官方关于国际会议的标准,目前仅见于中共中央办公厅、国务院办公厅印发的《关于在华举办国际会议的管理办法》（〔2006〕10号文）。其规定:"来自3个或3个以上国家和地区（不含港、澳、台地区）的代表参加,以交流为主要目的,举办的研讨会、报告会、交流会、论坛以及国际组织的行政会议,可称之为国际会议。"

由上可见,与会者中来自国外的参加者达到一定数量和比例,是判别是不是国际会议的主要标准。

而会议与会者中没有来自国外的参加者,或来自国外的参加者未达到一定数量和一定比例的,就是国内会议。

必须指出,纳入国际会议组织统计的国际会议,只是该组织成员主办的非官方国际会议,并非全部国际会议的统计。同时,这种统计既不包括官方会议,也不包括国内会议。

（三）按照会议交流的内容分类

按照会议交流的内容分类,可分为工作性、学术性和商业性会议三类。

1. 工作性会议

工作性会议也可以称为行政性会议,是指会议的主办方和参加者围绕一个共同的工作性或行政性议题进行交流的会议。工作性会议的主办方可以是政府机构,也可以是社团机构、学术机构或商业机构。

如卫计委2011年8月26—27日在杭州召开的"全国卫生信息化工作现场会议",就是政府机构主办的工作性会议。会议通过实地考察浙江省疾病预防控制中心"公共卫生数据统一采集交换平台"以及电子病历与电子健康档案互联互通、远程会诊、区域卫生资源共享、预约挂号系统等信息网络建设与运用情况,交流各地医疗卫生信息化工作的进展情况。卫计委负责人出席了会议,并在会议上就下一步工作提出了具体要求。各省(区、市)卫生厅局、新疆生产建设兵团及计划单列市卫生局主管信息化工作的厅局领导,办公室、疾病预防控制处、农村卫生管理处、信息中心负责人,以及卫计委有关司局和直属单位负责人300余人出席。又如,中国机械工业联合会、中国轻工业联合会、中国建材工业联合会等国家级的行业协会,每年春季都分别召开年会即理事会议,总结上一年工作,研究部署下一年工作。此类年会一般会邀请联合会代管的本行业协会和各省(区、市)一级同行业协会的负责人列席,以共同交流协会工作。

2. 学术性会议

学术性会议是指会议的主办方和参加者围绕一个共同的或关联的学术性议题进行交流的会议。如2012年中华医学会及其专业委员会主办的249个学术性会议中,国际性学术会议9个,国内一类学术会议58个,国内二类学术会议182个。在其国际性学术会议中,定于2012年10月在北京召开的"第13届亚太临床微生物与感染病会议",是亚太国家感染病医学组织共同发起的国际性学术会议,每年一届,轮流在亚太国家或地区举行。此会议由中华医学会感染病学分会承办,会期4天,与会者5000余人。

案例 5　专业学会主办的学术会议

中国机械工程学会2018年召开的部分学术会议如表2-7所示。

表2-7　中国机械工程学会2018年召开的部分学术会议

会 议 名 称	举办地点	时间
第十二届海峡两岸工程材料研讨会	哈尔滨	1月11—14日
第一届东莞精益智造高峰论坛	东莞	1月23日
中国超硬材料产业发展论坛	郑州	3月22—24日
2018工业互联网高峰论坛(武汉)暨第十五届制造业CIO年会	武汉	3月30日
全国材料物理与数值模拟年会暨铝加工新技术高层论坛	南宁	3月30—4月1日
第20届全国大型起重运输设备安全技术研讨会	长沙	4月12日
第二届工业工程发展论坛	郑州	4月15—16日
中-德高性能塑料齿轮国际研讨会	西安	4月23日
制造业知识服务高峰论坛	北京	5月9日
第六届智能制造国际会议	北京	5月9日
第七届物流装备绿色与智能技术发展研讨会	北京	5月10日

续表

会议名称	举办地点	时间
第十二届中美工程技术研讨会	北京	5月18日
第五届全国喷丸技术学术会议暨国际喷丸技术研讨会	上海	6月12—14日
走进株洲·中国动力谷学术报告会	株洲	7月6—7日
2018年面向科技精准扶贫的流体动力青年研讨会	忻州	7月26—28日
第14届中国CAE工程分析技术年会	银川	8月9—11日
第四届智能制造国际论坛	武汉	9月6—7日
第二十二次全国焊接学术会议	大连	10月11—12日
第15届亚太断裂与强度会议	西安	10月21—25日
全国高分子材料科学与工程研讨会	杭州	10月23—27日

（资料来源：中国机械工程学会网站）

说明与评点

中国机械工程学会成立于1936年，是我国成立较早、规模较大的工科学会之一。现有36个专业分会，18万名会员，还有4000余个单位会员。2017年，学会举办学术活动96场次，17862人次参加，交流论文5955篇。其中，国内会议62场次，国际会议14场次，包括智能制造国际会议、第70届国际焊接学会年会、第17届国际制造会议、第六世界摩擦学大会、机械设计国际会议、生物制造国际会议等具有国际影响力的会议。

将学术会议名称定为论坛，是学术性会议的常见形式。论坛形式的会议，一般会事先确定一个主题，应主办方邀请出席的演讲嘉宾，必须围绕这个主题通过演讲阐发自己的看法。如2018年9月在天津举行的"夏季达沃斯论坛"，主题为"在第四次工业革命中打造创新型社会"。有超过2300名在全世界具有影响力的政治、学术、商业人物受邀与会。国务院总理李克强出席论坛开幕式并发表致辞。与严格意义的学术会议所不同的是，冠名论坛的会议不要求与会者（包括演讲嘉宾）提供学术论文，也不会印发论文集。

3. 商业性会议

商业性会议是指会议主办方为达成自身的商业意图，通过会议向与会者传递体现这一意图信息的会议。

商业性会议因主办方的意图不同，可大体分为两种：一种是营销式会议，即主办方为营销自己的产品而举办的会议；另一种是经营式会议，即主办方以经营会议为业。经营式会议的类型可细分为论坛式会议和培训式会议。

案例 6　商业性会议中的营销式会议

苹果全球开发者大会

美国苹果公司(Apple Inc.)每年都在加州举办"苹果全球开发者大会"(Worldwide Developers Conference,简称为 WWDC),旨在向全球研发人员展示苹果公司最新的软件和技术。参加大会的研发者人数在 2000—4000 人。

WWDC 创始于 1983 年。为避免媒体与大众在第一时间得知新品信息,与会者需要签署保密协定。1998—2002 年,改在 5 月举办。2003—2005 年改为 6 月举办。2006 年又移至 8 月。外界推测会议时间的变化,可能是苹果公司的新产品需要有更多的时间准备。

1997 年后,乔布斯成为会议主角。乔布斯亲自为与会者宣讲并演示新品。

2012 年 WWDC 是后乔布斯时代的第一次,为期五天的会议门票售价高达 1599 美元。5000 张门票在两个小时内就被抢购一空,刷新了 2011 年 10 小时门票售罄的纪录。此次 WWDC 发布了 iOS 6、Mac OS X Mountain Lion 操作系统,以及新一代 MacBook 产品。

说明与评点

营销式会议在国际工商界十分普遍,跨国公司犹善此道。

苹果公司是国际 IT 界高度关注的企业。苹果的电子产品是消费者尤其是年轻人所追捧的时尚产品。苹果产品的中国爱好者自称为"果粉"。苹果公司每年的"苹果全球开发者大会"都能吸引万众瞩目,生发各种话题,从而带动苹果产品销售。

在国内,营销式会议被俗称为"会销"。如针对中老年消费者的保健品,较多采用"会销"形式进行市场推广。

商业性会议中的经营式会议,主办方主要是企业。其召开会议的目的,旨在促进企业的经营管理,实现新的发展目标。此类会议多以"企业年会"形式召开。顾名思义,企业召开年会一般是每年一次。国际上的大企业尤其是跨国公司召开年会早成惯例,且选择不同地点召开。之所以选择不同地点召开年会,一方面是扩大企业在会议举办地的商业影响,一方面是有意安排与会者在举办地旅游,即通过会议给予与会者旅游作为奖励,即"会奖旅游"。近十年来,随着中国企业成长壮大,中国企业的年会日益增多,成为国内会议市场的重要供给方。如恒大地产集团公司 2016 年在广州召开的 20 周年庆年会的参加者就超过 1 万人。其中,特邀与会的政商文化界知名人士(包括马云、郭广昌、陈东升等人)的嘉宾阵容就达 1800 余人。年会设计了恒大发展成就展览、20 周年庆典、文艺晚会等系列活动。其中,文艺晚会的总导演由北京奥运会闭幕式、广州亚运会开幕式总导演陈维亚担任,总撰稿人由央视春晚主创朱海担任,并通过多家卫视同步全国直播。

案例 7　商业性会议中的经营式会议

辉瑞制药公司年会选址东莞厚街 带来超过 3000 万的消费

被厚街酒店业戏称为"厚街史上最大商务会议团"的美国辉瑞制药年度大会,将在本月 15 日(2010 年 1 月,编者注)举行。参会的会议团成员达到 4500 人,为厚街有史以来接待会议团队人数之最。厚街旅游业人士估计,辉瑞公司年会将带来 3000 多万元的会议旅游消费。

硬件与配套完善　赢得企业"芳心"

美国辉瑞制药公司已经拥有 150 多年历史,是目前全球最大的跨国制药公司和世界 500 强企业之一。该公司此次年会总会场便设在广东现代国际展览中心,分会场在嘉华酒店、会展酒店等处。

广东现代会展管理公司总经理陈卫胜介绍,早在去年 11 月,美国辉瑞公司在深圳、东莞、珠海三地选取年会举办地,会展公司获悉后,迅速与其接洽,并联合国旅总社、嘉华大酒店等力推东莞并多方争取,东莞最终在强手中脱颖而出,而主会场选择厚街,皆因该镇良好的酒店设施及齐备的会展场所赢得辉瑞公司的"芳心"。

辉瑞年会设一个主会场与若干个分会场,其中总会场设在该镇广东现代国际展览中心,分会场分别设在东莞国际会展中心、嘉华大酒店。笔者留意到,会议期间与会人员分别入住东莞的 7 家五星级酒店。

有望拉动逾 3000 万消费

"从入住酒店规格和数量就可看出会议规格之高。"陈卫胜说,本次年会将对厚街酒店、餐饮、旅游、购物等行业带来显著的经济效益,并且将刷新东莞接待大型商务会议团队的最高纪录。

史上最大规模商务会议团体入住厚街镇,将对厚街会展旅游产生多大效益?厚街一位旅游界人士认为,这样大规模的商务会议团队全部入住最高星级酒店,加上旅游购物,将产生逾 3000 万元的消费。

"参加辉瑞年会的 4500 多名各国商家代表、企业从业人员分别前来厚街镇参会和入住五星级酒店,将为厚街镇进一步'促进消费、拉动内需'提供良好的要素保证。"厚街镇经贸部门相关负责人说道。陈卫胜还表示,辉瑞年会选址厚街举行,将大大提升厚街的国际形象,厚街镇有大小酒店 130 多家,还有完善的会展场所,酒店加会展捆绑式营销,将有助于该镇打造商务活动总部经济。

(资料来源:南方日报 2010 年 1 月 12 日)

> **说明与评点**
>
> 美国辉瑞制药公司是全球著名企业,其年会每年选择不同国家的不同城市举办。其2014年年会在成都召开。
>
> 辉瑞公司年会与会者经常在5000人左右。2010年年会选址于广东东莞小城,可见其对东莞的青睐。在当时,东莞酒店的数量及其设施档次已可接纳如此超大型规模的国际会议,充分显示了城市建设及服务业的发展水平。
>
> 辉瑞公司的年会议程包括总结年度工作、表彰优秀员工、专题培训、业务研讨以及奖励旅游在内的文娱活动。

（四）按照参与会议的人员规模分类

按照参与会议的人员规模分类,一般分为小型、中型和大型会议。但是,国内外对此并无统一标准。

一般认为,与会者在1000人以上的会议,属于大型会议;与会者在300—1000人的会议,属于中型会议;与会者在50—300人的会议,属于小型会议。

中国官方在管理中,习惯把与会人数在300人以上的会议归为大型会议。

（五）按照会议的传播方式分类

按照会议的传播方式分类,可分为会场会议、电话会议、视频（视像）会议。

会场会议是指与会者在同一时间、同一地点出席的会议。

电话会议和视频（视像）会议指与会者在同一时间但可以在不同地点出席的会议。这种会议是通过电话或视频（视像）传播信息。

会场会议、电话会议和视频（视像）会议可以相互结合。如2010年4月13日住房和城乡建设部就加快保障性住房建设、遏制部分城市房价过快上涨问题召开电视电话会议。住房和城乡建设部在北京设主会场,各省（区、市）设分会场,全国共有1500余人在同一时间的不同会场出席会议。

（六）按照自办或承办会议项目分类

会议主办方拥有产权并自行举办的会议项目为自办会议。自办会议既包括主办方原创的项目,也包括主办方购并的项目。

会议服务商承办或承接的会议项目,指服务商不拥有会议项目的所有权,只提供会议服务的项目。这种服务既是服务主办方,也是服务与会者。承办会议的服务包括提供会议场地、入住酒店、会场布置、资料印制、人员接待、餐饮供应、旅游安排等服务事项,甚至包括招徕与会者的代理服务。由于许多会议选择在旅游目的地举办,而会议的主办方来自外地甚至国外。因此,承办会议又被称为承接会议,类似旅游业的"地接"服务。在中国,会议从业者中的承办机构大大多于主办机构。

（七）其他分类

按照会议的活动内容、形式或名称分类,有报告式会议、论坛式会议、培训式会议、联欢联谊式会议、招待酒会、年会、新闻发布会、现场会,等等。

报告式会议,是会议内容限于报告人的报告,如贯彻《劳动法》宣讲报告会,模范人物事迹报告会等。

论坛式会议、培训式会议,其介绍可见本教材第六、七章。

联欢联谊式会议,是以聚会方式,借助娱乐或休闲性质的活动安排,达成与会者轻松交流、增进友谊的目的。如企业家高尔夫球邀请赛峰会。

招待酒会,常用于节庆,如国庆招待酒会;或用于接待贵宾,如德国工商团体欢迎中国总理访德招待酒会;或用于企业推介性、联谊性赞助活动,如澳门威尼斯人酒店在"中国会展文化节"上举办招待酒会。

新闻发布会,是由发布新闻的机构组织的会议,邀请的与会者是新闻媒体的记者。国内对于召开新闻发布会颁布具体规定。

年会,一般由社会团体或工商企业举办。行业协会、专业学会、商会、基金会等社会团体的年会,按其章程规定,一般每年举行一至两次。工商企业的年会,举办时间与企业财务年度有关。国内企业的年会往往选在岁末年初举办。国外企业尤其是跨国公司的年会,基本在每年的7至8月间举行。近年来,许多跨国公司的年会国际化、大型化的趋势明显。如世界最大的制药企业——美国辉瑞公司,其中国区2014年年会选址成都举办,共有5000多人与会。

现场会,指会议的形式,即主办方围绕会议的主题,组织与会者实地考察作为会议的主要内容。如国务院扶贫办公室于2018年6月25日在江西省赣州市石城县召开全国"互联网+"社会扶贫工作现场推进会。与会代表通过实地考察瑞金市中国社会扶贫网管理中心、壬田镇廖奶奶咸鸭蛋合作社、石城县中国社会扶贫网展示中心和长乐村社会扶贫村级管理点,学习"互联网+"社会扶贫的经验。

> **思考题**
>
> 1. 举例说明可以计入和不可计入国民经济服务业统计(产生GDP)会议的区别。
> 2. 什么是国际会议标准中最主要的条件?
> 3. 在瑞士举办的"达沃斯论坛",其非官方会议的性质体现在哪些方面?

第二节 会展项目经营的商业模式

会展策划服务于会展活动主办方的项目经营。也就是说,会展策划必须依附于会展项目主办方,不可能游离于会展主办方之外。而且,无论这个主办机构是展览公司,还是行业协会、专业学会,或是政府及其部门。脱离了服务对象的会展策划,在实现社会中,在市场经济环境下,是没有意义的。

既然会展策划必须服务于会展项目的主办方,那么,了解会展项目主办方的商业模式,就是从事会展策划工作的必修课。进而言之,缺乏会展项目商业模式基本常识的人,是不能胜任会展策划工作的。

一、企业的商业模式

每个企业都有自己的商业模式。但商业模式作为管理学中的一个概念,最早提出是在20世纪50年代。到1990年后,这一管理概念经过开发,在国际工商业界趋于流行。

商业模式的定义较多,通常表述如下。

商业模式,是企业为实现客户价值的最大化,通过整合企业运行所需要的内外要素,形成的具有独特竞争力且能有效运行的系统,并利用这个系统为客户提供产品和服务,由此达成持续盈利目标的企业组织设计方案。

商业模式的学术化定义讲起来啰嗦,听起来费劲,但关键词组只有一个,即"企业组织设计方案"。通俗地讲,就是"公司用什么方法赚钱"?这个方法乃是"企业组织设计方案"。

哈佛商学院教授克莱顿·克里斯滕森(Clayton M. Christensen)对于商业模式概念开发的贡献是,他把商业模式归纳为"客户价值""盈利方法""关键资源"和"关键流程"四个要点,使之易于理解。

根据克莱顿·克里斯滕森的理论,我们用提问的方式,对企业的商业模式做如下解析。

(1)企业经营的业务能够为客户带来什么价值?——客户价值

(2)企业经营的业务在为客户带来价值同时,自己怎样获得利润?——盈利方法

(3)企业拥有哪些关键性的资源,可以用于经营的业务,并保证实现客户价值和盈利目标?——关键资源

(4)企业拥有哪些独特的业务方法,可以有效地经营业务,并保证实现客户价值和盈利目标?——关键流程

思考题

1. 为什么商业模式对于企业经营很重要?
2. 在商业模式"客户价值""盈利方法""关键资源"和"关键流程"四个要点中,哪一点最重要?

二、商业模式对于会展策划的意义

结合会展项目的经营,进一步理解商业模式,可将莱顿·克里斯滕森归纳的四个要点细分为八个需要弄明白的问题。

(1) 谁是你的展览会或会议项目的客户(谁付钱给你)?
(2) 你的展览会或会议项目可以给客户带来哪些好处(你销售的产品有什么价值)?
(3) 如何让客户掏钱参加你的展览会或会议(采用什么方式营销)?
(4) 如何将展览会或会议的信息及服务推送给客户(采用什么销售渠道)?
(5) 采取哪些方法实现以上意图(工作目标和工作措施是什么)?
(6) 实现以上意图应该具备哪些必要条件(需要利用或整合什么资源)?
(7) 谁能帮助你(有没有可以借助的合作伙伴)?
(8) 你需要花费多少成本才能赚到应有的利润(投入产出是否划得来)?

案例8 展览会的商业模式

某省会城市"机床及工具展览会"的商业模式简析

按照克莱顿·克里斯滕森提出的商业模式四个要点,以某展览公司在中西部地区某省会城市举办的"机床及工具展览会"为例,具体说明该项目的商业模式如下。

1. 要点一:客户价值

"机床及工具展览会"可以为参展客商(即机床及工具产品的制造商或代理商)带来交流行业信息、结识用户、推广品牌和售卖产品的价值。

2. 要点二:盈利方法

展览公司向参加"机床及工具展览会"的客商收取展位费、广告费,在支付办展成本后的盈余即为利润。

3. 要点三:关键资源

展览公司在该省会城市拥有举办"机床及工具展览会"的关键性资源,包括资金投入、参展商信息、专业观众信息、展览场馆办展档期、政府和行业协会支持、媒体支持等资源,因此可以实现客户价值和盈利目标。

4. 要点四:关键流程

展览公司在该省会城市举办"机床及工具展览会",拥有经验丰富的项目团队,同时具有适应参展客户需求的专业化营销方法,因此可以实现客户价值和盈利目标。

> **说明与评点**
>
> 商业模式的核心是盈利方法,也称盈利模式。如果展览会或会议可以为客户带来价值,但无法赚钱,那主办方就难以为继,项目就不能存活。如果展览会或会议可以为客户带来价值,理论上应该赚钱(比如,重庆"机床及工具展览会"的主办方很赚钱,从道理上讲,在全国类似重庆且制造业较为发达的大城市举办"机床及工具展览会"也应该赚钱),但由于主办方没有掌握关键资源和关键流程,结果在重庆之外的城市举办"机床及工具展览会"无法赚钱,或者是不能赚取达到市场平均利润水平的钱。那么,这个主办方的商业模式就不能成立,或者说存在重大问题。

通过案例及其分析,结合企业商业模式概念,本教材对于会展项目经营的商业模式定义如下。

会展项目经营的商业模式,指为实现会展项目客户价值的最大化,会展主办方通过整合运行项目所需要的内外要素(资源),形成的具有独特竞争力且能有效运行的系统,并利用这个系统为客户提供服务,由此达成持续盈利目标的会展项目组织设计方案。

会展项目经营的商业模式的本质是"项目组织设计方案"。深刻理解会展项目经营的商业模式,对于做好会展策划工作至关重要。这是因为,会展策划就是在设计项目组织工作方案。

在会展项目经营的商业模式中,是否拥有客户价值与盈利方法,关乎主办方的经营战略;而是否拥有关键资源和关键流程,则可以检验主办方的执行能力。

在会展策划工作中运用商业模式概念,尤其是运用客户价值、盈利方法、关键资源和关键流程的概念,可以有效提高策划工作的针对性、务实性和科学性。

首先,如果不能清晰地定位会展项目的客户价值,就不可能弄清客户为什么需要这个会展项目。而弄不清客户的需要,策划工作就失去了目标。

其次,如果不能精明地知晓会展项目的盈利方法,就不可能弄清如何通过经营管理会展项目而赚钱。而弄不清如何赚钱,对处于会展业主流的商业性会展项目而言,策划工作就失去了价值。

最后,如果不能准确地提炼和聚集经营会展项目的关键资源,就不能创造性地确立操作会展项目的关键流程,更不可能弄清经营会展项目不可或缺的诸多内外条件,更不可能弄清操作某一会展项目的独特方法。而弄不清关键资源和关键流程,策划工作就可能沦为纸上谈兵的"文字游戏",也就失去了存在的意义。

必须指出,即便是"政府展"或官方会议项目,也不能罔顾商业模式中客户价值、盈利方法、关键资源和关键流程这四个要点。会展业中常见的政府主办、商业运作的"官督商办"项目,其实质仍是商业性项目。因此,这类项目必须明确自己的商业模式。即使是政府及其部门全程操办或者委托操办的公益性会展项目,其经费即便全部来自政府拨款,商业模式的概念仍然重要。这是因为,政府拨款须列编财政预算,超预算开支实为经营亏损,也意味项目管理不善。

> **思考题**
>
> 1. 为什么说盈利模式是商业模式的核心要素?
> 2. 为什么说商业模式中的关键资源和关键流程,是用来检验企业执行力的?
> 3. 行业协会、专业学会主办的展览会或会议,有没有商业模式?
> 4. 理解商业模式概念是做好会展策划的必修课,为什么?
> 5. 调研一个会展项目,分析它的商业模式。

第三节 会展策划工作的基本原则

原则,即说话、行事的准则。

基本原则,则是通过人们社会实践的检验,经过总结、概括,成为比较符合客观规律的思想认识。人们一般会将基本原则作为说话、行事应该遵循的普遍性准则。

会展策划工作的基本原则,即通过社会实践的检验,经过反复总结、概括,逐步形成的比较符合会展策划工作客观规律的思想认识。

本教材认为,会展策划工作应该遵循市场需求、创新前瞻、发展战略、资源配置、投入产出、可操作性和风险规避等7项基本原则。

一、市场需求的原则

在市场经济环境下,展览会或会议项目能否存活并获得发展,关键要看有没有市场需求。所谓市场需求,通俗地讲,就是展览会的参展商与观众是否需要这个展览会,或者是会议的与会者是否需要这个会议。

会展项目主题的创意策划只能来源于市场。脱离了市场需求的主题创意只能是不切实际的空想,甚至是胡思乱想。

凡能敏锐地感知市场需求,准确地把握市场需求,并科学地分析市场需求的策划工作者,应不会提议创立缺乏市场需求或背离市场需求的会展项目。而提议创立的会展项目,应该是符合市场需求或能够引领市场需求的项目。一般而言,符合或引领市场需求的项目策划,立项操作后成功的可能性就大;反之,就会招致失败。

案例 9　展览会举办地的选择方法

某公司"机械装备展览会"选择举办地的策略

某境外展览公司长期从事机械装备展览会项目。在20世纪90年代末到中国南方某大城市创办机械装备展览会，但因参展商不满意参观效果，导致展览会的规模难以扩大。后经市场调查，发现毗邻该市的某小城市机械工业企业达十余万家，基本是民营中小型企业。这些企业设备更新需求旺盛，而且采购决策比大型企业、国有企业简化高效。该公司遂决定放弃大城市的展览会，改去这座小城市办展。到2002年，其在该市的机械装备展览会展览面积迅速扩大到8万平方米以上，成为该公司在亚洲规模最大的展览会。由于该展览会以展示适合中小企业所需的机械装备为特色，与北京、上海以及其他地方的机械装备展览会的服务功能有所区隔，因而在国内同主题展览会中独树一帜，深得机械行业客商欢迎。

案例 10　展览会的市场定位

某地方政府"新型工业化博览会"的定位失误

根据国家"十一五"计划提出的"新型工业化"发展战略，某省政府决定打造"新型工业化博览会"。"新型工业化"的内涵为"两化"融合，即"信息化带动工业化，工业化促进信息化"。如将规划概念转换为展览内容，要么办成宣传"两化"融合的"成果展"，要么办成推动"两化"融合的"专业展"。如办"专业展"，展览范围就必须涵盖整个工业领域；如不涵盖，则无法体现国家推动"新型工业化"的主旨。但如涵盖，将无法操作。因为，全世界至今尚无一个"专业展"的展览范围可以涵盖整个工业领域。创办于1947年的德国"汉诺威工业博览会"，是闻名全球的制造业"专业展"，其展览面积已逾20万平方米。但长期以来"汉诺威工业博览会"的展览范围仅限于工业零部件和分承包技术、工业自动化、能源、新能源汽车技术、线圈技术及绕线技术、数字工厂、研发技术、环保技术和设备等方面，并未涵盖整个工业领域。

2007年该省创办了"新型工业化博览会"。虽有国家主管部委冠名参与主办，但具体承办工作仍由该省政府主管工业的部门负责。由于展览会的定位不清，虽然省内企业奉政府下达的"红头文件"参加了展览，但外省企业尤其是国外企业不可能听命于此类行政指令，因此组展困难，无法实现创办国际化或全国性展览会的预期。在此背景下，依靠本地行政资源勉力成型的展览会，展现给观众的只能是"成果展"，而且仅是该省"两化"融合的"成果展"，故而展览会冠名为"中国国际"颇显尴尬。尽管展览会的开幕典礼盛大热闹，中央及地方官方媒体多有报道，也可起到宣传"新型工业化"的作用，但由于不是服务于技术交流和经济贸易的"专业展"，企业认为参加这样的展览会是负担，缺乏积极性。

首届展览会举办后，该省政府及其承办部门试图委托专业展览机构接手，以改变展览会"不专业"的状态。但因政府不放弃展览会涵盖整个工业领域的要求，而且规定必须达到大型展览会的规模，必须邀约国际知名企业参展，因而没有专业展览机构愿意承接。

该展览会只办了三届（三年）就停办了。

说明与评点

以上两个案例都是主题为机械工业的展览会，一个通过重新选择举办地而赢得了市场，一个却因定位失误导致了项目失败。

后者的定位失误，还可从国家工业和信息化部 2012 年 6 月 28—30 日在北京举办的"信息化与工业化融合成果展览会"得以印证。工业和信息化部部长苗圩在开幕致辞中指出："举办这次展览会，全面展示近年来'两化'融合取得的成果，旨在营造各方面关心、支持工业和信息化发展的良好氛围，汇聚各方的力量，继续推动信息技术在工业领域的普及和深化应用，加快工业转型升级和信息化发展，为经济平稳增长和全面建设小康社会做出积极的贡献。"展览会在国家会议中心举办，2.2万平方米的展览面积分为综合展区、专题展区、地方展区、未来展望区四个部分。其中，综合展区展示我国"两化"融合的科学决策、发展历程和主要成就；专题展区展示我国"两化"融合的成功经典案例；地方展区展示各省市推进"两化"融合的工作成绩及成果；未来展望区重点体现我国"两化"融合的未来方向与美好前景。工信部的这个展览会，不但"成果展"的定位十分明确，展览内容的设计也完全符合"成果展"的需要。此例恰说明，信息化与工业化融合适合作为"成果展"的展览主题，不适合做成服务于技术交流和经济贸易的"专业展"。无独有偶，2012年另一个省负责工业管理的部门，又提请某国家级协会来该省协助举办信息化与工业化融合的展览会，且希望办成"专业展"。这反映了政府及其部门习惯从文件或概念出发策划展览会，而且对于"专业展"的发展规律缺乏了解。

思考题

1. 会展项目缺乏市场需求的基本特征是什么？
2. 考察一个展览会项目有没有市场需求，是以参展商的需求为主还是以观众的需求为主？

二、创新前瞻的原则

会展业的发展从来就是和创新联系在一起的。会展业的创新虽然包括会展主题、会展服务和会展科技三个方面，但主要驱动力量是会展项目的主题创新。

"二战"以来，国际会展业贴近工业化、城市化、全球化和新科技发展的需要，服务于人们在政治、经济、科技、人文交流、交往方面的需要，新创了许许多多的会展项目主题，有效地促进了社会的进步、经济的发展和文化的融合。这种创新的活力至今不衰。

创新会展项目主题，也是会展策划工作的动力之源。因为只有从创新会展项目主题入手，才能激发策划工作的热情，才能体现策划工作的价值。而缺乏会展主题创新的引领，策划工作将索然无味，了无生气。

要创新会展项目主题，就需要策划工作者心怀大局、把握大势，十分关心、关注社会、经济发展的格局和动向，从中捕捉创新会展项目主题的信息。而要捕捉创新会展项目主题的信息，策划工作者就需要眼观六路、耳听八方，需要始终保持对于新生、新鲜事物的敏感性和前瞻性。信息闭塞、知识陈旧、感觉迟钝、观念保守的会展主办方或会展人，是难以创新会展项目主题的，也不可能通过成功的主题创新而赢得新的发展机遇。

 案例 11　　**进一步扩大对外开放与展览会主题创新**

中国国际进口博览会成功举办

2017年5月14日，中国国家主席习近平在"一带一路"国际合作高峰论坛上宣布，中国将从2018年起举办中国国际进口博览会。该博览会由商务部、上海市政府共同主办，首届中国国际进口博览会将于2018年11月5—10日在上海举办。

2017年6月26日，中央全面深化改革领导小组第三十六次会议审议通过了《中国国际进口博览会总体方案》。7月31日，中共中央政治局会议要求，精心办好首届中国国际进口博览会。8月24日，国务院副总理汪洋在北京主持召开首届中国国际进口博览会筹备委员会第一次会议。2018年10月8日，首届中国国际进口博览会执行委员会第一次会议在上海召开。执委会主任、商务部部长钟山，上海市市长应勇出席会议并讲话，各成员单位负责人参加会议。会议通报了各工作组筹备进展情况，研究部署了下一步工作进行。10月31日，中国国际进口博览局启动仪式在京举行。

2018年11月5日，首届中国国际进口博览会在上海国家会展中心开幕。展览面积达27万平方米，分为国家展和企业展两大板块，共有130多个国家和地区的3000多家企业参展，超过40万人次境内外采购商参观。

国家主席习近平出席开幕式并发表题为《共建创新包容的开放型世界经济》的主旨演讲。指出,中国国际进口博览会是迄今为止世界上第一个以进口为主题的国家级展会,是国际贸易发展史上一大创举。这体现了中国支持多边贸易体制、推动发展自由贸易的一贯立场,是中国推动建设开放型世界经济、支持经济全球化的实际行动。

说明与评点

中国国际进口博览会是 2018 年创办的政府展项目。此项目自 2017 年 5 月对外公开宣布,到 2018 年 11 月成功举办,历时 29 个月。该项目策划层次之高、聚合资源之多、展览效果之好、国际影响之大,在中国展览业发展史上前所未有。

以进口为主题,创办中国国际进口博览会,旨在体现中国进一步扩大对外开放的决心,同时应对反全球化逆流。因此,该博览会不但是进口贸易的国家级交流平台,而且是中国支持经济全球化开展主场外交的特殊舞台。

思考题

1. 在中国经济转型升级过程中,哪些新行业的发展可能为会展主题创新带来机遇?
2. 为什么说中国国际进口博览会是国际贸易发展史上一大创举?
3. 会展项目策划工作的创新前瞻原则与市场需求的原则,有没有冲突?

三、发展战略的原则

凡制度化举办的会展项目,且经营管理规范的主办方,都有制度发展的战略方针。

会展项目的发展战略,就是根据会展项目的定位确定其发展方向。其中,会展项目的定位,指项目在市场前景、资源配置、经营特色和竞争实力等方面的分析;会展项目的发展方向,指项目在成长目标、任务、措施等方面的规划。

会展项目的发展战略由主办方制定。重大会展项目的策划工作,无不关乎主办方的发展战略。因此,不符合主办方发展意图的会展项目,就不可能提上主办方的议事日程,也不可能开展策划工作。

一般而言,凡发展战略清晰明确、战略管理方法科学的主办方,其项目策划工作就具有针对性、计划性和规范性。而发展战略模糊且缺乏战略管理概念的主办方,项目策划工作就会陷入盲目性、临时性和随意性的状态。

 案例 12　德国知名展览公司项目构成的基本情况

 德国五大展览公司展览项目情况表

思考题

1. 了解英国励展集团在中国的展览会项目，从中分析该公司的发展战略。
2. 新创立的展览公司是否需要制定发展战略？

四、资源配置的原则

会展业属于服务业。主办方经营展览会或会议所做的业务就是中介服务。这一服务的内涵，就是利用并整合与展览会或会议项目相关的资源，通过专业化的服务提供给需要展览会或会议的客户。主办方利用并整合资源的过程，就是资源配置的过程。

从会展主办方的角度，"上项目"所需的资源基本可分为内外两大方面。

在主办方内部，主要是"上项目"所需的资金、人力、办公设施等资源。

在主办方外部，主要是"上项目"所需的客户、展馆或会议场所、媒体、配套服务机构、关键合作方等资源。有些项目还需要利用或借助政府拥有的行政资源。

外部资源是否具备且是否可被利用，是会展项目能否立项或实施的前提。舍此项目就"上不了"或"做不成"。内部资源的配置服务于外部资源的需要。换言之，不能利用或整合外部资源，配置内部资源就失去了方向，没有了意义。

对于主办方而言，内部资源的配置基本是自主的，因此是可控的。但外部资源基本是非自有的，故而是不可控的。由此可见，配置外部资源难于配置内部资源。

缺乏资源或资源不足的会展项目，是无法在市场上存续的。缺乏利用并整合资源能力的主办方，是无法推动会展项目正常经营的。缺乏优化资源配置能力的主办方，是难以提高会展项目市场竞争力的。

把握"上项目"所需资源的状况,提供整合、优化资源的配置方案与措施,是会展策划的基础工作。

> **思考题**
> 1. 如何理解会展主办方"上项目"就是利用和整合资源?
> 2. 为什么说会展主办方配置外部资源的难度高于配置内部资源?

五、投入产出的原则

经营管理展览会或会议项目,绝非无本生意。成本投入和收益产出能否符合主办方的预期,是会展策划工作不可忽略的重要原则。即便所策划的会展项目适应市场需求或社会需求,但其投入产出不能符合主办方的预期,那这个项目就难以立项操作,即使立项操作了也会因入不敷出而无法存活。

因此,算经济账是会展项目策划工作不可或缺的基本功。所谓算经济账,就是测算"上项目"需要投入多少钱,可以赚回多少钱。即使是具有公益性质的项目,同样需要算经济账。提供投入的主办方(主要是政府)也不能承受超预算的经营亏损。

六、可操作性的原则

会展项目能否实施,既取决于举办项目的客观条件是否具备,也取决于主办方的自身条件是否具备。两者缺一不可。

举办会展项目的客观条件,主要看有没有市场需求和是否拥有相关资源。而主办方的自身条件主要体现在两个方面:一是,有没有相应的投入能力,即"上项目"所需"人、财、物"等要素的投入能力;二是,有没有操作项目的能力。

在项目具有市场需求和相关资源的条件下,主办方的投入能力和操作能力更为重要。这是因为,市场机遇不但需要及时地抓住,潜在的市场需求还需要引领和发掘;相关资源不但需要认识和寻觅,而且需要利用和整合。适应市场需求和获得资源,必须依靠主办方的投入和操作经验。

不能或不善于通过主观努力,把客观条件充分发挥出来的主办方,其策划的项目经常会产生以下三种状况:项目难以进入操作程序而流产,这叫"上不了手";项目操作后困局难解欲罢不能,这叫"下不了台";项目强行操作后导致主办方声誉上和经济上遭受重大损失,这叫"悔不当初"。

进而言之,具有经验的主办方,一般不会在项目能否操作的问题上犯重大错误。

对于有经验的策划工作者而言,判断会展项目能否操作是重要的业务能力。经策划论证可以操作的项目,策划工作者必须提出具体可行的操作方案,尤其要提供突破操作难点的具体措施。缺乏具体可行操作措施的项目策划方案,是不完整或不合格的。

> **思考题**
>
> 1. 会展项目不具可操作性和主办方不具备会展项目的操作能力,是不是一回事?为什么?
> 2. 主办方不具备会展项目的操作能力,你认为主要是哪些原因造成的?

七、风险规避的原则

一般而言,任何会展项目在实施过程中都存在着风险。经营会展项目的风险大体可分为外在和内在两种。

外在的风险除了灾害性事件(如地震灾害、"非典"疫情)外,宏观经济环境变化、政府政策法规变化、项目举办城市在社会管理上的重大变化等因素,都会给会展项目的经营带来风险。

外在的风险中,与会展项目操作相关的商业环境变化是不能忽略的。如展览会所需的展馆档期不能获得,或是展览场地(面积或功能)不能满足办展规模或展品展览的需要;又如发生同主题展览会的竞争。

内在的风险多因主办方内部发生问题所致,大致可分为经营性风险、组织性风险和突发性事件风险三种。

经营性风险,一般指项目经营中发生的风险。如展览会因组展规模过小而被迫取消;又如学术性会议因事先预告的权威人士未能出席而导致与会者强烈不满,要求退还会议注册费,或要求赔偿连带损失;再如会展项目经营发生巨额亏损造成资金链断裂,以致无法维持正常经营。

组织性风险,一般指主办方内部、项目团队内部出现了影响经营工作的重大变故。如原同意联合主办项目的合作方,因利益冲突导致分裂,致使项目无法推动;又如项目团队中的骨干成员因故离职,造成业务工作震荡甚至严重损失。

突发性事件风险,一般指项目在经营中突发重大事件而产生的风险。如展览会举办期间发生了重大人身、设备的安全事故,或发生了严重扰乱经营秩序的群体性事件,因主办方处理不当而致事件影响扩大,直至影响展览会的正常举办;又如媒体对于项目的负面报道,导致项目经营面临舆论压力或因此而陷入困境。

对于以上所列风险,会展主办方应采取不同的应对策略。

在应对外在风险方面,对于无法预测的自然灾害或社会事件带来的风险,会展主办方应有清醒的意识,即这类风险是有可能发生的,从而避免届时惊慌失措,酿成乱局而不可收拾;对于宏观经济环境、政府政策法规以及项目举办城市在社会管理上的重大变化等因素带来的风险,会展主办方应通过形势判断和信息分析,提前或及时研商应因之策,以防陷入可能产生的被动局面;对于商业环境变化造成的办展办会风险,会展主办方不但需要防患于未然,而且需要提前制定预案以备应对。

在应对内在风险方面,由于这类风险往往是人为因素或主观因素所致,故而预防或规避的措施不可或缺。预防或规避的措施,既包括法律的、制度的,也包括危机公关。

会展项目的策划工作不能没有风险意识。根据所策划项目的不同特点,预测可能发生的主要风险及其可能造成的不利影响,并在策划方案中提出预防或规避风险的措施,是策划工作的一项重要内容。

 案例 13   **展览会举办地的社会环境风险**

北京"奥运会""残运会"期间控制举办展览会

第29届奥林匹克运动会和第13届残疾人奥林匹克运动会分别于2008年8月和9月在中国北京举办。

中国商务部于2007年11月11日发布公告(2007年第84号),就2008年北京"奥运会"期间及前后在北京地区举办全国性、国际性展览会做出如下规定:

(1) 2008年8月1日至9月23日期间,不批准举办与"奥运会"无关的全国性、国际性展览会。

(2) 2008年4月30日至7月31日期间(简称从严控制期间),只批准固定展期处于从严控制期间内,且已连续在京举办2届或2届以上的例行展览。

(3) 2008年4月30日至9月23日期间,凡举办与"奥运会"有关的全国性、国际性展览会,相关审批部门应书面征求北京奥组委意见,并依据其意见和有关规定进行审批。

说明与评点

商务部的这一规定,导致一大批原定于北京举办的展览会,或声明延期,或更换举办城市,或被迫取消。而商务部之所以出台这一规定,就是因为北京将举办"奥运会""残运会"。对于国家及北京市而言,举办"奥运会""残运会"的重要性远大于其他展览会。因此,为保证"奥运会""残运会"期间的安全环境、交通环境和来客居住环境,展览会只能让路。

 案例 14   **举办展览会、会议的政策风险**

中国政府清理庆典、研讨会、论坛活动,控制举办国际会议

2011年2月27日,财政部、外交部联合发出《关于严格控制在华举办国际会议的通知》。同年4月5日,中共中央、国务院办公厅联合发出《关于开展清理和规范

庆典、研讨会、论坛活动工作的实施意见》)。

至2011年12月,全国共清理和规范庆典、研讨会、论坛项目6763个。其中,保留项目4214个,撤销项目2549个,撤销率达37.7%,节约经费支出约12.2亿元。

说明与评点

由于中央加强管控,各地政府主办的国际会议、节庆、研讨会及论坛活动项目明显减少,导致许多为此提供服务的经营机构业务萎缩。

 案例15　同主题展览会的竞争风险

某市食品展览会同主题竞争局面的化解

A公司长期在中部地区某省会城市举办食品展览会。2011年,该市政府会展工作办公室邀请国内知名食品展会主办方——B公司来市举办秋季巡回展,但办展时间与A公司的展会仅相隔一个月,且在同一展馆举办。如两个展会各自举办,必然导致同主题展会的激烈竞争,令参展客商无所适从。后A公司从维护政府威信的大局考虑,同意本方展会停办一届,但要求B公司补偿停办的经济损失,并要求B公司承诺以后不来该市举办巡回展。在该市政府会展工作办公室的协调下,B公司不但同意在经济上补偿A公司,而且邀请A公司作为此次巡回展的协办机构,参与展位销售和观众邀请工作,双方就此握手言和。但B公司没有承诺以后不来该市举办巡回展。

说明与评点

A公司虽在该市经营多年,但展览会品质及其影响力明显逊于B公司。但其很早就通过展馆得知市政府会展工作办公室邀请B公司来市举办秋季巡回展的信息。A公司一方面积极向市政府会展工作办公室反映意见,希望促其放弃邀请,或促使B公司展览会另选档期,避免冲突;另一方面按原计划公布自身展览会的举办信息,并与展馆签订租馆合同,做好市场竞争准备。此策略被实践证明有效。在博弈中,B公司同样持有大局观,并顾及同行处境,所以经过协商同意解套。B公司没有承诺以后不来该市举办巡回展的态度,为未来双方可能的竞争埋下了伏笔。

必须指出，以上所列会展策划的基本原则，主要适用于商业性质的会展项目。这些基本原则是针对会展策划在实际工作中经常遇到的问题而进行的总结和归纳，应该具有普遍意义。

在会展策划中，不能单一地运用某一原则，而应该综合地运用所有原则。这些基本原则应该融通地贯穿于会展项目策划工作的全过程之中，也应该综合地体现在一个完整的会展项目策划方案之中。

还须指出，国内会展业中的政府项目，既有服务于政府公共政策的需要（由政府财政全额投入，体现社会效益的公益性项目），也有追求行政短期目标的需要（许多政府项目背离市场需求，讲求形式光鲜、场面热烈，而不顾投入成本）。对于这类项目的策划，虽然不能严格依照商业性质项目所遵循的原则进行策划，但如何促使政府项目贴近社会需要、计算投入产出效率、配置相关资源、细化操作措施和防范、规避可能的风险，仍是策划工作者必须考虑的内容。一般的经验是，凡具有策划商业性质会展项目工作经验的人或专业团队，更有能力把握好政府项目的策划。

> **思考题**
>
> 1. 在首都北京举办展览会，经常会遇到的城市社会管理的风险是什么？
> 2. 除市场需求、创新前瞻、发展战略、资源配置、投入产出、可操作性和风险规避等基本原则外，你认为还有哪些原则可以作为会展策划工作的基本原则？

第四节　会展策划的基本方法

会展策划的基本方法可分为两个层次，即思想方法和工作方法。

思想方法是"形而上"，工作方法是"形而下"。

思想方法的"形而上"是抽象，工作方法的"形而下"是具体。《易经·系辞》讲"形而上者谓之道，形而下者谓之器"。其中，"道"是指思想方法的科学性，也泛指比较抽象的规律；"器"是指工作方法的规范性，也可指工作中使用的工具和技术手段。

就方法论而言，人的思想方法往往决定工作方法，此所谓"思路决定活路"。同时，人的工作方法也可以反作用于思想方法，工作方法的创新在一定条件下可以促进思想方法的改变，此所谓"实践出真知"。

本教材介绍的思想方法和工作方法，是针对会展策划的总结和归纳。

一、会展策划的思想方法

会展策划的思想方法一般具有以下特点。

（一）思维活动主要围绕"上项目"而展开

"上项目"是会展策划的核心，会展策划工作者的思维活动通常是围绕这个核心问题而展开的。因为，只有抓住了"上项目"这个核心问题，会展策划才会有目标、有方向、有思路。反之，会展策划就难以着手，也无从具体落实。对于会展策划工作者而言，"上项目"既是工作的动力，也是思维活动的动力。

"上项目"并非仅指新上的会展项目，广义的"上项目"包括复制或移植项目、购并项目、原有项目主题扩展或注入新元素、接受委托承办项目等。

（二）"上项目"的思维活动的延展分为三个层次

会展策划工作者围绕"上项目"展开的思维活动，通常是寻求项目、分析项目和确认项目的过程。在这个过程中，"有没有项目可上"和"这个项目能不能上"，以及"这个项目怎么上"，是主导会展策划工作者思维活动的三大问题，也是"上项目"思维活动的三个层次。因此，围绕"上项目"的思维活动，是逐步从抽象趋向具体，从思辨转入实证的过程。这就是"上项目"的思维活动从感性认识到理性认识的过程。

在思考"项目能不能上"和"这个项目怎么上"的问题时，会展策划工作者的社会经验、从业经验以及"上项目"的操作经验，都会发挥重要作用。因此，不能将会展策划的思想方法简单地称为"出点子"。因为，"出点子"至多是"上项目"的创意，并未涵盖"能不能上"和"怎么上"的全过程思维。

（三）"上项目"思维具有求新、求美的精神活动特质

围绕"上项目"的思维活动，通常需要会展策划工作者思维活跃、感知敏锐并具有创新意识。换言之，迟钝、呆板、僵化的思维和陈旧、保守的意识，必然制约会展策划工作者的创意能力。而缺乏创意能力的会展策划工作者，是难以胜任本职工作的。

知识丰富，兴趣广泛，对于新鲜事物抱有强烈的好奇心，对于"上项目"充满着创意的冲动和出新的欲望，是会展策划工作者难能可贵的精神特质。这样的精神特质有利于激发会展策划工作者的思想活力，有助于会展策划工作者执着地寻觅"上项目"的机遇。

二、会展策划的工作方法

在会展策划中，围绕"上项目"经常会用到的工作方法及其目的如表2-9所示。

表2-9 策划会展项目的工作方法及其目的

工作方法	工作目的
收集与筛选信息的方法	寻求可上的项目
创意项目主题的方法	形成可上项目的主题

续表

工作方法	工作目的
调查研究的方法	分析、论证拟上的项目
风险评估的方法	分析、论证拟上的项目
编制可行性研究报告的方法	评估拟上项目的可行性
制定组织工作实施方案的方法	提出拟上项目的操作措施
应对项目立项过程中产生问题的方法	推进项目立项工作
总结项目实施效果的方法	评估项目策划工作的得失与效果

以上工作方法，是根据"上项目"的工作流程及其工作目的，按顺序列出的。

会展策划的工作方法须根据会展项目的需要加以具体化。

收集、筛选"上项目"的信息有许多途径，如通过互联网采集资料，走访相关人士听取意见，了解与会展关联行业的发展情况，现场考察已有的相关主题会展等。

创意项目主题时，可以借用资本市场的"缺口分析法"，以分析某一市场短缺的会展项目。

评估项目风险时，可以采用 SOWT 分析法。

会展策划方法的工具化和技术化，与策划工作者的知识水平和习惯有关，同时与策划工作者所在机构的制度文化有关，既不可一概而论，也不可能要求采取统一的模式。

在中国，会展主办方"上项目"时，除少数知名大型的跨国展览公司对于相关工作方法有明确、细致的制度性规定外，多数主办方工作方法的随意性较大，凭借经验开展策划工作的情况十分普遍。也就是说，在中国，相当多的主办方是以实操、实战的方法达成项目策划意图的。其优点是，决策反应迅速，务实能力特别是在实践中解决问题的能力较强。如果市场需求符合预期，操作措施对路，则可有效抓住机遇，获得"上项目"的成功。其缺点是，决策前的调查研究粗糙，对于经营风险预计不足。如果市场需求与预期相悖或者落差明显，或因经营中的难题和矛盾不易解决或突破，则"上项目"不但会以失败而告终，还可能造成主办方经济上和声誉上的重大损失。

工作方法与思想方法相辅相成，互为表里。会展策划工作者既要修炼科学的思想方法，也要掌握先进且实用的工作方法。只有充分理解"形而上"的思想方法与"形而下"的工作方法在"道"与"器"之间的相互作用关系，才能适应会展策划求真务实、与时俱进的需要。

> **思考题**
>
> 1. 举例解读《易经·系辞》所讲"形而上者谓之道，形而下者谓之器"。
> 2. 举例说明思想方法与工作方法的相互关系与区别。
> 3. 在会展策划工作中，是思想方法还是工作方法起决定性作用？
> 4. 怎样理解"上项目"既是会展策划的工作动力，也是会展策划的思想动力？

第五节　会展策划的基本流程

"流程"一词的本意是指水流的行程。

为达到某一特定的工作目标，必须有规律、有步骤进行的系列活动，就是工作流程。工作流程具有方向感、系统化、网络状态、可闭环运行等特点。

会展策划基本流程的定义是为设立并组织实施会展项目（即"上项目"）而进行的有规律、有步骤的系列活动。

会展策划的基本流程同样具有方向感、系统化、网络状态、可闭环运行等特点。

会展策划的基本流程应包括设定工作目标、规划行进方向、分列操作细节和明确完成时间等系统性要求。会展策划的基本流程（见表 2-10）是会展策划工作基本方法的具体化。

表 2-10　会展策划基本流程的五个阶段

阶段	具体阶段	工作
第一阶段	创意阶段	提出会展项目的主题创意
第二阶段	论证阶段	对于创意的会展项目主题进行市场调查和可行性研究
第三阶段	立项阶段	对于通过可行性研究的会展项目提出组织工作方案，确认立项
第四阶段	实施阶段	操作实施会展项目
第五阶段	评估阶段	评估会展项目经营管理的成效

对于会展策划工作者而言，第一至第三阶段的工作属于本职性工作，起主要作用；第四、第五阶段的工作属于配合性工作，起辅助作用。

会展策划工作的第一至第三阶段，实际是围绕"上项目"三个相互关联又各自独立的问题而展开的：

第一阶段的问题——有没有项目可上？

第二阶段的问题——这个项目能不能上？

第三阶段的问题——这个项目如何上？

本教材第三至第七章分别就展览会或会议项目的主题创意、市场调研、立项实施展开论述，旨在解决会展策划第一阶段至第三阶段的问题。

以"上项目"为目标的会展策划基本流程如图 2-1 所示。

这个流程图也可看成会展主办方"上项目"的工作路线图。

遵循以上基本流程进行会展策划工作，有利于策划工作的规范化，避免"上项目"失序而造成工作混乱；同时有利于提高策划工作的科学性，减少"上项目"决策失误而造成的损失。

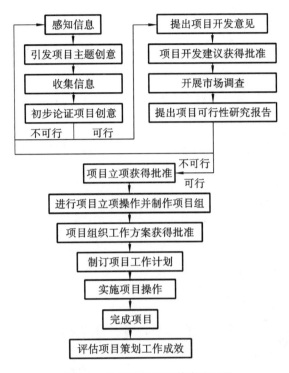

图 2-1　会展策划工作基本流程图

通过会展策划工作的基本流程可以知道,"上项目"虽然是会展策划工作的灵魂和动力,但检验会展策划工作的成效的重点,往往是项目"能不能上""怎么上"和"上得好不好"。也就是说,主题创意再好的会展项目,如果不能立项并付诸实施,或者实施后的效果不符合策划的预期,那就说明策划出了问题。因此,会展策划不是"创意为王"和"纸上谈兵",而是需要经得起实际操作检验的工作。

> **思考题**
>
> 1. 你认为会展策划工作的基本流程中,哪一阶段对于会展项目策划最为重要?
> 2. 为什么会展策划工作不能"创意为王"?
> 3. 会展项目在创意阶段的夭折,是会展策划工作的失败吗?

Chapter

3

第三章 展览会主题的创意方法

本章教学要点

本章强调主题创意对于展览会策划工作的引领作用,并介绍展览会主题创意的思想方法、实现路径和技术工具。

开篇故事

周恩来与"广交会"

20世纪50年代,西方国家对新中国实行经济封锁,中国传统的出口商品销售受阻,国家建设所需进口物资因外汇短缺而无法获得。国家急需寻找商品出口、贸易换汇的新途径。

在国务院总理周恩来的直接过问下,1956年11月10日至1957年1月9日,中国国际贸易促进委员会在广州举办了"中国出口商品展览会"。这是新中国建立后首次举办的国际贸易展览会。由于展览会办得很成功,反映很好,外贸界人士建议利用广东毗邻港澳的特殊优势,常年在广州举办全国性的出口商品交易会。这一建议得到了周恩来的重视和支持。"中国出口商品交易会"便应运而生,确定分春秋两季每年定期在广州举行。

1958年某天,周恩来在听取外贸部负责人汇报工作时表示,"中国出口商品交易会"这一名称太长,展览会既然在广州举办,干脆简称为"广交会"。于是,"广交会"这一叫法便迅速地流行开来。

"广交会"是中国唯一跨越计划经济体制和市场经济体制的综合性经济贸易展览会,号称"中国第一展"。"广交会"是新中国建立之初通过办展打破西方经济封锁的创举。纵观"广交会"的发展史,便可知晓日理万机的周恩来总理,不但是"广交会"的催生者,而且是"广交会"简称的创始者,还是"广交会"度过"文化大革命"艰难岁月的呵护者。

创意展览会,首先是创意展览会的主题。

什么是展览会主题?展览会主题是经济贸易展览会对服务对象或服务范围的概括。这个服务对象或服务范围一般指国民经济中的产业或行业,也可以是某种社会需求。

展览会主题也被称为"展览会题材"。

展览会服务对象分类如表 3-1 所示。

表 3-1　展览会及其主题所服务对象的分类

类别	展览会名称	展览主题	服务对象
服务国民经济产业与行业	中国进出口商品交易会	进出口商品	商业
	中国北京汽车展览会	乘用汽车	汽车业
	上海国际纱线展览会	纺织用纱线	纺织业
	广州美容美发博览会	美容美发产品	美容美发业
服务社会需求	中国智慧城市展览会	智慧城市	政府政策
	武汉年货交易会	年货用品	百姓节日消费

根据策划工作的基本流程,在展览会策划工作的第一阶段,要解决的问题是"有没有项目可上"?而"有没有项目可上"问题的实质,就是有没有符合市场需要并可创造价值的展览会主题创意。

提出展览会主题创意并加以论证,是展览会项目策划工作的先导环节。也就是说,一个展览会项目能不能提上策划工作日程,驱动力只能是具有价值的主题创意。

主办方为实现经济贸易展览会项目的价值,预先为参展商与观众设定信息交流的具体内容。

第一节　创意概念与展览会创意来源

讨论展览会的主题创意,就需要了解创意及创意产业的概念,需要知晓创意的来源。

一、创意及创意产业的概念

在科技发明、艺术创作的领域,奇思妙想的创意从来都是创新的原动力。

什么是创意?我们可作如下定义。

创意,即创造出新的观念或境界,也可以解释为有创造性的想法或构思。

把创造性的想法、构思转化为有价值的商品,是经济学关注的内容。现代经济学认为,人们有价值的创意是推动技术创新乃至制度创新的源泉之一。

当今,创意产业的概念已为国际公认。2004年,联合国贸发会议决定建立"创意产业工作组",旨在协调联合国系统各个组织的行动,以促进成员国创意经济的发展。

什么是创意产业?我们可作如下定义。

广义的创意产业通指文化产业。狭义的创意产业是指人类运用智慧进行研究、开发、生产、交易的行业及其相关环节。

展览会主题的创意,是人们运用智慧,把新奇的想法或构思转化为有价值的会展经济活动的过程。

国家统计局2004年公布《文化及相关产业分类》,明确列入了"会展文化服务"。由此可见,中国官方划设的文化产业已包括会展服务。因此,会展项目的创意在创意产业中占有一席之地。

什么是展览会的主题创意?我们可作如下定义。

展览会主题的创意是人们根据创立展览会项目的需要而展开的创造性思维活动。

展览会主题创意的动机是"上项目",创意的对象是展览会主题(也可以理解成展览会的题材)。创意构思围绕"上项目"的需要而展开,一般包括市场需求,展览范围,展览形态,相关资源配置,展会举办地点、时间等要素。

思考题

1. 怎样理解会展主题创意与创意产业的关系?
2. 怎样理解会展主题创意的动机就是"上项目"?

二、展览会主题创意的来源

展览会的主题创意从哪里来?它既不是从天上掉下来的,也不是展览从业者头脑中所固有的,更不可能来自类似《商业策划创意大全》那样的书本。它只能来源于展览从业者的社会实践。引发展览会主题创意的社会实践,就是展览从业者天天接触、亲身融入的社会生活。

我们以汽车展览会为例,来认识人们的社会实践与展览会主题创意的关系。

美国是全球汽车工业发展的先驱国家,底特律又是美国制造业基地,是汽车产业集中的城市。为宣传汽车产品,促进汽车消费,全球首个汽车展览会于1907年在底特律创办,并且延续至今,是国际汽车业公认的品牌展会,在业内具有风向标和领军者的地位。

欧洲、日本的汽车展览会都是在"二战"之后发展起来的,这与两地汽车工业的发展及其消费需求直接相关。

中国在1949年之前不能生产汽车,只是国外汽车产品的消费国。新中国成立后,通过引进苏联技术才有了汽车工业。在中国汽车工业弱小、汽车又不是人民生活消费品的年代，国产汽车经常是作为机械工业发展的成果，展示在宣传国家建设成就的展览会上。改革开放后的 1983 年，中国首个商业性质的汽车展览会在北京面世。

案例 1　汽车展览会的主题创意

 北京汽车展览会的发展历程

展览会主题的创意既然来源于社会需求的变化，那么，在丰富多彩、纷繁复杂的需求变化中，展览会的主题创意到底是如何产生的呢？

根据唯物论的反映论，展览会主题的创意只能是展览从业者根据自己的社会实践，通过敏锐地感知社会需求变化的信息之后被激发出的创造性思维。

对于国内经济贸易展览会而言，引发展览会主题创意的信息主要集中于以下几个方面（见表 3-2）。

表 3-2　引发经济贸易展览会主题创意的社会经济信息

信息分类	内容说明
产业发展的信息	国民经济第一、第二、第三产业发展的信息，尤其是制造业或新兴产业发展的信息
科技进步的信息	科学研究、技术研发、新科技成果、新产品的信息
国内外贸易发展的信息	进出口商品、贸易形式变化的信息
社会消费变化的信息	民间消费及其他方面消费变化的信息
政府政策变化的信息	包括政府法律法规、经济发展规划、经济技术政策变化的信息
展览业发展的信息	国内外展览业及展览会项目主题创意变化的信息
其他方面的信息	与展览会项目主题创意相关的信息的变化

以上七个方面的信息，互有交叉，多有关联。作为展览从业者尤其是展览策划工作者，在其天天接触、亲身融入的社会生活中，所能感知或接受到的信息往往不是单一的而是多元的，往往不是简单的而是复杂的，往往不是清晰的而可能是含混的，往往不是少量的而可能是海量的，甚至所感知或所接受到的许多信息是不真实的。因此，我们所感知或所接受到的信息，并不能直接或必然地转化成展览会主题的创意。

因此，对于我们所感知或所接受到的各式各样的信息，必须通过"过滤"和"加工"进行处理，以求达到"去粗取精、去伪存真、由此及彼、由表及里"的效果。这个"过滤"和"加工"，既要依靠人们的大脑，又要依靠人们的社会实践，即"知"与"行"必须相互结合。

从创意产业的角度审视展览策划工作中的项目主题创意，有助于我们从文化和产业两个方面深化对于创意的认识。

经济贸易展览会的主题创意只能来源于人们的社会实践。这里讲的"人们"，主要指展览从业者，也包括非展览业者，如创意"政府展"的政府机构及其官员。这里讲的"社会实践"包含两个方面：一方面，创意思维不可能脱离社会生活的实际而凭空产生；另一方面，创意是否能够转化为有价值的商品，必须经过社会的检验。前者是唯物论的反映论，后者是唯物论的实践论。

思考题

1. 有舆论认为，乔布斯的苹果手机不是适应消费需求，而是引领消费需求。展览会主题的创意能不能引领社会需求？
2. 举例说明通过感知科技进步的信息而创意的展览会主题。

第二节 展览会新主题的创意思路

展览会的主题创意来源于人们对于社会信息的感知。而人们将感知的信息转化为具体的展览会主题创意，在思维上是有方法可循的。也就是说，从感知到的信息转化成具体的展览会主题创意，对于具有展览从业经历以及拥有展览策划经验的人来讲，其创意思维不会是漫无边际的，通常会依循一定的规律。

为方便讨论展览会主题创意产生的方法，我们将讨论对象集中于新的展览会主题，即展览会新项目。这样做的理由是，在绝大多数展览业者看来，展览会的主题创意主要是针对新项目的。对于学习者而言，新项目从创意到立项实施可以形成一个相对完整的策划过程，了解这个过程有利于全面掌握展览会策划工作的流程及其相关的知识和技能。

一、展览会新主题创新的层次

在讨论展览会新主题创意的产生方法之前，有必要在本教材第二章关于经济贸易展览会分类方法的基础上，对于什么是展览会的新主题（新项目）做进一步的界定。

什么是展览会的新主题（新项目）？就是以前没有、现在才有的展览会，即前所未有的展览会。

但前所未有的展览会不能一概而论,可以分为三个层次加以区别,即展览业前所未有的主题(项目),属于行业性创新主题(项目);某地展览业前所未有的主题(项目),属于地域性创新主题(项目);展览会主办方前所未有的主题(项目),属于主办方创新主题(项目)。

以下我们分别讨论这三个层次的展览会主题(项目)创新。

首先是行业性的主题(项目)创新。

行业性的主题(项目)创新,指展览业首创的主题(项目),即全球展览业原始创新的项目。

一般认为,在国际展览市场比较成熟的今天,在国际展览业中创立前所未有的展览会主题(项目)的市场空间,已是十分有限。但由于社会进步和经济发展,总会产生新的领域适合展览业进入。展览业进入这些新领域就有可能创立前所未有的展览会主题(项目)。如,阿里巴巴公司创办于2009年的"网货交易展览会"(简称"网交会"),民政部、国资委、全国工商联、广东省政府、深圳市政府创办于2012年的"中国公益慈善项目交流展示会"(简称"慈展会"),中国商务部和上海市政府联合创办于2018年的"中国国际进出口博览会国际服务贸易交易会"(简称"进博会")均属国际展览业中原始创新的项目。其中,"网交会"是阿里巴巴公司为"淘宝""天猫"电子商务网络平台上从事快消品的经销商(即网商)及其供货商提供商贸服务的展会,是电子商务行业发展的产物;"慈展会"是民政部与深圳市政府为社会公益组织及其项目提供交流服务的展会,是慈善事业发展的产物;"进博会"是中国政府为进一步扩大对外开放、增加国外商品采购的展会,是国际经济贸易发展的产物。

其次是地域性的主题(项目)创新。

地域性的主题(项目)创新,指某一区域展览业首创的主题(项目)。

由于全球不同地区、不同国家展览市场发展的不平衡,展览会主题(项目)的地域性创新仍然具有较大的市场空间。

从国际看,欧美展览市场发育充分,展览会主题(项目)资源几近发掘殆尽,新主题(项目)的创立相对困难。而新兴经济体和发展中国家的展览市场发育水平相对偏低,有市场空间可以容纳新的展览会。如"马业与马术运动用品展览会"在德国、美国、澳大利亚已办多年,是成熟的展会主题(项目),但在中国前所未有。湖北好博塔苏斯展览公司于2007年创办于上海的"中国马展"(2010年移址北京),填补了中国展览市场的空白,因此属于地域性创新主题(项目)。

从国内看,东部地区尤其是北京、上海、广州(以下简称"北上广")三大城市的展览市场发育比较充分,展览会主题(项目)资源渐呈稀缺态势,创立新主题(项目)已越来越不容易。而"北上广"以外东部地区的其他大中城市和中西部地区大城市的展览市场发育相对滞后,新的展览会主题(项目)仍有较大的市场空间可以创立。通常的情况是,某一新主题的展览会在"北上广"形成气候的三五年后,往往会在其他大城市陆续出现。如"医疗器械展览会"于1995—2000年期间在"北上广"形成影响,其他省会城市在2000年前后才相继创办。到2010年,全国"医疗器械展览会"的数量达70个以上,多数分布在"北上广"以外的城市。

最后是主办方的主题(项目)创新。

主办方的主题(项目)创新,指展览主办方首次创办的新主题展览会项目。

主办方创新是行业性或地域性展览会创新的动力与基础。没有主办方的创新,就不可能有行业性或地域性展览会的新主题(项目)创新。换言之,任何行业性或地域性展览会新主题(项目)的创立并经营成功,都是主办方苦心创意、精心策划、用心组织的结果。

为争夺市场而创立展览会新主题(项目),有时可能是不同的主办方各自在不同的区域市场上创立的相同主题的展览会。如2005年前后,北京雅森国际展览公司、广州九州传媒广告公司和郑州宏达集团公司分别在北京、广州和郑州三地各自创办"汽车用品展览会"(有称"汽车后市场展览会"的)。由于三个展览会不在同一城市举办,且举办时间彼此间隔在三个月以上,所以相互之间虽有竞争但并不激烈。

  案例2　地域性的展览会创新项目

 深圳展览会新项目的市场竞争

了解展览会主题(项目)创新的三个层次,对于理清展览会新主题(项目)的创意来源及其产生思路,是非常必要的。因为,模糊了展览会新主题(项目)的层次区别,将令创意的产生及其论证方法的讨论陷入混沌和空泛,最终会导致展览会的主题创意毫无实际意义。

思考题

1. 怎样理解展览会新项目行业性创新、地域性创新和主办方创新三者之间的关系。
2. 在行业性、地域性和主办方三个层次的展览会新项目创新中,哪个层次的市场空间比较大,为什么?
3. 近二年来,你所在的城市或熟悉的城市有哪些展览会是新项目,请举一至三例。
4. 分析深圳新创办展览会的规模特点。

二、展览会新主题创意的产生及其论证

行业性、地域性和主办方这三个层次的展览会主题（项目）创新，在创意思路及其论证方法上是基本相同的，但各有侧重。

（一）行业性新主题（项目）创意产生及其论证的思路

策划工作者在感知社会信息时，接触到新出现的产业、新问世的商品或新成长的商业服务方式等方面的信息后，往往会凭专业直觉引发思考，即思考这些新信息可否成为创办展览会新主题（项目）的机遇。换言之，策划工作者是从海量纷繁的信息中，敏锐地感知到了某种与创办展览会新主题（项目）有关的信息后，随即引发对于这种信息的思考。创意者的这种思考一般有两个方向。

一是，思考这种信息所反映的新产业、新商品或新服务方式，未来有没有市场前景；

二是，思考这种信息所显示的可能产生的新行业或新需求，能否提炼成为创办展览会的主题。

策划工作者由感知社会信息而引起的思考，就是创意展览会新主题（项目）的起始，策划工作者在思考过程中的研判，就是对相关创意的最初论证。

如果思考和研判的结论是肯定的，那么可将这个创意转入市场调研阶段。

如果思考和研判的结论是否定的，那么这个创意可以放弃或暂时放弃。

如果思考和研判的结果是不确定的，比如经过思考和研判，认为新行业有可能成为举办展览会的主题，但市场前景不甚明朗；或者认为市场前景看好，但新行业不大可能成为举办展览会的主题，那么，策划工作者就不会轻易地对于这个创意予以否定或者肯定，而会继续跟踪相关信息，再根据不断增多的新信息进行深入思考和研判，直到得出明确的结论。

新行业或新需求能否提炼成为创办展览会的主题，是指该行业提供的商品或该需求所需要的商品能否成为展览会的展品，或指从事这类商品研发、制造、销售的业者能否成为展览会的参展商。进行这方面的思考和研判，不但因为并非所有的商品都可以成为展览会的展品（许多非实物的商品如技术、服务难以成为展品），而且因为即便这些商品可以成为展品，也未见得其拥有者（研发、制造、销售者）可以成为参展商，尤其是达到可以举办展览会所需数量规模的参展商。

（二）地域性新主题（项目）创意产生及其论证的思路

策划工作者在感知社会信息时，一方面会关注新出现的产业、新问世的商品或新成长的商业服务方式等方面的信息，另一方面会关注展览业内新主题展览会的创办信息。当策划工作者了解到展览业内有新主题展览会诞生，而且发展状况不错，就会思考和研判自己能不能创办这一新主题的展览会。对于第二方面的信息，策划工作者往往侧重思考和研判，新诞生的展览会在本地（主办方所在地）或某地（主办方可以去的地方，或认为应该去的地方）有没有市场。同时，会比较两地相关条件的差别，即比较新主题展览会诞生地

与主办方拟定办展地的条件。

如果思考和研判的结论是肯定的,那么可将这个创意转入市场调研工作。

如果思考和研判的结论是否定的,那么就可以放弃或暂时放弃这个创意。

如果思考和研判的结果是不确定的,比如经过思考和研判,认为该展览会在本地或某地市场前景虽然看好,但时机稍早,或是举办条件不具备(如该项目所服务的产业在该地需求有限,或展览场馆不合适举办等),那么策划工作者可以继续跟踪相关信息,伺机再做打算,或等待举办条件改善后再作研判。

(三)主办方新主题(项目)创意产生及其论证的思路

对于展览会的主办方而言,其创意新主题(项目)的思路,总的讲是在行业性或地域性展览会新主题(项目)的创意思路上延展的。但关注的重点有所不同。

主办方的策划工作者在感知社会信息时,在关注新出现的产业、新问世的商品或新成长的商业服务方式等方面的信息,以及展览业内新主题展览会的创办信息的同时,会特别关注这些信息能否有助于本方创办这一新主题的展览会。换言之,主办方尤其是商业性质的主办方(展览公司)在创意展览会新主题(项目)时,并不特别在意所创意的新主题展览会能否在展览业或在某个地方发挥创新引领的作用,而是高度关注新主题展览会能不能促进本方自身的业务发展。

商业性的主办方的策划工作者在感知相关信息后,其创意展览会新主题(项目)的习惯性思路一般有二。

一是,选择老主题的展览会(本身已拥有的展览会项目)到新的地方(新的市场)创办,即在新市场复制老项目;

二是,创办新主题的展览会(本身从未经营过的展览会项目),即用新项目开拓新市场(新市场指主办方在该市场尚无展览会项目),或用新项目开拓老市场(老市场指主办方在该市场拥有展览会项目,如主办方在上海办有建材展览会,拟新办家具展览会)。

前一种思路,主办方可以发挥现有优势,包括客户资源、市场影响力和操作经验等方面的优势,采用复制的方法异地"上项目"。如此,主办方可轻车熟路,有利于降低开辟新市场的风险。后一种思路,"上项目"的市场风险一般大于前一种。但如获成功,则可赢得市场先机,或者扩大市场占有份额。

主办方的策划工作者对于相关信息的思考和研判,更多的是围绕要不要"上项目"而展开的,并更多的是从主办方自身的能力、条件、资源以及特定需求来加以考量的。所谓特定需求,一般是指主办方因特殊需求所驱使而"上项目",如因某种原因,主办方特别需要开办某一新项目;或因接受某方面要求(一般指接受政府要求),主办方必须创办某一新项目;再或因掌握了某种稀缺的外部资源,主办方新上某个项目不存在风险或风险被显著降低;又或因主办方内部某强势决策人对某一新项目情有独钟,强烈要求新上这个项目。

主办方对于创意的新主题(项目)"上"与"不上"的具体思考和研判的方法,与行业性、地域性展览会新主题(项目)"上"与"不上"思考和研判的方法基本是一样的。

通过以上分析可以认识到,行业性、地域性和主办方这三个层次创新,其基础是主办方创新。因为离开了主办方创新,行业性、地域性的展览会主题(项目)创新就无从谈起。

之所以区分这三个层次的创新,旨在介绍策划工作者感知创意信息、把握市场机遇的不同角度和不同需求,以利学习者掌握展览会新主题(项目)创意思维的规律。

思考题

1. 你认为未来新产业和新技术的发展,在哪个领域诞生展览会新主题(项目)的可能性比较大?
2. 举例说明展览会新主题(项目)的创意与创立的关系。
3. 为什么说离开了主办方创新,行业性、地域性的展览会主题(项目)创新就无从谈起?

第三节 依据实践经验创意展览会主题

展览业的发展历史表明,绝大多数新主题的展览会都是由有经验的主办方创意并创办的。而绝大多数主办方的策划者都是依据从业经验创意并创办新主题展览会的。

所谓经验,就是指从实践中体会并可运用于实践的知识或技能。也可以理解为:人们通过直接或间接的经历,并被验证过的知识或技能。经验既可能是正面的,即成功的经验;也可能是负面的,即失败的经验(也可称之为教训)。

有经验的展览会主办方,一般指成功策划、组织过展览会的机构。有经验的展览会策划工作者,一般指成功策划、组织过展览会的专业人士。当然,失败的经验同样会被主办方及其策划工作者汲取,以免重蹈覆辙。因此,有失败经验尤其是有惨痛失败经验的主办方及其策划工作者,在"上项目"的决策中会更加谨慎,更加务实,更加重视规避风险。

展览会主办方及其策划工作者在创意展览会主题的过程中,凭借经验展开的创意思维,可以避免脱离实际,较快寻获发展目标,争取达到事半功倍的效果。

一、务实把握展览会主题创意思路

有经验的策划工作者在创意展览会主题的过程中,通常会围绕"两个适合"的问题导向来把握创意的可行性,即这个行业是否适合举办展览会?这个地方是否适合举办这个展览会?

问题导向之一:这个行业是否适合举办展览会?

有经验的主办方及其策划工作者大多知道,不是社会上存在的所有行业,都适合举办经济贸易类展览会的。

所谓不适合,有的是因为政府或国有机构垄断经营,不需要举办展览会,如烟草业、盐业、铸币业等；有的是因为行业形态不宜于举办展览会，如快递服务、会计审计服务、法律咨询服务等；有的是因为产品形态非物质化不易于举办展览会，如计算机软件、某些传统手工技艺等；有的是因为某行业的信息交流或产品贸易不需要展览会作为平台；有的是因为行业规模偏小不适于单独举办展览会，如生产手工艺品的许多小行业难以单独举办展览会。凡被实践证明不适合举办展览会的行业，或经策划工作者判断为不合适举办展览会的行业，主办方通常不会坚持创意展览会。

问题导向之二：这个地方是否适合举办这个展览会？

经过实践，或经过策划工作者研判，如证明或认为这个行业合适举办展览会，接下来会连带思考：这个展览会是否适合在哪个地方（主要指某个城市）举办。有经验的主办方及其策划工作者大多知道，某一行业（或称为某一主题）或某一类型的展览会，不是所有的地方（所有城市）都适合举办的。

所谓不适合，有的地方是因为缺乏特定的市场需求，而不适合举办某一行业的展览会，如国内某省机械工业规模甚小，在其省会城市举办机床展览会就没有市场；有的地方是因为某一行业展览会在本地的需求为外地同主题展览会所吸附，故而难以举办展览会，如德国慕尼黑国际博览集团在上海所举办的"中国国际工程机械、建材机械、工程车辆及设备博览会"，是该主题在亚洲最大的展览会，国内其他展览城市已无法举办相当规模的同主题展览会与之抗衡；有的地方是因为展览场地条件不适合举办某一行业的展览会，如不具备国际航空机场设施的城市不适合举办航空展览会，没有民用水运码头的城市不适合举办游艇展览会。

"两个适合"的问题导向，是有经验的主办方及其策划工作者常用的一种思考方法。其优点是，可以较快地寻获创意对象，并较快地做出判断。其缺点是，有时候可能会受经验的制约，错失超出常规的创意对象。不具有经验的创意者，因不善于运用"两个适合"的方法来论证创意的思路，常常会因创意经不起推敲，以致无法让展览会的策划工作深入进行。

思考题

1. 访问展览业资深的职业经理人，了解其创意展览会的经验。
2. 业内公认成都是中国中西部地区较为适合举办展览会的城市，你认为它具有哪些优势或特点？

二、适合创意或创办展览会的行业

在思考"这个行业是否适合举办展览会"问题的同时，与其关联的问题往往是"哪些行业适合举办展览会"？

对于这个问题，主办方及其策划工作者同样会从社会实践出发，通过直接或间接的经验提出看法，而不会漫无方向地想入非非，以致找不到思路。

(一) 适合创意或创办专业展览会的行业

在国内,适合创意或创办专业的经济贸易展览会的行业,一般可从政策导向、市场需求、产品结构、技术进步、观众来源、市场竞争等方面来把握其基本特征。

表3-4 国内适合创意或创办专业展览会的行业特征

分类	特征
政策导向	政府经济技术政策倡导或支持的行业
市场需求	在举办地生产量或消费量大的行业
客户结构	制造商及代理商或服务商数量较多的行业
展品特点	制造技术/产品品种更新速度快的行业
观众来源	专业观众来源广泛、数量可观的行业
市场竞争	政府控制不严、非自然垄断的行业

对于表3-4所列每一项特征的内涵,主办方及其策划工作者需要通过归纳分析,建立起比较专业的认知。如对于客户结构,凡产品制造商及代理商或服务商数量比较多的行业,就意味着行业竞争活跃,适合中小企业发展;同时,意味着参展商数量多。而参展商数量多,则意味着展览会展位销售相对容易,展览规模就有做大的可能性。又如,对于市场竞争,如果是政府严格控制或国有企业高度垄断的行业,如金融、地产、铁路、电力、水务等,商业性质的主办方在创意或创办展览会时,往往要把适应该行业管理体制的需要放在首要位置,一般难以按照市场或展览业通行的规律来运作展览会。再如,对于观众来源,所谓专业观众来源广泛,是指与展览会对口的专业观众来源地域和来源行业宽泛。如在成都举办机械工业装备展览会,其专业观众来源的地域,至少应涵盖四川省,甚至应广及西南地区(包括重庆、云南、贵州甚至西藏);其专业观众来源的行业,可包括汽车及其零部件、航天航空装备、军工产品、电力电工设备、石油化工装备、工程机械产品、农业机械产品、仪器仪表等与机械制造密切相关的行业。而要求专业观众的数量可观,是指与展览会对口的专业观众,其潜在数量(或称理论基数)可以满足现场参观人数的需要。业内的一般规律是,一个展览面积达2万平方米的专业展览会,其展期现场参观的专业观众总人数不宜少于0.8—1万人/次,否则参展商难以满意。而要达到0.8—1万人/次的现场参观总人数,其潜在的专业观众数量至少应有4—5万。

对于上表所列的特征,并非创意或创办的每个展览会都必须全部符合。而是需要根据不同展览会的实际情况或实际需要来具体把握。如国有大型的主办方因易于获得政府资源,也易于和垄断行业沟通交道,其创意或创办某个政府控制或国有企业高度垄断行业的展览会就可能不太困难,那么表中所列的"市场竞争"特征就有可能由不利因素转变为有利因素。

(二) 适合创意或创办消费类展览会的行业

在国内,适合创意或创办消费类展览会的行业,同样可在分析的基础上勾勒其基本特征(见表3-5)。

表 3-5　国内适合创意或创办消费类展览会的行业特征

分类	特征
政策导向	政府经济技术政策倡导或支持的行业
市场需求	在举办地消费需求上升的行业 在举办地拥有特殊消费群体的行业 在举办地具有消费特色的行业
企业结构	制造商及代理商或服务商数量较多的行业
展品特点	产品品种丰富、更新速度快的行业/具有鲜明地域特色的产品
观众来源	举办地观众数量可观

对于表3-5所列每一项特征的内涵,策划工作者同样需要通过归纳分析,建立起比较专业的认识。对于市场需求,表中列了三种状态:"在举办地消费需求上升的行业",如近年因消费趋热而涌现的奢侈品展览会;"在举办地拥有特殊消费群体的行业",如颇受家庭装修消费群体欢迎的家装家居展览会;"在举办地具有消费特色的行业",如与旅游相结合的地方风味食品展销会。对于观众来源,消费类展览会特别在意两类观众,一种是举办地(主要是城市)的市民;另一种是在举办地的外地游客。

讨论"哪些行业适合举办展览会"的问题,在很大程度上仍是从实践经验出发的。学习者若光靠研读会展策划的教材或书籍,仅在学校听老师讲解,一般很难体会这些经验。原因是,体会经验的前提必须要了解社会,尤其需要大致了解国民经济第一、二、三产业中的主要行业。所以,学习者需要更多地参与展览业实践,甚至包括需要有在其他行业的工作经历,才可从中有所体会,并逐步抽象成为经验。当然,虚心求教于会展业界的资深人士,通过间接经验丰富自己,也是很重要的学习途径。

思考题

1. 分析适合举办专业展和消费展行业特征的异同。
2. 为什么说"要达到0.8—1万人/次的现场参观人数,其潜在专业观众数量至少应有4—5万人"?

第四节　展览会主题创意的发展趋势

21世纪以来,中国经济发展迅速,工业化、城镇化水平稳步提高,人民生活水平也明显改善,从而有效地促进了展览市场的持续扩大。

与此同时,由于加入WTO降低了国外公司进入中国市场的门槛,国内展览业日趋激烈的竞争,从而大大提高了展览场馆的建设水平、展览会的服务水平和展览从业者的专业水平。

在中国展览市场持续扩大和行业发展水平不断提高的双重作用下,2010年以来新的展览会不断涌现,我们可以从中梳理展览会主题创意的四大发展趋势,即将政府的规划或政策意图创意为展览会的新主题,将社会消费潮流创意为展览会的新主题,将新行业需求创意为展览会的新主题,以及从综合和细分两个方向创意展览会的新主题。

一、围绕政府规划或政策意图的创意

根据中国的国情,中国实行的是社会主义市场经济体制。中共十八届三中全会《中共中央关于全面深化改革若干重大问题的决定》将政府职能概括为:宏观调控、市场监管、公共服务、社会管理、保护环境。在这一体制中,政府对于国民经济和社会的发展具有重要作用。因为这一体制特点,中国的中央政府制定的国民经济和社会发展的中长期规划,以及与之配套的产业政策,其影响力具有很强的权威性。其中,许多产业政策又以法律或法规加以配套,因而具有强制施行的特点。

这一具有中国特色的经济体制,对于中国展览业的发展产生了深刻影响。这种影响不但反映在宏观层面的行业管理上(包括本教材第二章介绍的国内展览会的分类特点),也直接作用于展览会创意或创办的这一技术层面上。

将政府规划或政策意图转化为展览会的主题创意,近十年来屡见不鲜。其中,创办"文化产业展览会"堪称典型。

 案例3 根据政府规划或政策意图创意新主题的展览会

国家产业政策催生"文化产业展览会"

2003年8月,中共中央办公厅、国务院办公厅通知转发《中共中央宣传部、文化部、国家新闻出版广电总局(现更名为国家广播电视总局)、新闻出版总署关于文化体制改革试点工作的意见》。同年9月,文化部制定《关于支持和促进文化产业发展的若干意见》,首次界定文化产业的概念。10月,中共十六届三中全会通过《中共中央关于完善社会主义市场经济体制若干问题的决定》,把文化竞争力作为国家综合竞争力的重要组成部分,首次从战略角度阐明我国文化产业的发展途径和文化体制改革的方向。

2006年,中共中央办公厅、国务院办公厅印发的《国家"十一五"时期文化发展规划纲要》,是我国第一个文化产业发展的五年计划。2007年,中共"十七大"报告明确提出"大力发展文化产业"。2009年,国务院颁布《文化产业振兴规划》。2011年,中共十七届六中全会通过《中共中央关于深化文化体制改革推动社会主义文化大发展大繁荣若干重大问题的决定》,从全局和战略的高度,对完善促进文化改革发展的政策保障机制提出了新的要求,明确提出建设社会主义强国的目标,并将"保障人民基本文化权益"和"推动文化产业成为国民经济支柱性产业"作为我国文化体制改革的主要目标。

在此背景下,2004年11月,首届"中国(深圳)国际文化产业博览交易会"举办。其由文化部、国家广播电影电视总局、新闻出版总署、广东省政府和深圳市政府联合主办,深圳报业集团、深圳广播电影电视集团、深圳出版发行集团公司、深圳国际文化产业博览会有限公司承办。深圳"文博会"每年一届,举办时间定于每年的5月中旬。

继深圳"文博会"后,北京、中国西部地区、中部地区、东北地区、山东、贵州、重庆、杭州、义乌的"文博会"陆续兴办,并各具特色。

说明与评点

在国际展览业中,"文化产业"这一展览主题应为我国首创。

国内率先举办的深圳"文博会",初期参展范围集中在舞台演出剧目、影视作品、出版物等方面;第四届起,始设动漫制作、非物质文化遗产、创意设计、美术作品等专馆分类展出。同时,部分细分主题的展览采用商业方式运作。

深圳"文博会"由国家产业政策而催生,由国家相关部门与地方政府共同创意并创办,由国家相关部门采取行政方式组展(全国各省、市、区组团参展),由深圳市政府提供财政支持,是地道的"政府展"运作模式。

如此模式的"文化产业展览会"之所以能够在我国创立,从中不但可以认识到新展览会创意创办与国家产业政策的相互关系,同时可以认识到在中国现行经济体制下政府对于产业及其展览会发展的主导性作用。

将政府的规划或政策意图创意为展览会的主题,动力来源往往是政府及其部门。因此,这一类展览会较多是"政府展",或被国内会展业研究界称之为"政府主导型展会"。造成这种情况的原因有二:一是,政府及其部门通常会把举办展览会作为推行某项规划或政策的重要举措;二是,政府及其部门可以动用行政资源(主要是提供资金支持、指令有关机构参展)办成展览会。

非政府性质的主办方,尤其是商业性主办方,一般不会贸然创意或创办这类展览会,原因是担心其缺乏市场需求,或担心其市场需求不足。所谓市场需求不足,是指这类服务于政府规划或政策的展览会,一般而言应该拥有市场需求;但因为培育市场需要时间,而且培育市场需要大量投入,商业性主办方顾及投入产出效益不佳,故而多持谨慎态度。

> **思考题**
>
> 1. 从文化产业博览会的参展范围分析展览会与国家文化产业发展规划之间的关系。
> 2. 根据国家《"十二五"循环经济发展规划》,分析有可能创意为展览会的主题。

二、顺应社会消费潮流的创意

中国改革开放以来,随着人民生活水平的改善,社会消费更新换代的速度不但远超过计划经济时代,而且远超过许多发达国家或地区。

从20世纪90年代初期到2010年这不到20年的时间里,国内消费类展览会从热衷百元级的非品牌衣着产品、千元级的家电产品,到万元级的家居装修建材产品、十万元级的乘用车产品、百万元级的住宅产品,几乎每隔三五年就会发生一波潮流性转换。从全国范围看,不同需求档次的消费品展览会在市场上保持了共存的格局。但举办于"北上广"及省会城市且具有主流性质的消费类展览会,其展品档次一直在升级,并在向国际高端消费类展览会靠拢。2010年之后,以国际顶级品牌的衣着及饰品、化妆品、饮品、高级豪华汽车、游艇、商务飞机以及定制的高档艺术品为主要展品的奢侈品展览会,在各大城市次第登场,就是例证。不同需求档次消费品展览会主题的细分如表3-6所示。

表3-6 不同需求档次消费品展览会主题的细分

按售价分类	消费品展览会主题
百元级产品	非品牌衣着产品、小家电产品、食品、工艺品
千元级产品	建筑材料产品、家电产品(电视机、冰箱、洗衣机、电脑等产品)、国内品牌衣着产品、国内旅游产品、宠物
万元级产品	家居装修、婚庆产品、家具产品、境外旅游产品、体育休闲产品
十万至百万	汽车、住宅、商铺、珠宝、艺术品、国际品牌衣着产品
百万元级产品	海外留学产品
千万元级产品	游艇、商务飞机、高档别墅、国际高端奢侈品

中共"十八大"提出,到2020年实现国民生产总值和国民收入比2010年倍增的发展计划。同时提出,经济发展要更多地依靠内需特别是消费需求拉动。国民收入倍增将为扩大消费带来直接动力。2019年中央经济工作会议要求"促进形成强大的国内市场"。在国民消费水平持续提高的社会需求下,国内消费品展览会呈现以下趋势。

一是,展览会的数量将会继续增加,举办展览会的中小城市将会明显增多;

二是,以食品、衣着产品为主题的传统消费品展览会,展品中品牌产品将会取代非品

牌产品,展品及展览会的档次将会逐步提高;

三是,新的消费潮流将会促使新主题的展览会创办;

四是,服务中低收入人群需求的综合性消费品展览会和服务高端收入人群需求的专题性消费品展览会,将各自发展并相辅相成;

五是,电子商务的发展将推动线上购物和线下消费品展览会的结合。

在国内展览会中,消费类展览会在数量上占有相当高的比例。

一般规律是,展览业发展水平相对落后的城市如中西部地区的大多数城市,消费类展览会占展览会总数的比例往往超过50%。而且,城市规模越小往往消费类展览会的档次越低。

另一个值得关注的现象是,"北上广"及天津、深圳等大城市包括沿海的会展城市如大连、青岛、厦门、珠海等,其消费类展览会在朝高端、时尚方向发展的同时,加入"专业展"元素已成为一种趋势,即由"B2C"转变为"B2C+B2B"。如创办于1990年的"北京国际汽车展览会",到1998年的第五届就首次设立媒体和专业人士参观日;而创办于2003年的"中国(广州)国际汽车展览会",虽未设立专业人士参观日,但在2012年首次分设汽车零部件及用品和商用车两个专业展区,并分别冠名为"中国(广州)国际汽车零部件及用品展览会"和"中国(广州)国际商用车展览会"。

在国内,积极创意消费类展览会新主题的多是商业性主办方。除这些主办方对市场需求的反映比较敏锐外,消费类展览会的经营风险小于"专业展"也是重要原因。

> **思考题**
>
> 1. 为什么说非品牌展品的消费品展览会将被品牌展品的消费品展览会所取代?
> 2. 为什么说消费类展览会的经营风险小于"专业展"?
> 3. 为什么说"城市规模越小往往消费类展览会的档次越低"?

三、满足新行业需求的创意

21世纪以来,信息技术在互联网广泛普及、深入应用的基础上日新月异,新能源、新材料和新科技在全球环保节能的总趋势下蓬勃发展,制造业及商业的业态因此而发生了一系列重大变革。西方未来学家和权威媒体预测这一轮科技发展将导致全球性的"第三次工业革命"。

急于转变经济发展方式的中国,必将融入并跟进这一全球性科技发展的新潮流,将其视为有利于建成小康社会和跻身中等发达国家行列的宝贵历史机遇。中共"十八大"提出的"新型工业化、信息化、城镇化、农业现代化"("新四化")的发展路径,正是回应这一世界潮流的战略举措。

国内外高新科技带动的产业发展,必将为展览业带来新的发展空间。根据新行业产生的新需求创意展览会的新主题,业已成为21世纪以来会展策划工作的热门。在国内,新能源产业就孕育了太阳能、光伏、风能等新主题的专业展览会;新能源汽车也成为汽车展中的细分展览会。

  案例 4　　**全球性科技发展孕育展览会新主题**

 即将到来的工业互联网革命

思考题

1. 中共"十九大"提出"加快建设制造强国,加快发展先进制造业,推动互联网、大数据、人工智能和实体经济深度融合,在中高端消费、创新引领、绿色低碳、共享经济、现代供应链、人力资本服务等领域培育新增长点、形成新动能。支持传统产业优化升级,加快发展现代服务业,瞄准国际标准提高水平。促进我国产业迈向全球价值链中高端,培育若干世界级先进制造业集群"。在先进制造业中,有哪些新行业会加快发展?这些新行业的发展可能产生哪些新的展览主题?

2. 从案例 4 杰夫·伊梅尔特的演讲中,你认为哪些行业的新需求可能创意新的展览会?

四、主题综合或细分的创意

展览会主题的组合或细分,向来是展览界创意新展览会的招法。

纵观展览业的发展历史,展览会的主题从组合到细分,是展览业发育成熟并体现专业化的标志之一。改革开放以来,异军突起的中国展览业在发展中同样走过了展览会主题从综合到细分的路程。

20 世纪 90 年代初期,"经济贸易投资洽谈会"是全国许多省(区)或省会城市政府最先举办的"政府展"。举办"经济贸易投资洽谈会"的宗旨是吸引外商投资。为介绍地方经济发展特色,方便外商推广产品,各地的"经济贸易投资洽谈会"大多办有展览会配套。这种展览会只能是综合性的。其主办者采用行政资源组展,参展客商一般按照行政区域组团

参展。如武汉市政府主办的"经济贸易投资洽谈会",就是由市级政府相关部门、区政府(城区和郊区)和在汉的大型国有企业三个方面组团参展。其中,又以各区组团参展为主。这种组团参展的展品很难按农业、工业、服务业区分类别,更无法按行业进行专业分类。在这样的展览会中,著名的武汉钢铁公司、东风汽车公司的展台,不得不和农产品、食品、小商品、旅游景点乃至经济开发区等展览内容混搭,在一个展馆里面对各式各样的参观者。由于无法确认观众性质,加之主办方未在展览会现场设立门禁筛分观众,故而观众中"看热闹"的往往多于"看门道"的,"买东西"的往往多于"谈生意"的。到 2005 年前后,由于中国对外开放水平提高,此类活动的功能减弱;同时,由于中国展览业发展水平提高,这种跨行业组合性的展览会已难以满足参展客商的不同需求了。因此,各地"经济贸易投资洽谈会"纷纷转型,有的则停办了。由综合性质的展览会转向细分性质的展览会,是"经济贸易投资洽谈会"转型的实质。

案例 5　综合性展览会转向细分性展览会

政府"经济贸易投资洽谈会"的蜕变

改革开放以来,中国依靠投资拉动经济成长的格局至今未变。对于各级政府而言,有投资就有 GDP 增长,有 GDP 增长就有政绩,所以各地招商引资的热潮汹涌,30 年来未曾衰歇。

20 世纪 90 年代,外商外资是招商引资的重点。政府官员除频繁到外国或到香港招商之外,也在国内举办各种活动吸引外商登陆。到 90 年代中后期,"经济贸易投资洽谈会"作为政府招商引资的专项活动已遍及全国。

最初,这项活动只是集中邀请外商参加经贸投资的洽谈,活动内容为会议和签署投资协议、考察建设项目,展会是后来配套的。展会内容一般是介绍国内引资项目或开发区。外商也有参展的。

"经济贸易投资洽谈会"由政府操作,包括邀请外商、组织洽谈和考察、安排展览。活动经费统一由政府承担。政府成立组委会领导操办工作,一般由分管副省长或副市长担任组委会主任委员,政府相关部门负责人作为成员参加。组委会办公室一般设在商务厅/局(以前称外经厅/局),承担具体组织事务。

然而这样操作洽谈会,需要政府投入大量的资源,耗用政府领导及商务主管部门大量的精力。此外,与洽谈会配套的展会虽是免费参展,但展会往往只是应付洽谈会开幕半日的领导和外商参观,招商引资效果并不明显;而被政府下文件通知来的参展单位年复一年已成负担。为撑住展会规模,政府尝试商业化办展。一些民营展览公司得以参与其中销售展位。但因展览范围庞杂,再加上公司利益(赚钱)与政府诉求(好看)相冲突,故无法提升展会效果和服务品质,不但客商诟病颇多,也令展览公司积极性减退,政府陷于两难境地。

在此背景下,2000年前后,各地的"经济贸易投资洽谈会"纷纷转轨变型:

一是,转为专业展览会,如"武汉经济贸易投资洽谈会"转型为"中国(武汉)国际机电产品博览会",其于2004年改由香港讯通公司承办经营。

二是,转为边贸性质的经贸投资洽谈会,如"乌鲁木齐经济贸易洽谈会"2011年转型为"中国—欧亚博览会";吉林经贸洽谈会2011年转型为"中国—东北亚投资贸易博览会";"内蒙古经济贸易洽谈会"2005年转型为"中俄蒙经贸洽谈暨产品展销会"。

三是,转为国际性的经贸投资洽谈会,如"福建投资贸易洽谈会"1997年升格为"中国国际投资贸易洽谈会";"宁夏国际投资贸易洽谈会"在2011年同时举办"中国·阿拉伯国家经贸论坛"(旨在利用伊斯兰文化拓展国际经贸合作领域)。

四是,创办新的经贸投资洽谈会,为适应对外开放的新形势,"中国-东盟博览会""泛珠三角区域经贸合作洽谈会""中国中部投资贸易博览会""中国西部博览会"等先后兴办。

(资料来源:张凡的会展微博博客 blog.sina.com.cn/zzhzbk / 2011年11月29日)

(一)综合性展览会的主题创意

综合性展览会的主题创意,思路大体有二。

思路一:不同行业的产品同在一个展览会上展出。这种组合性展览会的特点是,参展行业以展览会为信息交流的公共平台,围绕一个共同的主题向参观者推介。"经济贸易投资洽谈会"就是这样的展览会。其主题是"经贸交流,招商引资"。2012年12月在北京国家会议中心举办的第一届"中国'城市矿产'博览会",也是这样的展览会。其主题是"利用城市废旧资源,发展循环经济"。邀请参展的对象既有废弃资源利用全产业链上的回收、运输、拆卸、加工、再生利用及其相关技术研发、设备制造等行业的企业,也有列为循环经济示范、废旧物资回收体系示范、餐厨废弃物回收处理试点的城市、工业园区或基地。

思路二:某一行业内部细分行业的产品同在一个展览会上展出。这种综合性展览会的特点是,参展行业以展览会为信息交流的公共平台,以该行业的发展为共同主题向参观者推介。如综合性的汽车展览会往往包括乘用车、商用车、汽车零部件、汽车用品等汽车制造业细分行业的产品,综合性的农业展览会往往包括农业机械、农用生产资料、农用设施、畜牧产品与畜产设施和果菜生鲜食品等多个农业细分行业的产品。

(二)细分性展览会的主题创意

细分性展览会的主题创意,也有两种思路。

思路一:根据某一领域经济发展需要或市场变化,从跨行业的组合性展览会中提炼主题或拆分主题,创立专业性的展览会。如"福建投资贸易洽谈会"就通过提炼主题,升格为

"中国国际投资贸易洽谈会";而"中国'城市矿产'博览会"有可能拆分主题,设立城市建筑垃圾再生利用展览会、城市餐厨废弃物回收处理展览会、废旧汽车、家电回收利用展览会等不同主题的专业展览会。

思路二:根据某一行业发展需要或市场变化,将该行业综合性的展览会拆分为专业性主题的展览会。如纺织行业,就可以按产业链垂直细分成不同主题的专业展览会;而汽车行业则可通过横向的产品分类,细分为不同专业性主题的展览会。两行业细分展览会主题的状况见表3-7、表3-8。

表3-7 纺织行业专业展览会主题的细分

产业链上各环节	专业展览会主题
原料	棉、丝、麻、毛、种子与种植技术,生产资料化学纤维制造技术与设备、产品
染织	印染、纺织技术与设备
面料	棉、麻、丝、毛、化学纤维面料产品
服装加工	服装加工技术与设备、服装订制
服装配饰	服装加工辅料与配饰产品
贸易	成衣、床上用品、鞋袜、毛巾、工业布品、建筑专用布品等

表3-8 国内汽车行业专业展览会主题的细分

产品分类	展览会名称	举办地
乘用车	汽车展览会	北京、上海、广州及其他大中城市
商用车	商用汽车/专用汽车展览会	武汉、天津、贵阳
新能源汽车	新能源汽车/电动汽车展览会	深圳、北京、合肥
豪华汽车	豪华汽车展览会	北京、上海
汽车零部件	汽车零部件展览会	上海、广州、北京
改装汽车/房车	改装汽车/房车展览会	北京、南京、沈阳
汽车用品	汽车用品展览会	北京、上海、深圳、郑州
其他	汽车行业工业设计、轮胎、工程塑料、维修工具等展览会	北京、上海、深圳、广饶

创意展览会的主题,是综合还是细分,有如下规律可供参考。

一是,在展览业发展水平偏低或展览市场不够成熟的城市,一般选择综合性的展览会。这种选择有利于展览会形成规模,在起步阶段产生市场影响力,具有培育市场和培育展览会的双重作用。

二是,政府作为主办方创新主题的展览会,往往选择综合性的展览会。这是因为政府主办展览会基本是从施政需要出发,而施行某项规划或政策经常需要多方面配合;同时,政府可以采用行政手段获取主办展览会所需要的资源。

三是,在市场需求多元、需求增长的情况下,将综合性主题的展览会细分为专业性主题的展览会便会成为必然趋势。细分展览会主题的主办方往往是非官方的。其细分的展览会主题与已有的综合性主题的展览会,未见得存在着主从关系或连带关系。

四是,展览市场上因为历史原因而存在的综合性主题的大型展览会,很多只是保留了综合性的主题(即保留了综合性展览会的历史名称),但其实质已是细分主题的展览会了。如创办于1999年的"上海国际工业博览会",是国家多个行政部门联合上海市政府共同主办的工业主题的大型展览会。其头两届是地道的综合性展览会。而移址于上海新国际博览中心举行的第三届,由于展馆面积扩大,始设电子信息与网络、家用电器、电气装备、环保、能源、新材料、汽车与零部件、科技创新和生物工程与医药九大展区。2006年的第八届明确与国际接轨,分设"信息技术与装备展、数控机床与专用装备展暨中国国际金属加工工业展览会""工业自动化展暨亚洲国际工厂及过程自动化技术与设备展览会""能源装备暨亚洲国际电力、电工及能源技术与设备展览会""环保技术与设备展览会"等6个专业展览会,另设科技创新展区。之后,这个在"上海国际工业博览会"名称之下细分专业性主题展览会的格局得以延续,在2012年第十四届时又新增了"工业机器人展览会"。

> **思考题**
>
> 1. 为什么说展览会的主题从综合到细分,是展览业发育成熟并体现专业化的标志之一?
> 2. 举例说明农业展览会细分主题的方向。
> 3. 对于同一行业的展览会,细分性主题的展览会比综合性主题的展览会更容易创意吗?

第五节　创意展览会主题常用的工具性方法

创意展览会的主题,是人们诸多创意活动中的一种。由于人们创意思维作用的领域十分广阔,因而随着创意产业在国内外的迅速发展,总结创意经验并将其规律化渐成"显学"。

目前,流行的工具性创意方法很多,如"头脑风暴"法、"5W2H"法、"三境界"法、"六项思维帽"法、"行停"法、"三五"法、"和田创造"法、发散思维法、收敛思维法、形象思维法、直觉与灵感思维法,等等。这些方法的共同特点是,通过总结成功创意的实践经验,试图用可以依循的规律帮助创意者激活思维并科学思维。了解并掌握创意的工具性方法,对于会展策划工作者创意展览会主题,尤其是对于会展策划的学习者,应该是有益的。

由于篇幅所限,本教材不能一一介绍工具性的创意方法。建议学习者或有兴趣者通过阅读了解相关知识。推荐阅读《真是一个好创意——创造卓越创意的思维方法》(奇科·汤普森著,电子工业出版社)、《策划思维和创意方法》(周培玉,等著,中国经济出版社)、《活动策划完全手册》(朱迪·艾伦著,旅游教育出版社)等书。

在展览业内,经常用到工具性创意方法有"头脑风暴"法、"SWOT 分析"法和"缺口思维"法。下面,结合展览会主题创意的实践简略介绍。

一、"头脑风暴"方法

"头脑风暴"是展览业内较为常用的工具性创意方法。

"头脑风暴"(Brain-storming)方法,又称"BS 法",是美国学者阿里克斯·奥斯本(A. F. Osbern)在 1938 年提出的。"头脑风暴"是激发人们产生创造性思维的一种集体讨论方法。其内涵有四个方面。

一是,思想的产生有赖于联想,而联想能力在一定程度上得益于不同思想的相互启发和诱导。

二是,人们的想象力在集体讨论中一般比单独思考更易发挥。

三是,在相互启发并营造"智力竞赛"的氛围下,人们的思想能力明显增强,尤其能够激发灵感的产生。

四是,在集体讨论中,在他人鼓励和引申、扩展的帮助下,个人的创造性思维会得到升华,这无疑有利于丰富和完善思维。

为了营造集体讨论的热烈气氛,并令其富有成效,组织者必须对与会者有所要求。其原则是:鼓励提出新奇设想;倡导自由思考;不允许批评提出设想的人;引导与会者结合他人的见解提出新的设想。

采用"头脑风暴"方法组织集体讨论,其具体做法是:预设会议讨论的主题,一般组织10 人左右参加讨论会。会议主持人必须提前"做功课",以利围绕主题引导讨论;主持人需要有活跃会议气氛、激励思想交流的技巧。主持人围绕主题引导讨论,需要掌握五个步骤,即准备、热身、明确问题、畅谈、加工设想。通过集体讨论,与会者对预设主题所提出的设想,一般分为可行、荒谬或介于可行、荒谬两者之间的三类,最后经由集体评价筛选最佳方案。

在"头脑风暴"方法的基础上,日本学者武知考夫提出了"T. T. STORM 法",把创意的思维过程归结成集中目标、广泛思考、探索相似点、系统化、择优、具体化等六个步骤。国内外许多学者专家对此方法也做了改进和创新,如"默写式智力激励法""卡片式智力激励法""三菱智力激励法"等。

"头脑风暴"方法的意义,可以用中国成语"三人行必有我师"和"集思广益"加以概括。

展览会的主题由个人单独揣出创意后,立马付诸实施的情况是很少的。而普遍的情况是,创意者在初步构想后往往会主动征求别人意见。在管理制度较为完善的展览会主办方,集体讨论展览会的主题创意是策划工作的常规程序。而这种小规模的集体讨论(会议人数一般为 3 人以上、10 人以内),经常会采用"头脑风暴"方法。而管理相对落后的展览会主办方,有经验的当家人对于新的主题创意,无论是自己提出的,或是他人建议的,大都会在一定范围内征求意见,并会在此过程中与发表意见者进行讨论。这种情况也可看作是另类的"头脑风暴"。

二、"SWOT 分析"方法

"SWOT 分析"方法是根据美国学者迈克尔·波特(Michael E. Porter)竞争战略理论在 20 世纪 60 年代提出的。"SWOT 分析"是企业在内部进行战略分析的一种方法。按照迈克尔·波特的竞争战略概念,战略应是一个企业"能够做的"(即组织的强项和弱项)和"可能做的"(即环境的机会和威胁)之间的有机组合。

"SWOT 分析"方法的内涵是:根据企业既定的内在条件,分析企业的优势、劣势及核心竞争力。其中,S 代表 Strength(优势);W 代表 Weakness(弱势);O 代表 Opportunity(机会);T 代表 Threat(威胁)。在 SWOT 分析中,S、W 是内部因素,O、T 是外部因素。

在创意展览会主题并进行初步论证时,经常会使用"SWOT 分析"方法。

 案例 6 展览会主题的"SWOT 分析"

中国中部某省会城市"家居用品展览会"创意的"SWOT 分析"提纲

优势 S(Strength)

(1) 主办方是展馆经营者,具有优先确定展览会使用展馆档期和保证场租价格优惠的条件。

(2) 主办方希望通过创办"家居用品展览会"扩大展馆经营业务,愿意加大投入培育有市场、有品质的"自办展"项目。

(3) 主办方经营的展馆与本市在建的大型物流中心及家具专业市场相邻,客户参展与观众参观、展品物流将十分方便。

弱势 W(Weakness)

(1) 主办方没有举办"家居用品展览会"的经验。

(2) 主办方缺乏了解家居行业并熟悉"家居用品展览会"操作的人才。

(3) 主办方创办"家居用品展览会"不能承受超过预算的亏损。

机会 O(Opportunity)

(1) 国家扩大内需政策有利于"家居用品展览会"的发展。

(2) 本省及本市政府已将家具产业列入"十二五"发展规划,加之本市是中部地区货品贸易及物流中心城市,专业化的生产与流通将有利于"家居用品展览会"的发展。

(3) 省市政府商务主管部门支持主办方创办"家居用品展览会",表示可利用行政资源宣传展览会,并愿意指导主办方申请政府财政专项资金用以补贴展览会。

(4)"家居用品展览会"在"北上广"及东部二线展览城市已是成熟项目,而中部地区尚无同主题展览会,应该具有发展前景。

(5)主办方可与"北上广"同主题展览会的主办方洽商合作,如达成协议,则可借鉴其办展经验,缩短展览会的市场培育期。

威胁 T(Threat)

(1)广义的家居用品行业包括家具、家庭用品和家庭建筑装饰材料,对这一行业的管理目前尚无统一的政府机构或半官方的协会组织,主办方寻求官方或半官方机构支持展览会将面临困难,而缺乏这种支持可能会影响展览会的推广。

(2)本市已有的"家庭装修展览会""建筑装饰材料展览会",其展览范围与"家居用品展览会"的展览范围形成交叉,未来将因此而产生销售竞争。

说明与评点

"SWOT 分析"方法的优点是要素直观,易于归纳,运用简便。但其通过 S、W、O、T 罗列的观点,多是定性分析,对于主办方展览会的主题创意只是提供了一种比较模糊的描述。如以此为依据决断"上项目",就不够严谨,显得轻率。因此,展览会的主题创意若要转换成上手操作的项目,还必须通过深入的市场调研,提供有说服力的定量分析,方可作为科学决策的依据。

三、"短缺比较"方法

"短缺比较"是本教材著者总结归纳的一种新的创意方法,特别适合于展览会主题的地域性创新和主办方创新。

"短缺比较"方法的内涵是:通过信息比较,了解本地或某地展览会主题的"短缺",从而产生创意。

采用这种方法收集信息的对象,一般是国内外展览业比较发达的国家或城市。比如,中国展览业者收集德国柏林、汉诺威、杜塞尔多夫、法兰克福、科隆、莱比锡、慕尼黑、汉堡、纽伦堡、斯图加特等著名展览城市展览会的举办信息,了解中国展览会主题的"短缺",进而生发创意。又如,郑州市展览业者收集"北上广"以及东部地区深圳、杭州、厦门、青岛等城市展览会的举办信息,了解郑州展览会主题的"短缺",进而生发创意。

通过"短缺比较"方法创意展览会主题,具有信息来源清晰,创意对象明确,操作可借鉴等优点。有经验的商业性展览会主办方犹善此道。

会展策划工作者创意展览会主题时,往往需要借助一些工具性的方法,旨在促使创意思维及其表达的条理化(逻辑化)。不能条理化(逻辑化)思维及其表达的创意,是难以说服主办方决策者、集体研讨者或被征询意见者的,甚至最终难以说服创意者自己。

本教材介绍的"头脑风暴""SWOT分析"和"缺口比较"三种方法,也存在一定的逻辑关系:可以先以"缺口比较"方法获得展览会主题创意,再采用"SWOT分析"方法梳理创意思维,而后通过"头脑风暴"方法集体研讨创意。

必须强调,创意的工具性方法只是用来辅助创意,而不可能替代创意。

> **思考题**
>
> 1. 为什么说"创意的工具性方法只是用来辅助创意,而不可能替代创意"?
> 2. 根据本节"家居用品展览会"创意的"SWOT分析",理解定性分析与定量分析的区别。
> 3. 通过调研本地新创办的展览会,撰写"SWOT分析"提纲并制作PPT(演示文稿的图形程序,或称幻灯片),以"头脑风暴"方式组织演讲和讨论。

Chapter 4

第四章　展览会项目市场调研的方法

本章教学要点

本章围绕展览会新项目介绍市场调研方法，以帮助学习者理解市场调研是会展策划的基础性工作，并掌握市场调研的业务技能。

开篇故事

酒店展"大佬"调研中部市场

国内酒店用品博览会第一大主办方——UHR公司总裁L先生,应中部地区某省会城市展馆经营方——NS公司邀请,前往该市考察。其考察重点有二:一方面了解这一新建展馆的设施及周边配套服务设施情况,另一方面了解当地酒店用品市场需求情况。L先生十分清楚,中国东部地区尤其是"北上广"酒店展项目竞争激烈,展会成长空间有限,而中西部地区展览业发育较迟,且旅游经济日趋兴旺,酒店业前景看好,移植酒店展到中西部城市,有可能成为公司新的经营增长点。

L先生一行在该市考察共3天。先后考察国际展览中心/会议中心、家具工业园区、大型家具市场、酒店用品市场,参访了品牌酒店用品生产企业,拜访了市政府会展业管理办公室、市酒店业协会和3家展览公司。

经考察,L先生一行认为,UHR公司可以将自己的品牌展会——酒店展移址该市,但时间需要放在一年之后,理由是要等到该市到展馆的地铁开通,以方便观众参观。L先生认为,酒店展移址到中部,头几届只能达到1万平方米展览面积,因此可能亏损,但这是培育市场不得不付出的代价。L先生比较担心以下三方面问题:一是,展位销售价格能否达到6000元/个标准展位以上,低于此成本基本无法维持;二是,1万平方米展览面积专业观众参观人数能否达到5000人以上，低于此展会效果就好不了；三是，邻省专业观众能否来参观，如不来将有损展会影响力和发展前景。

　　L先生要求随行的市场部经理整理此次考察情况的资料，并继续就担心的三方面问题深入调研，形成看法后提交总裁办公会议研究。

　　展览会策划工作基本流程中的第二阶段，就是市场调研工作阶段。

　　展览会项目的市场调研，是主办方为新上展览会项目，或为改善既有展览会项目经营状况，或为购并其他主办方的展览会项目，针对市场需求以及可能产生的经营风险而进行的调查研究工作。

　　为帮助学习者理解会展策划和掌握相关业务技能，本章将围绕展览会新项目介绍市场调研方法。主办方为改善既有展览会项目经营状况，或为购并其他主办方的展览会项目，而进行的市场调研，将在本教材第八章予以简介。

　　市场调研是展览会策划工作的"重头戏"，是决定展览会能否立项以及立项后能否规避风险并达到预期效果的基础性工作。展览会策划工作中的市场调研，首先要解决的问题是"这个项目能不能上"；其次要解决的问题是"这个项目如何上"。

　　"这个项目能不能上"？必须通过市场调研来回答。如答案是肯定的，就意味着创意的展览会主题可以转化为展览会项目。

　　"这个项目如何上"？同样必须通过市场调研来回答。如答案是肯定的，就意味着创意的展览会主题可以立项，并可以实施操作。

　　展览会项目市场调研的工作成果，既可以是市场分析报告或可行性研究报告，也可以是非文本形式的市场分析意见或建议。

第一节　市场调研的资料收集工作

　　在展览会的主题创意经初步论证被认为可行的基础上，市场调研首先要做的事情，就是围绕该展览会的主题展开资料收集工作。资料收集工作是市场调研的基础性工作，此所谓"兵马未动，粮草先行"。

　　要开展资料收集工作，就必须明了展览会项目市场调研的范围和内容。同时，需要掌握资料收集工作的方法。

一、收集资料的范围

　　为展览会项目市场调研服务的资料收集工作，一般从以下三方面展开。

　　一是，收集行业发展状况的资料，即收集与展览会主题密切关联的行业发展情况的资料；

二是，收集展览会发展状况的资料，即收集同主题展览会或与这一主题相关联的展览会发展情况的资料；

三是，收集拟定展览会举办地相关情况的资料。

（一）收集行业发展状况的资料

与展览会主题密切相关的行业，其发展状况如何，对于展览会主题创意能不能转化为展览会项目具有决定性的影响。因此，收集行业发展状况的资料是市场调研的重点内容。收集行业发展状况资料的范围及其内容大体如表 4-1 所示。

表 4-1　收集行业发展状况资料的范围及内容

资料范围	资料内容说明
国际发展状况	主要生产地、主要产品/产量/产能分布、主要生产企业/品牌、行业技术进步态势、国际贸易状况
国内发展状况	主要生产地、主要产品/产量/产能分布、主要生产企业/品牌、行业技术进步态势、进出口贸易状况
国家产业政策情况	政府有关该行业的中长期发展规划/经济技术政策
拟定展览会举办地行业发展状况	产地/销地分析、当地企业在行业的影响力、地方政府关于该行业的中长期发展规划、行业在该地发展趋势

表中所列"国际发展状况""国内发展状况""国家产业政策情况"和"拟定展览会举办地行业发展状况"四个方面，是行业发展状况资料收集工作范围的细分。每个细分范围收集资料的内容各有不同。

收集资料的内容中诸如生产地、主要产品/产量/产能分布、企业数量、经济技术指标等信息，应尽可能数据化，最好能够采集到权威机构公布的近三年的统计数据。

（二）收集展览会发展状况的资料

展览会主题无论是行业性创新，还是地域性创新或是主办方创新，在市场调研中都需要掌握同主题或与这一主题相近、相关联的展览会的发展情况。

虽然行业性创新的展览会主题应是前所未有的，但这个主题一般不可能"独来独往"或"若无旁人"。如重庆市政府 2012 年主办的"云计算博览会"乃国内首创，但分析其展览范围，就可发现"云计算"这一主题与"计算机软件""互联网""物联网""人工智能"等主题的展览会十分关联。因此，"云计算博览会"的主办方如做市场调研，就必须了解国内外"计算机软件""互联网""物联网""人工智能"等主题展览会的发展情况。又如，由商务部、科技部、国家知识产权局、上海市政府联合主办的"中国（上海）国际技术进出口交易会"（简称"上交会"），于 2013 年 5 月在上海举办首届。因其属于行业性创新的展览会，故而没有同主题展览会可以作为市场调研的参照。但其可以收集与技术贸易主题相关联展览会发展情况的资料，如可以收集大连"软件博览会"、武汉"光电技术博览会"、重庆"云计算博览会"等以技术商品为主题的展览会的资料。

地域性创新或主办方创新的展览会主题，本来就是"行者在前，效法于后"。如某公司拟在西安创办鞋服类产品的"折扣展",虽然该主题在当地是首创,但广州、深圳、成都同主题的"折扣展"已办多年。该公司在市场调研中自然需要了解这些城市"折扣展"的发展情况。

收集同主题展览会或与这一主题相近、相关联展览会发展状况的资料(见表4-2),大体需要从六方面着手。

表4-2　收集同主题或相近、相关联主题展览会发展状况资料的范围及内容

资料范围	资料内容说明
国内外展览会情况	展览会在国内外的分布、主办方、举办时间、有影响力的展览会等
参展客商情况	有影响力的展览会参展商来源、构成、展品、参展规模等
观众情况	有影响力的展览会观众来源、构成、参观目的、现场参观人数等
展会经营状况	有影响力的展览会展位售价、项目营收、成本、利润等
行业资源状况	政府、协会/学会、知名企业对于展览会的态度
竞争对手状况	主办方基本情况、公共资源利用情况、项目团队情况等

表中所列"有影响力的展览会",不但指该展览会在其主题所关联行业中所具有的影响,而且指该展览会在展览业中所具有的影响。而"有影响力",是指该展览会所拥有的正面、积极的影响,甚至是具有权威性的影响。如美国"国际电子消费展览会(CES)"就是这样的展览会。其由美国电子消费品制造商协会(简称CEA)创始于1967年,每年1月在美国拉斯维加斯举办,已成为目前世界上规模最大、消费类电子业内关注度最高的专业展览会。2017年CES的展览面积达17.4万平方米,有3800多家客商参展(其中,1/5的客商来自中国),有来自150个国家或地区15.3万人次(其中,中国观众达3.4万人次)观众参观。观众中具有采购权的专业买家约占七成。目前,全球同主题的展览会无论在规模上还是参展效果上尚无与CES匹敌者。

对于创意新主题展览会的主办方而言,"有影响力的展览会"还应包括未来可能成为竞争对手的同主题展览会。如某主办方之前从未做过"家居用品"主题的展览会,其在"上项目"的市场调研中,就需要收集其他主办方所办同主题展览会的情况。只要这个主办方的展览会与自己拟办的展览会可能产生竞争关系,即便其在家居用品行业以及展览业内的影响力有限,但对于准备创办"家居用品展览会"的主办方而言,仍应算作"有影响力的展览会"。

表中所列收集资料的内容说明中提到的"有影响力展览会"的观众来源、构成、参观目的、现场参观人数和展位售价、项目营收、成本、利润等经营数据信息,一般不可能通过公开的统计资料获得。但策划工作者可以通过考察展览会现场,面询参展商和观众,或通过媒体报道,从中了解或发掘有价值的信息,以作研判相关数据的依据。但这样收集资料并进行研判,需要策划工作者具有丰富的从业经验。

(三)收集拟定展览会举办地的资料

收集拟定展览会举办地相关情况资料的范围及内容如表4-3所示。

表 4-3　收集拟定展览会举办地相关情况资料的范围及内容

资料范围	资料内容说明
经济发展水平	办展城市经济规模（GDP）及成长状况、产业格局、交通条件
服务业水平	办展城市居民消费状况、酒店、餐饮、旅游等行业状况
环境状况	办展城市治安、公共服务、文明程度等软环境状况
展览场馆条件	办展城市展馆可供展览面积、设施能力、租金标准、相关配套服务价格及服务质量状况
展览业水平	办展城市展览业发展状况，包括城市政府管理展览业的法规或扶持展览业的政策

收集拟定展览会举办城市相关情况的资料，是为了评估展览会项目能否"落地"的条件。例如，机床展览会的展品多为大型设备，其对展馆建筑的承重性和物品运输的方便性有特殊要求。因此，凡承重功能达不到大型设备进馆要求的展馆，或物流条件不能满足大型设备运输要求的展馆（也包括展览馆周边的交通环境），将不会被机床展览会的主办方选择为举办地。再如，一些城市新建的展馆虽然设施水平先进，但周边的酒店、餐饮、公共交通站点等服务参展商和观众的设施不配套。这种情况对于主办方考虑展览会的"落地"也将产生困扰。

明确展览会项目市场调研资料收集工作的范围，是策划工作者从事项目市场调研应该掌握的基本技能之一。因为市场调研不是"拍脑袋"的凭空想象，而必须依据求真务实的调查和研究。求真务实的调研必须依据实实在在的资料。由于所需资料分散、隐性或博杂的情况十分普遍，故而确定展览会项目市场调研资料收集的范围就非常重要了。

> **思考题**
>
> 1. 在国内举办展览会，为什么要收集国外的资料？
> 2. 收集同主题展览会的举办状况的资料，对于主办方自身有什么意义？

二、收集资料的工作步骤

收集资料的工作分为准备、实施和总结三个阶段。

第一阶段，是收集资料工作准备阶段。

在准备阶段，主要做好订立工作计划、确定资料收集提纲和编制财务预算三项工作。

其中，工作计划是将资料收集工作的相关行动要素程序化；资料收集提纲是将资料收集的范围及内容具体化；预算投入计划是明确资料收集工作的资源配置。

案例1　展览会项目市场调研资料收集工作的计划

某公司展览会市场调研资料收集工作计划表如表4-4所示。

表4-4　某公司展览会市场调研资料收集工作计划表

序号	工作内容	工作时间	工作要求	责任人员
1	编制资料收集提纲（草案）	2012.3.1—10	提交文本	乙某
2	市场部讨论资料收集提纲	2012.4.5之前	集体研讨	甲某主持
3	修改提纲，定稿	2012.4.10之前	达到定稿标准	乙某、甲某
4	依据提纲编制预算（草案）	2012.4.15之前	根据公司制度	甲某、乙某
5	提交提纲与预算草案	2012.4.20之前	根据公司制度	甲某
6	获准实施	批准后6个月内完成	根据提纲内容	甲、乙、丙3人
7	资料整理归档	收集工作完成后15天内	根据公司制度	甲某、乙某

（表中责任人员，甲某是项目负责人，乙某、丙某是项目组成员）

说明与评点

制订工作计划旨在明确工作目标、完成时间和责任人。国内外知名展览公司多将此项工作列入公司市场部的职责范围。

资料收集的工作时间，须视主办方的需要或工作的难易程度而定，并无统一规定。

 案例2　展览会项目市场调研资料收集的提纲

 中国中部某省会城市"家居用品展览会"市场调研资料收集提纲

第二阶段,是收集资料工作的实施阶段。

在实施阶段,就是根据《展览会项目市场调研资料收集的提纲》明确的工作范围,在《展览会市场调研资料收集工作计划表》规定的时间内完成资料收集工作。

一般而言,展览面积在 2 万平方米以上的中型展览会项目,或 5 万平方米以上的大型展览会项目,且主题属于主办方之前从未做过的,其收集资料连同进行市场分析工作的时间原则上不应少于 6 个月。

展览会主题的创意者应该参与资料收集工作。代表主办方的创意者应成为该主题展览会市场调研工作的领导者。其领导工作的范围自然要包括资料收集工作。

第三阶段,是收集资料工作的总结阶段。

当资料收集工作告一段落,展览会项目市场调研工作的重点就转入市场分析和可行性研究阶段。此时,策划工作者在整理资料、建立档案的同时,应提交工作总结报告。

该报告的内容主要有三:反映资料收集工作的进程,包括主要成果和主要问题;反映预算执行的情况;提出相关建议,如继续深化资料收集工作的建议,或有关展览会项目市场分析工作的建议。

工作总结既是对资料收集工作的整体性回顾,也是为了衔接市场分析和可行性研究工作,使市场调研工作具有连贯性和系统性。

为展览会项目市场调研服务的资料收集工作,耗时费力,在某种程度上可以说是很枯燥的。在此过程中,有时会因为资料太多而难以甄别取舍,有时又会因为资料太少而陷入一筹莫展的境况。因此,为提高工作效率,需要讲究工作方法。

必须明白,展览会项目市场调研的资料收集工作是服务于市场分析与可行性研究工作的,其与市场分析和可行性研究是互相依存和彼此共生的关系。换言之,做市场分析和可行性研究的策划工作者必须要做资料收集工作,或者是能够指导资料收集工作。否则,分析和研究工作必将缺乏基础,或者资料收集徒劳无益。

> **思考题**
>
> 1. 为什么说"资料收集工作与市场分析和可行性研究是互相依存和彼此共生的关系"?
> 2. 浏览 3—5 个家居用品行业专业网站,从中收集反映该行业发展状况的经济数据。
> 3. 尝试设计展览会项目市场调研资料收集工作的财务预算表。

第二节　市场分析与可行性研究工作

在展览会策划工作中,给出"这个项目能不能上"的答案,必须依据市场分析与可行性研究。展览会项目的市场分析和可行性研究工作,是互相关联的系列工作。也就是说,市场分析的过程即为可行性研究的过程,而可行性研究的过程也是市场分析的过程。因此,边分析边研究是这一工作的常态。两者的区别在于:市场分析偏重考察"上项目"的外部环境,即主要从主办方的外部环境来分析"这个项目能不能上";可行性研究既重视分析主办方"上项目"的外部环境,更重视论证主办方"上项目"的内部因素,即根据主办方的需要与可能来论证"这个项目能不能上"。

一、市场分析中的"设问"与"求解"

展览会项目的市场分析,旨在分析展览会项目的市场需求和市场价值。我们可以将这个分析过程看成是策划工作者对于展览会项目的市场需求和市场价值"设问"和"求解"的过程。

"设问"和"求解",是展览会策划工作者围绕"这个项目能不能上"这个大问题,根据"上项目"的规律和条件预设一系列问题。然后,通过分析予以解答。

"设问"和"求解",还有一种情况。就是主办方的决策者在讨论或审查"上项目"工作时,可能会向策划工作者提出问题,而进行了市场分析和可行性研究的策划工作者需要做出回答。全球最大的展览公司——英国励展博览集团采用答辩制度,评审新上的展览会项目。在答辩会上,评审者针对报告者的报告内容,定会提出诸多问题,要求报告者当场予以回答。这是先进主办方对于展览会策划工作制度化的"设问"和"求解",值得借鉴。

根据"上项目"的普遍规律和基本条件,"这个项目能不能上"的系列"设问"如表4-8所示。

表 4-8 展览会项目市场分析的主要问题

序号	问题分类	序号	问题导向
一	展览会设计	1	展览会的主题是什么(展览会名称)
		2	展览会在什么时间、地方举办
		3	展览会的规模预计多大(展览面积)
二	行业市场	4	未来5—10年在国内外有无发展前景,如有,动力为何
		5	未来5年在中国发展规模有多大,发展速度如何
		6	未来5年该行业主要产品及技术发展趋势如何
		7	近3年该行业主要生产企业有哪些,分布与结构如何
		8	近3年该行业产品采取什么样的方式销售

续表

序号	问题分类	序号	问题导向
三	市场环境	9	中国政府对于该行业发展的态度如何
		10	中国地方政府对于该行业发展的态度如何
		11	近3年及未来5年该行业发展的主要困难与问题为何
四	展览会需求	12	该行业参加展览会的展品为何(展览范围)
		13	该行业参展商来源及其参展目的是什么
		14	该行业参观展览会的观众来源及其参观目的是什么
		15	主办展览会有没有合作伙伴
五	展览会环境	16	同主题展览会的主办方实力如何
		17	在拟定的办展城市有没有竞争对手,如有,实力如何
		18	该行业在拟定的办展城市发展状况及对展览会有什么影响
		19	拟定办展城市展馆条件是否合适举办展览会
		20	主办展览会有没有政策、法律或重大公共关系的风险
六	投入产出	21	推广展览会的主要方式、渠道是什么,需要多少投入
		22	如主办展览会,前三届能否盈利,财务风险是什么
		23	主办方有没有合适的经理人及其团队操作展览会

以上"设问"中,"展览会设计"问题是市场分析的出发点,是展览会项目立项的框架性、概念性问题。舍此提出其他问题就没有根据。为避免内容重复,本教材将在第五章介绍表中"展览会设计"所提问题的相关知识。

"行业市场"和"市场环境"问题与展览会立项的宏观市场有关。缺乏市场需求的行业,或者有需求但市场环境并不宽松的行业,为这个行业服务的展览会将很难做或根本做不出来。

"展览会需求"和"展览会环境"问题与展览会立项的中观市场和微观市场有关。缺乏现实需求(参展商和观众)的展览会不可能立项。

"投入产出"问题是在"行业市场""市场环境""展览会需求"和"展览会环境"前四类问题基本获得肯定或积极答案的基础上,对于主办方人力、财力等要素投入和产出的评估。

表中"设问"的六类问题,虽各有侧重,但逻辑统一,相互关联,意在回答"这个项目能不能上"这个总问题。"行业市场""市场环境""展览会需求"和"展览会环境"四类问题侧重分析展览会的市场需求,"投入产出"问题侧重衡量展览会的经济价值。

对于表中的"设问",展览会策划工作者应根据市场调研收集的资料,通过自己的研判,或是吸纳相关权威人士的咨询意见,给出深入的、有针对性的、有说服力的答案。这就是"求解"。

对于"设问"的"求解",应尽可能避免只有"定性"而无"定量"的答案。"求解"的答案应以"定量"为主。所谓"定量"的答案,就是有具体数据或具体依据的答案。

由于各种原因和局限,策划工作者不可能对于"设问"的全部问题给出答案,更不可能全部给出理想化的答案,尤其是不可能给出完全有利于展览会主题创意的答案。因此,策划工作者的"求解"应量力而行,须力求客观,避免分析判断过多地受到个人喜好的影响或其他因素的干扰。

以上所列展览会项目市场分析的六类 23 个问题,是参考某跨国公司关于展览会项目市场调研的内部要求加以整理的。但在从业实践中,由于展览会项目的主题不同,或由于主办方的发展战略不同,还由于展览会所服务的行业发展状况以及办展环境的不同,"设问"的范围、细分的问题自然会不一样。总的来看,展览业行业性创新项目市场分析的广度、深度和难度,远大于地域性或主办方创新的项目。

> **思考题**
>
> 1. 走访展览会主办方,了解其策划展览会市场调研工作中最关切的问题或最麻烦的问题。
> 2. 谈谈展览会项目市场分析工作与资料收集工作的关系。
> 3. 行业发展的"市场前景看好"、行业发展得到"政府积极支持",是市场分析中"定性"的语言表述,如用"定量"方式表述需要的具体数据和具体依据一般是什么?

二、论证经济上与技术上的可行性

可行性研究一般用于工业领域、科研领域的投资项目,是指对投资项目在技术上和经济上是否可行所进行的科学分析和论证。在工业领域、科研领域投资,被俗称为"上项目"。在经济上研究投资项目是否可行,就是分析、论证"上项目"的必要性;在技术上研究投资项目是否可行,就是分析、论证"上项目"的可操作性。

展览会项目市场调研之所以借用这一方法,是因为研究的对象同样是"上项目"。既然是"上项目",就同样需要科学分析和论证展览会项目在经济上和技术上的可行性。

展览会项目的可行性研究,是为主办方决策需要服务的。主办方之所以决策"上项目",就是为了获取回报,同时要为"上项目"投入资源和承担风险。因此,展览会项目的可行性研究工作不能脱离主办方的利益需求,而成为缺乏服务意识孤芳自赏的"作品"。

从主办方的需要出发,从经济和技术的角度,分析、论证展览会项目的可行性,就是在市场分析的基础上深入研判"这个项目能不能上"和"这个项目如何上"这两大问题。

研判"这个项目能不能上",主要评估市场前景、办展环境和潜在风险。

研判"这个项目如何上",主要评估资源配置条件、主办方操作能力,同时向主办方提出相关建议。展览会项目可行性研究的要素如表 4-9 所示。

表 4-9 展览会项目可行性研究的要素

序号	要素分类	序号	导向问题
一	市场前景	1	行业发展是否需要展览会
		2	行业发展能否支撑展览会的未来发展
		3	选择什么时间举办展览会较为合适
		4	选择什么地方/展馆举办展览会较为合适
		5	展览会前三届的规模预计多大
二	办展环境	6	政府规划、政策是否有利于展览会发展
		7	拟定办展地的政府是否支持展览会发展
		8	相关行业协会的态度是否有利于展览会发展
三	风险预测	9	举办展览会有没有政策风险、法律风险
		10	举办展览会有没有经营风险
		11	是否存在同主题展览会的竞争风险
四	资源配置	12	重要的行政资源是否拥有与如何拥有
		13	重要的合作伙伴是否拥有与如何拥有
		14	展馆档期是否拥有与如何拥有
		15	主办方资金投入概算能否满足需要
		16	主办方人力资源投入能否满足需要
		17	资源配置方面的其他问题

表中所列"市场前景""办展环境""风险预测"和"资源配置"四大要素及细分的17个问题,基本是围绕"这个项目能不能上"而展开的。分析、论证上述要素及细分问题,旨在科学地研判主办方"上项目"有没有前途、有没有必要、有没有条件和有没有能力。其中,有没有前途和有没有必要,可以归为经济上的可行性研究;而有没有条件和有没有能力,可以看成是技术上的可行性研究。

策划工作者通过研究"市场前景""办展环境""风险预测"和"资源配置"的情况后,对于展览会项目是否可行,大体可以给出以下三种结论。

一是,该项目没有前途,自然就没有"上"的必要。因此也无须讨论主办方"上项目"的条件和能力问题了。

二是,该项目有前途且有必要,主办方"上"的条件和能力基本具备(即主办方拥有"商业模式"所讲的"关键资源"和"关键流程"),研究的结论是可以"上"。

三是,该项目有前途且有必要,但主办方缺乏"上"的条件和能力,那研究的结论有"不能上"和暂时"不能上"两种。对于暂时"不能上"的项目,可行性研究可提出创造条件"上"的路径和提升能力的建议,以供主办方决策时思考。

围绕"这个项目能不能上"的可行性研究,"市场前景"最为重要;其次是"办展环境"。如这两方面的研究有利于"上项目"的结论居多,即"正面"的结论居多,尤其是其中细分问题中关键问题的结论是"正面"的,则可研判"大环境"(外部环境)是有利于主办方"上项目"的。

可行性研究中的"风险预测"和"资源配置",关乎"这个项目如何上"。如这两方面的研究"正面"的结论居多,尤其是其中细分问题中关键问题的结论是"正面"的,则可研判"小环境"(内部因素)是有利于主办方"上项目"的。

在可行性研究中,经常会由于"大环境"难以清晰研判,以致"小环境"研究结论虽然"正面"而无法作用;或是"大环境"研判虽然有利,但"小环境"研判不佳,也致结论为项目难"上"。

此外,"市场前景""办展环境""风险预测"和"资源配置"四大要素有时会呈现利弊交错、矛盾交织的复杂情况,即所谓机遇与挑战并存、利益与风险同在的态势。在此情况下,研究者需要参透利弊,进而贡献真知灼见;决策者则需要审时度势,择善而从。

除以上三种结论之外,还有一种情况在国内展览会项目的可行性研究中经常会遇到。那就是:该项目虽然没有前途,但主办方认为有必要,所以依然决策"上项目"。这种情况多出现在"政府展"的项目中。其原因是,主办方是政府,"上项目"并不完全从市场需求出发,而惯于从政府需求出发。而政府"上项目"的需求,有的是为了配合某项政策的宣传,有的是为了展示地方某一经济特色,有的是为了反映某项行政工作的成果(政绩)。因此,即使该项目缺乏市场需求或市场需求有限,但因政治上有需要,所以可行性研究的结论要么不会被政府所采纳,要么只好违心地服从于政府的需要(即服务于决策者"上项目"的主观意图)。

与上一节所讲展览会项目的市场分析相比较,展览会项目可行性研究的对象已经集中到"市场前景""办展环境""风险预测"和"资源配置"四大要素,其细分研究的问题也由市场分析的23个减少为17个。由此可见,可行性研究的要素及细分问题是在市场分析的基础上进一步归纳、提炼和深化的。因此,如果没有全面、深入、细致的市场分析,可行性研究就是"空中楼阁"。其研究结论就是研究者的主观臆断和"拍脑袋"之作。

还须强调,对于"市场前景""办展环境""风险预测"和"资源配置"四大要素及细分的问题,可行性研究不可能全部给出"正面"的结论。如果是这样的话,那就谈不上是研究可行性了。在展览会策划工作中,"上项目"对于主办方而言,正是因为有太多的问题不清楚或没把握,才需要进行可行性研究。在研究过程中,研究者受到资料、知识等方面局限,既不可能穷尽所有的疑问,也不可能对所提问题预测无误,更不可能所获的研究结论都是有利于"上项目"的(即都是"正面"的结论)。因此,研究者实事求是地给出研究结论,主办方在决策中实事求是地吸纳可行性研究的意见,应该是展览会项目市场调研工作的本质和常态。那种对于展览会项目创意只能说"上"而不能说"下",或只能说"好"而不能说"差"的可行性研究,实际是背离了市场调研及其可行性研究工作的本意,因此是不正常的。

思考题

1. 展览会项目的可行性研究与市场分析有什么关系,区别在哪里?
2. 从主办方角度,你认为导致展览会项目不可行的要素有哪些?
3. 为什么"政府展"存在忽略市场需求的倾向?

三、撰写市场分析报告或可行性研究报告的基本规范

(一) 市场分析报告与可行性研究报告的区别

市场分析报告或可行性研究报告,都是展览会项目市场调研的工作成果。

有经验的策划工作者都知道,撰写展览会项目的市场分析报告或可行性研究报告是市场调研工作的重要环节,同时是体现策划工作者综合素质和写作功夫的"技术活"。这是因为,撰写报告的过程既是综合梳理展览会主题创意、资料收集、市场分析和可行性研究工作的过程,也是围绕展览会主题创意采用书面形式全面分析或论证"这个项目能不能上"以及规划"这个项目如何上"的过程。能否提交有质量的报告,是对策划工作者业务能力的重要检验。

(二) 市场分析报告与可行性研究报告的区别

市场分析报告与可行性研究报告,虽然都是展览会项目市场调研的文本性成果,但两者既有相同之处,也有明显的差异(见表4-10)。

表4-10 展览会项目市场分析报告与可行性研究报告的异同比较

分类	比较	市场分析报告	可行性研究报告
相同	服务对象	展览会主办方	展览会主办方
	展现形式	文字、图表、图片	文字、图表、图片
	完成手段	撰写	撰写
	撰写依据	市场调研	市场调研
	报告价值	主办方商业秘密	主办方商业秘密
不同	成果性质	阶段性、专题性成果	完整性、系统性成果
	报告内容	侧重分析项目外部因素	综合分析论证项目内部、外部因素
	表述方法	主要通过铺陈资料反映观点	既排比资料,又陈述观点,同时提出建议
	报告需求者	多为商业性主办方	多为非商业主办方

通过以上比较,可以知道,展览会项目的市场分析报告和可行性研究报告在功能上是一样的,都是为主办方的决策服务的;其依据都来自市场调研;而且都必须撰写完成。

两者的区别在于:市场分析报告注重反映"上项目"的客观性,且可以根据主办方需要分专题、分阶段提供;可行性研究报告则必须体现完整性、系统性,不但要论证这个项目"能上"或"不能上"的客观环境或条件,还要从主办方的角度或利益出发,论证这个项目"如何上",提供优化环境、创造条件"上项目"的建议,以体现策划工作者的主观能动性。

需要说明的是,从业经验丰富、专业能力强的商业性主办方(主要是展览公司),决策"上项目"的最大困扰是市场需求问题。项目一旦经市场调研被确认拥有市场,一般不需要策划工作者提供如何"上项目"的文本性建议或措施。这是因为,这样的主办方对如何"上项目"的业务娴熟,套路清楚,无须"文来文去"。而非商业性的主办方尤其是政府机

构,在决策"上项目"时既需要知晓市场的需求问题,还需要了解操作的措施(对于不太重视市场需求又缺乏操作经验的政府主办机构而言,往往更加关切项目的操作问题)。因此,其决策"上项目"一般需要全面、系统的可行性研究报告。此外,由政府财政拨款的展览会项目,在履行拨款程序时也必须有该项目的可行性研究报告。

在文本的内容结构上,市场分析报告与可行性研究报告有许多相同的地方。两相比较,对于掌握撰写规律和了解撰写规范很有益处(见表4-11)。

表4-11　展览会项目市场分析报告与可行性研究报告撰写内容的比较

市场分析报告撰写的内容	可行性研究报告撰写的内容
项目市场调研工作简述	项目总论
	项目构成设计
项目市场环境分析	项目市场环境分析
项目经营指标与风险预测分析	项目经营指标与风险预测分析
	项目可行性研究的结论及建议

比较市场分析报告和可行性研究报告的撰写内容,可以知道后者的撰写难度明显高于前者。但要写出有质量的市场分析报告,写作者就必须具有撰写可行性研究报告的功底。

(三)市场分析报告的撰写规范

展览会项目的市场分析报告,大体可分为三个部分撰写,即项目市场调研工作简述、项目市场环境分析和项目经营指标与风险预测分析。

其中,"项目市场调研工作简述"是报告的序言,用以简略介绍项目市场调研的工作情况。如果是新项目,一般需要简论项目定位。"项目市场环境分析"和"项目经营指标与风险预测分析"两个部分是报告的主干内容。撰写市场分析报告一般采用纲目体例。以下案例采用科技论文的撰写体例(也是纲目体例的一种)。

 案例3　展览会项目市场分析报告的撰写

 中国中部某省会城市"家居用品展览会"市场分析报告

（四）可行性研究报告的撰写规范

撰写展览会项目可行性研究报告，可大体分为五个部分，即总论、项目市场环境分析、项目构成设计、项目经营目标预测与风险预测分析和可行性研究的结论及建议。

在中国，撰写可行性研究报告一般采用章节体。

展览会项目可行性研究报告各章撰写的要点如下。

第一章　总论
　一、项目的背景简介
　二、项目市场调研工作情况的简介
第二章　项目市场环境分析
　一、项目所服务行业的发展现状与发展前景分析
　二、客商参展和观众参观的态势分析
　三、项目举办地行业发展情况的分析
　四、项目举办地与办展条件的分析
　五、政府、行业组织态度等方面的分析
第三章　项目构成设计
　一、项目名称
　二、项目举办地与举办时间
　三、项目组织架构
第四章　项目经营目标与风险预测分析
　一、项目经营目标预测与分析
　二、项目经营风险预测与分析
第五章　项目可行性研究的结论及建议

展览会项目经可行性研究，若结论为可行，则须提出项目立项与操作中必须注意的重大问题，并给出具体建议。这些问题和建议，往往与制定展览会组织实施工作方案密切相关。若结论为不可行或暂不可行，一般无须提出项目立项与操作的建议。

　案例 4　　展览会项目可行性研究报告的撰写

 "中国国际（北京）咖啡展览会"项目的可行性研究报告

(五）撰写报告的原则及技巧

好的展览会项目市场分析报告或和行性研究报告，除资料翔实、观点明确、格式规范外，还须注意以下问题。

一是，报告内容应具有内在的逻辑性，包括叙述的逻辑、论证的逻辑或引用相关数据之间的逻辑。

二是，报告的文字表达要得体。所谓得体是指报告所采用的语言必须是书面语言，而且应该简洁、准确。要避免口语式的语言或新闻式的语言。在表达中应避免"空话""套话"，语言风格要简朴明了。报告中所涉及的概念、专业术语要符合标准，切勿随意"自创"或使用不规范的表达。

三是，在报告中，凡可利用图表反映的内容应尽量采用图表形式，以求直观简明。

四是，基于报告经常需要在会议上展示，应考虑将报告内容转化为演示文稿即 PowerPoint（简称PPT）的编排。在制作PPT时，可对报告内容进行浓缩，以突出最为重要的内容，还可适当配置与报告内容有关的图片。

撰写展览会项目的市场分析报告和可行性研究报告，是策划工作的一项"技术活"。越是正规的展览会主办方对此的要求越高。作为展览会策划的学习者，应努力学会这项"技术活"，以求适应主办方需要。

一般而言，撰写展览会项目的可行性研究报告的难度要高于市场分析报告。因此，不能胜任撰写市场分析报告的人，是难以撰写有质量的可行性研究报告的。展览会策划工作的学习者应花精力研习市场分析报告的撰写。研读有质量的市场分析报告是学习的好方法。

展览业中"上项目"强调市场调研并要求提供市场分析报告和可行性研究报告的主办方，基本是跨国公司、大型公司或"政府展"和部分"协会展"。而大多数中小型公司决策"上项目"，并不刻意要求策划工作者"写报告"。这些主办方往往凭经验决策。当然，经验来源于实践，也是一种市场调研。

思考题

1. 为什么说"不能胜任撰写市场分析报告的人，是难以撰写有质量的可行性研究报告的"？

2. 研读你所在城市上一年的《国民经济和社会发展统计公报》，体会其撰写逻辑和语言表达风格。

3. 围绕某一新的展览会主题创意，每二至五个学生为一组，根据《展览会项目市场分析的主要问题》，每组分别承担一个细分问题的调研，并撰写市场分析报告。

第三节　市场调研的工具性方法

在展览会项目市场调研中，无论是资料收集工作，还是市场分析和可行性研究工作，都可以借助一些工具性的方法。根据从业经验，本教材着重介绍四种常用的工具性方法，即"文献法""观察法""询问法"和"假定风险法"。

一、文献法

"文献法"，也称"历史文献法"，主要用于展览会项目市场调研的资料收集工作。"文献法"即通过收集和分析现存的文献资料，从中获取信息，以达到调查研究目的的方法。

根据展览会项目市场调研的需要，采用文献法收集的资料主要涉及以下八类。

①国内外官方统计机构定期发布的统计公报，定期出版的各类统计年鉴；

②国内外行业协会/商会/学会、信息咨询机构、金融机构、智库定期或不定期发布的统计报告或分析报告；

③国内政府发布的全国、地方或行业的中长期发展规划、产业发展经济技术政策；

④国内外出版机构定期出版的"皮书"（其中，"白皮书"一般特指政府文告；"蓝皮书"通常代表学者或者研究团队的学术观点；"绿皮书"观察研究对象与农业、旅游、环境等领域有关；"黄皮书"观察研究对象与世界经济、国际问题有关）；

⑤国内外专业性、学术性会议或展览会散发的会刊、论文汇编及其他资料；

⑥研究机构、高等学府发表的学术论文、调查报告或专业著述；

⑦上市或非上市公司披露的年度经营报告；

⑧展览会主办方、展览场馆通过官方网站公布的相关信息。

二、观察法

在展览会项目的市场调研中，"观察法"即可用于资料收集工作，也可用于市场分析工作。"观察法"是指研究者为达成某一目的，通过自己的感官或借助科学仪器，对研究对象进行直接观察，从而获得资料的一种方法。

有经验的主办方在展览会市场调研过程中，经常采用"观察法"收集三方面的资料。以"家居用品展览会"为例。

一是收集与展览会主题有关的行业的资料。

会展策划工作者深入拟定的办展城市，通过走访了解家居用品专业市场、专卖店、工业产业园考察，直观观察家居用品行业发展的现况。

二是收集同主题或关联主题展览会的资料。

会展策划工作者参观其他主办方的"家居用品展览会"或与此主题关联的展览会（家具、建材、家纺、礼品、玩具等展览会），直观体验展览会经营状况，并收集相关资料。

三是收集办展城市展览场馆的资料。

策划工作者考察拟定办展城市的展览场馆，直观了解设施功能，体验服务品质，并收集相关资料。

在以上观察过程中，策划工作者经常会使用照相、摄像设备，以照片或影像形式记录观察实景，以作资料。在移动互联网时代，使用"二维码"技术或无线信号采集技术，可以在展览会现场获得观众流量、观众感兴趣展品等数据信息，从而丰富和深化观察者的认知。

三、询问法

"询问法"主要用于展览会项目的市场分析和可行性研究。"询问法"是将所调查的事项通过询问被调查者，获得所需要资料的方法。当面询问、电话询问或书面询问，是这种方法的三种具体形式。

在展览会项目的市场调研中，策划工作者为论证"这个项目能不能上"，经常会采用"询问法"进行市场调查，以获得必要的信息。

案例 5 客商参展意愿市场调查的电话询问提纲（见表 4-19）

表 4-19 专业展览会客商参展意愿电话调查提纲

序号	询问问题	答案选择
1	是否参加过某主题展览会	A 是/B 否
2	是否愿意参加某地该主题展览会	A 是/B 不/C 未定
3	如果参加，什么时间方便	A 春季/B 秋季/C 其他
4	如果参加，希望见到哪些人	A 制造商/B 代理商/C 买家/D 媒体/E 政府主管官员/F 其他
5	如果参加，预定参展面积多大	A 标准展位/B 特装展位
6	标准展位 4500 元/个，能否接受	A 可/B 不可

电话询问在展览会项目市场调研中使用较多。除询问客商参展意愿外，同样可以用于询问专业观众的参观意愿，只不过询问提纲需要另行设计。

> 在同主题的展览会现场，派员询问参展商是否愿意到另一个城市参加同主题展览会，是当面询问的一种，也可称为客户拜访。其询问提纲同样需要事先准备。一般而言，在同主题的展览会现场，调查者所询问的参展商应该是越多越好。如果展览会规模较大，被询问的参展商不应少于其总数的20%。在展览会现场进行询问调查，应根据调查方的意图选择有代表性的参展商询问，而非毫无针对性地一味追求调查对象的数量。

采用"询问法"进行展览会项目的市场调研，应该注意以下问题。

一是，询问内容要科学设计。

设计询问内容必须紧扣调研主题。一般而言，展览会项目的询问调查大多聚焦于客商参展意愿这一主题。问题设计的分类应有逻辑性，一般规律是由浅入深，由简单问题到复杂问题。在设计中，应避免询问过于敏感、过于细碎或易于产生歧义的问题。询问的表达一定要简明，一句一问为宜。

二是，被询问者要"到企业（或单位）、到人"。

"到企业（或单位）、到人"，是指询问之前必须确定被询问者的来源，其中包括掌握被询问者在企业（或单位）的职务、电话号码（一般是办公室电话）等信息。

若电话询问对象是"家居用品展览会"的参展商。考虑到展览会举办地是中部某省会城市，故可将询问者的范围划定为国内的客商（包括国外客商在国内的制造商或贸易商）。被询问的参展商应具体到企业（或单位）及其个人。而被选择的询问者应该是企业（或单位）可以决策参加展览会的负责人，否则询问的意义就不大。

三是，询问质量考核要有量化指标。

采用电话询问客商参加展览会的意愿，一般要求是，被询问的企业数应不低于展览会参展企业总数的20%。如果预设"家居用品展览会"有200家企业参加参展，被确定询问的企业应不少于40家。

采用书面询问，回收且有效的问卷一般不宜低于发出问卷总数的20%。

四是，询问调查需要掌握技巧。

采用电话询问，其调查的问题不宜设计过多。应把通话时间控制在5分钟以内。电话询问时间过长，被询问者可能会不耐烦。同时，在什么时候拨打询问电话，在电话中如何与被询问者沟通，遇到被询问者不理解甚至不礼貌的对待该如何应对，这些问题都需要调查者事先有所准备，或是对于拨打电话的人员有所训练。

采用书面询问，因需要被询问者认真阅读问卷，并花费时间答卷，所以需要选择场合。如在一个专业论坛上安排的书面询问，问卷要事前印制好并摆放在会议桌上，同时为与会者提供答卷用笔。在论坛举行过程中，主持人应专门就此说明调查意图，诚恳邀请与会者答卷，并表示感谢。

书面询问还可以通过信函（电子邮件）进行，也可以在展览会现场散发问卷请客商填写。但这两种方式询问的回复反馈比例偏低。

调查方向书面答问者赠送纪念品,是一种较为常见的鼓励答卷方法。

五是,采用"询问法"进行市场调研的收尾工作,是对调查结果进行统计分析。

四、假定风险法

主要用于展览会项目的可行性研究工作。"假定风险法"是指可行性研究中,因担心市场分析结果可能产生的严重误差,或担心研究结论"乐观"而脱离实际,研究者假设展览会项目在实施中遭遇或陷入重大风险,更多地从负面效应推论"这个项目能不能上"或"这个项目如何上"的方法。这实际是将"逆向思维方法"运用在展览会项目可行性研究中。

预估展览会项目在实施中可能遭遇或陷入的重大风险,是采用"假定风险法"的思路。如以某主办方在中国中部某省会城市新创办"家居用品展览会"为例,在可行性研究中,一般可以假定遭遇或陷入以下重大风险(见表4-20)。

表4-20 中国中部某省会城市"家居用品展览会"可能产生的重大风险

序号	风险分类	序号	风险实质	风险程度	如发生,主办方境遇
一	法规风险	1	无法获得权威机构支持或许可	严重	前期投入部分损失
		2	被政府机构取消举办	极其严重	名誉受损,前期投入全部损失
		3	被司法机构明令停办	极其严重	名誉受损,可能陷入法律诉讼,前期投入全部损失
二	合作风险	4	权威合作方退出合作	严重	名誉受损,可能影响经营效果
		5	展馆临时变动展览时间	严重	名誉受损,可能引发客商取消参展合同,或要求赔偿经济损失
		6	承诺的重要配套活动未举办	严重	名誉受损,可能引发部分参展商投诉并要求赔偿
三	市场风险	7	销售困难致展会规模过小被迫取消	极其严重	名誉受损,前期投入全部损失
		8	同题材主办方竞争致展览会被迫取消	极其严重	名誉受损,前期投入全部损失
四	财务风险	9	成本支出大幅超过预算	严重	经营亏损,项目难以持续
五	团队风险	10	骨干管理者关键时刻离职	严重	可能危及项目经营

以上预估的五方面共十种重大风险,尚未涉及不可预见的严重自然灾害以及重大政治或社会事件对于展览会的影响,而这些风险显然是存在的。其中,有的是可以提前预估的,如2010年"世博会"对于上海展览业可能造成的影响。

在展览会项目的可行性研究中采用"假定风险法",体现了中国古代兵法中"多算胜,少算不胜"的精神,也就是"先算败,再算胜"。从预测的角度,把展览会项目实施中可能遭遇或陷入的重大风险逐一评估,并充分预计风险一旦发生后的最坏结局,有助于可行性研究更加理性和客观,同时有利于展览会主办方在决策时保持风险意识,防患于未然。

借助工具性的方法进行资料收集、市场分析和可行性研究,在展览会项目的市场调研工作中既很实用,也很普遍。

有经验的展览策划工作者往往会综合运用这些工具性方法,以期通过不同的方法提升工作效率和工作质量。缺乏经验的学习者,在了解这些工具性方法的同时,应更多地参与展览会策划工作的实践,并在实践中虚心向有经验的人学习,以利增长见识,丰富自己。切记工具性的方法只能借助,不能替代实践经验和动手能力。

另须指出,采用"文献法""观察法"和"询问法"从事展览会项目的市场调研,都需要花费成本。调研工作要求越高,调研内容越广,调研难度越大,成本花费就越多。

思考题

1. 尝试采用文献法收集北京中国国际展览中心"老馆"和"新馆"的设施功能资料,并从展览会主办方的需要进行对比。
2. 用观察法去参观一个"家居用品展览会"或主题与其相关联的展览会,体验展览会的参观效果。
3. 为"家居用品展览会"专业观众参观意愿设计书面调查问卷。
4. "展馆临时变动展览时间"为何会引发客商取消参展合同并要求赔偿经济损失?
5. 信函邮发客商参加展览会意愿调查的书面问卷,其成本构成包括哪些方面?

Chapter

第五章　展览会的立项与组织工作方案

本章教学要点

本章通过介绍展览会立项工作的内容和流程，以及解析立项工作的关键环节，以帮助学习者掌握展览会"上项目"的专业知识。

开篇故事

"做展览真不是件容易的事"

2012年6月,一个雨后的下午,李先生所在的公司来了一位体格壮硕的中年人。他是刚成立的一家展览公司的老板,姓王。王先生是李先生相熟的一位政府部门官员介绍而登门造访的同行。

王先生提出,与李先生的公司合作举办体育用品展览会。李先生表示,自己公司没有做过这个主题的展览会,但愿意探讨合作的可能性。

王先生认为,本市尚无体育用品这个主题的展览会,现在国家提倡全民健身、扩大内需,再加上体育事业发展的需要,应该是很有需求前景的项目。王先生介绍了公司所拥有的资源。

李先生听后,问了王先生公司的一些情况。他了解到,王先生的公司没有从业展览的经验,也没有相应的员工团队,但资金问题不大。李先生感觉,王先生比较熟悉体育行业,同时很熟悉主管体育事业的政府部门,也了解对本地体育用品市场的情况。李先生的基本判断是,这个项目有可行性,但王先生的公司自行操作难以成功。李先生认为自己的公司不了解体育行业,也没有相应的人力资源与此匹配,故不可能与王先生合作创办体育用品展览会。

由于顾及介绍人的情面,也为帮助王先生创业,李先生以"过来人"的经验,

与王先生讨论了体育用品展览会的市场调研和项目立项的一些具体问题,包括:

国内体育用品展览会的情况,尤其是国家体育总局主办的"体博会"和德国斯图加特公司在南京主办的"户外运动用品展览会"的情况。

本地以前有公司创办体育用品展览会,但没有成功,失败的原因是什么?

王先生拟办的体育用品展览会是专业展还是消费展?

光依靠政府部门的支持,能不能办成展览会?

怎样选择展览会举办时间和展馆(当地有3个展馆)?

新办展览会拟定规模多大、目标销售收入多少,如何保证项目立得住又不赔钱?

怎么建设项目团队? 等等。

最后,李先生向王先生表明了双方不能合作的意见和原因,王先生表示理解。李先生建议王先生可以寻求对此有兴趣、有商业资源可以互补的机构合作,比如缺乏展览会项目资源的展馆或官方媒体新成立的展览公司等。

待双方握别之时,已是晚上六点多钟。王先生十分感谢李先生花费数小时和自己交流。他深有感触地说,做展览真不是容易的事,原来想得太简单了。今天算是宝贵的学习。

两个月后,李先生得知,巡回举办的全国"体博会",应邀于2013年春季到该市举行;另有一家长期从事食品展的公司在网上公布,定于2013年秋季在该市新办户外运动用品展览会。王先生的公司则一直没有消息。

说明与评点

王先生以体育用品主题展览会为"抓手"创办展览公司,既是展览会项目策划,而且是借助项目创业。热情满腔的王先生,实际是在项目的立项过程中才意识到展览业"上项目"的专业性和不容易。

展览会的主题创意经过市场调研获得"这个项目可以上"的结论后,若被主办方批准立项,该项目就进入到立项与组织实施的工作阶段了。

在这一阶段,策划工作的重点就是将经过市场分析和可行性研究的展览会主题创意,升华为可操作的展览会项目。换言之,这一阶段的工作就是要把展览会项目从"如何上"的思路转化为"可以上"的现实,而且要努力促成"上项目"的结果符合主办方的预期。

提供展览会项目的组织工作实施方案,是这一阶段工作成果的主要内容。但在制定展览会项目组织工作实施方案的过程中,必须解决该项目立项的诸多具体问题。

第一节　展览会新项目立项工作及其流程

展览会新项目的立项工作是否顺利，能否达成预期目标，是新项目能不能进展并取得成功的重要前提条件。业内实践证明，立项工作受挫，将延宕新项目的进展；而立项工作失败，或将导致新项目告吹。因此，展览会新项目的立项工作是展览会组织工作实施方案中的重要内容，不可或缺。不能指导立项工作并获取成效的展览会组织工作实施方案，在"上项目"过程中没有实际意义。

一、项目立项工作的概念

在我国，所谓项目立项，一般特指大中型建设项目获得政府投资计划主管机关的行政许可后（已获立项批准文件）（2014年后，国内建设项目投资需要行政许可的范围将大幅缩小），或是经投资方决策批准后，随之展开的项目建设前期工作。大中型项目建设的前期工作一般包括项目选址、项目使用土地预审、环境评价许可以及工程初步设计等环节。

展览业尤其国内展览业，借助工程建设领域项目立项的概念，将主办方决策之后展览会"上项目"的一系列前期工作，习惯地称为"立项"。应该说，这个借助是很有道理的。

什么是展览会项目的立项工作？就是展览会新项目经主办方决策批准后（或经主办方原则同意后），为确保项目按计划举办而展开的前期工作，一般包括展览会要素设计、选定合作伙伴、编制项目财务预算、组建项目团队等方面的工作。

这些工作之所以被称为前期工作，是因为"上项目"必须要有前提条件支撑，必须要有基础力量保障。试想，连展览范围都不够明晰的展览会，如何锁定客户推广？连合适展览的时间都无法确定的展览会，如何争取展览效果？连项目团队都没有到位的展览会，如何展开组展工作？从这个意义上讲，新项目的立项工作是展会策划从抽象的主题创意、繁杂的市场调研，向具体的操作实践转化的关键节点。

> **思考题**
>
> 1. 通过了解大型基本建设项目立项工作内容及其构成，加深对展览会新项目立项工作意义的认识。
> 2. 如何理解立项工作是展览会新项目从抽象转入操作实践的节点？

二、立项工作的流程及其特点

新项目的主题创意及其可行性研究经主办方决策批准或原则同意后,其立项工作随之次第展开,其工作流程如图 5-1 所示。

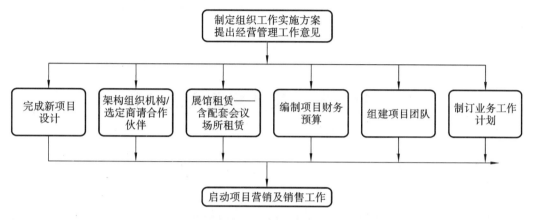

图 5-1　展览会新项目立项工作流程

从图 5-1 中,可以看到展览会新项目的立项工作与制定组织工作实施方案是高度结合、密切关联的。在某种程度上,展览会新项目的组织工作实施方案就是立项工作的规划意图与落实方法的汇集。基于此,展览会新项目立项工作的流程有如下特点。

一是,制定展览会组织工作实施方案虽是主办方决策"上项目"后的重要环节,但有经验的主办方都会把"项目设计""构架组织机构""选定商请合作伙伴""展馆租赁""编制项目财务预算"以及"组建项目团队"等立项工作,作为制订组织工作实施方案的有机内容。这些立项工作是需要通过主办方及其策划者的具体作为而实现的,而非仅仅停留于方案的书面或口头表达之中。

二是,这些立项工作相互关联,有的互为条件,其中任何一项工作的缺失都有可能影响另一项工作的进展,甚至导致整个项目"上不成"。只有通过立项工作解决了"上项目"过程中环环相扣的诸多问题,展览会的组织工作实施方案才能够具体化,"上项目"才会具有可操作性。换言之,"立项"工作是制定展览会项目组织工作实施方案的基础性工作,"立项"工作的进展就是项目"如何上"的进展。

三是,在立项工作中,有些工作需要明确于组织工作设施方案制定之前,如需要提前一年洽商的展馆租赁工作。这类立项工作的进展如何,直接关系到组织工作设施方案的确立。

四是,对于主办方而言,在立项工作中,一部分是可以自主决定的,如"项目设计""编制项目财务预算""组建项目团队";一部分则是需要经过协商、洽商才能落实的,如"构架组织机构""选定商请合作伙伴""展馆租赁"。

思考题

1. 项目立项工作是展览会新项目所必需的,老项目是否需要呢？为什么？
2. 如何理解立项工作是展览会新项目从抽象转入操作实践的节点？
3. 调查一个展览会新项目,了解其立项工作是从什么具体工作上手的？

第二节 设计展览会的名称

展览会名称是展览会对外推广的称谓,是展览主题与服务对象的高度概括,是展览会品牌的符号与象征。

为展览会设计名称,是项目设计的内容之一。通俗地说,这项工作就是为展览会"取名字"。

展览会名称是主办方对展览会项目施行经营管理的内容之一。

一、展览会名称的形态

展览会的名称有全称和简称两种形态。

展览会的全称,即展览会完整、规范的称谓,也可以说是展览会的法定名称。在中国,其又分为中文全称和外文全称。展览会的外文名称一般为英文名称。

展览会的简称,即展览会简略的称谓。简称有时也是业界或展览界习惯的"俗称"。简称同样有中文和外文之分。

以国内著名展览会名称举例如下。

"广交会"的中文全称是"中国进出口商品交易会",英文全称是"China Import and Export Fair";"广交会"和"Canton Fair"分别是其中文和英文的简称。

"上海宝马展"的中文全称是"中国国际工程机械、建材机械、矿山机械、工程车辆及设备博览会",英文全称是"International Trade Fair for Construction Machinery, Building Material Machinery, Mining Machinery Construction Vehicles and Equipment";而"上海工程机械展"和"bauma China"是其中文和英文的简称。因其英文简称中"bauma China"的"bauma"单词与中文"宝马"读音相似,加之"宝马"是德国著名汽车品牌,以致多年来国内工程机械业界和展览业界习惯将此展称为"宝马展"。如今,这一俗称的影响力远大于展览会的规范名称。在展会主办方——德国慕尼黑展览公司的官方网站上,"宝马展"堂而皇之,出现频次远多于其规范名称。

二、展览会名称的构成

依照现代汉语的语法,展览会的全称是由多个名词性词组组成的复合性词组。

一个完整、规范的展览会名称,其作为复合性词组,一般需要三个以上的名词或名词性词组加以组合。而这些名词或名词性词组在展览会名称中所起的作用各不相同。

组成展览会名称的各个名词或名词性词组,分别是展览会的届数、国别/地域/所在地、性质、主题和名称。如做汉语语法分析,"展览会"是这个名词性复合词组的后缀,是定语;其前面的名词或名词性词组是用来界定(或者说修饰)这个定语的。"展览会"作为名词性复合词组的后缀/定语,也可以叫交易会、博览会、洽谈会、展销会,甚至叫大会。

我们以中国进出口商品交易会、北京国际汽车展览会、中国国际数码互动娱乐展览会和中国义乌国际小商品博览会为例,对于组成展览会名称的复合性词组进行分析。

案例1　展览会名称设计

展览会名称的复合性词组分析如表5-1所示。

表5-1　组成展览会名称的复合性词组分析

届数词组	国别名词	所在地名词	展览性质名词	展览主题词组	名称名词	简称
第124届	中国			进出口商品	交易会	广交会
第18届		北京	国际	汽车	展览会	北京车展
第16届	中国		国际	数码互动娱乐	展览会	ChinaJoy
	中国	义乌	国际	小商品	博览会	义博会
第1届			世界	大健康	博览会	健博会

从以上举例中,可概括展览会"取名"的规律如下。

第一,展览会的全称是一个复合性名词词组,一般由三个以上的名词或名词性词组组合而成。如果没有这些名词或名词性词组对于展览会加以界定,就无法区别不同的展览会。

第二,在界定展览会的名词或名词性词组中,展览会的国别/地域/所在地和展览主题、名称,是不可或缺的。但展览会的届数、性质并非必备。因为许多展览会在全称中并不标明届数。许多内需型展览会在名称中也无须标榜"国际"。即便是外需型展览会,不在名称中标明"国际"也无损其性质,如"中国进出口商品交易会"。

第三,在体现展览会全称的复合性名词词组中,展览主题是名称设计的关键。

第四,展览会作为这一复合性词组的后缀即定语,其称谓并非都叫展览会。

> 第五,展览会的简称,或经展览会主办方长期推广,成为惯例;或由受众自发传播,约定俗成。以中国人语言习惯,用三个字概括性简称展览会最为普遍,如广交会、进博会、义博会。但为区别主题相同而举办地不同的展览会,往往在三个字的简称前面加地名,如北京汽车展、上海汽车展、广州汽车展。而中国国际数码互动娱乐展览会被简称为ChinaJoy,而非中文,一方面是该展的主题"数码互动娱乐"很难用三个字的中文加以概括;另一方面是该展内容时尚,受众年轻,用英文简称洋气而时髦。
>
> 第六,"世界"与"国际"词意相同。2019年在武汉创办的"世界大健康博览会",应该是国内最早以"大健康"为主题的展览会。主办方不用"国际"而用"世界",大概是认为国内采用"国际"定义性质的展览会太多,希望有所不同。另一个原因可能是,作为武汉市政府主办的项目,在申请上级批准过程中可以避开关于"国际"展览会的相关规定。

以上规律含有"中国特色"。如2000年之前,许多展览会称为"交易会""展销会""经济贸易洽谈会";之后,称"博览会"成为时髦。原因是许多主办方认为博览会比展览会"大",显得气派。再如外国的展览会名称中鲜见使用"国际"一词,却在中国展览会名称中比比皆是。之所以如此,既因国内行政主管部门习惯划分所谓"国际展"和"国内展",也因在许多中国主办方的潜意识中,展览会名称中加上"国际"一词会显得"高大上"。

三、展览会名称的设计方法

为展览会"取名字",实际是以专业的方式做展览会名称的文字编辑工作。

从专业的方式和文字编辑的角度,设计展览会的名称应做到准确、简明和通顺。

一要准确。展览主题是展览会名称中的核心词组,是展览会展览范围和服务对象的集中体现,因此必须准确提炼,科学反映。比如"中国国际软件和信息服务交易会"(举办地在大连)、"中国(重庆)国际云计算博览会"和"北京国际物联网技术产品应用展览会",展览主题虽然都和计算机、互联网技术有关,但计算机软件、云计算和物联网各是专业化的细分概念,故而三个展览会的展览范围和服务对象不尽相同。

要准确设计展览会名称中的展览主题词组,须尊重相关的行业规范或行业习惯。如"建筑陶瓷展览会"的展览主题就不能用"瓷砖","宠物展览会"的展览主题就不宜称作"小动物"。在这方面,将行业协会、专业学会的名称中关于行业或专业的概念转换为展览会的主题,不失为妥帖之法。如"中国(上海)焙烤设备与技术展览会"的展览主题,就是由"中国焙烤工业与糖制品工业协会"名称中的行业概念提炼而来的。

二要简明。展览会的全称尤其是体现展览主题的词组,应尽可能简明,字数不宜太多。比如"广告喷印写真设备、标牌标识、LED发光体产品及其技术展览会",其展览主题的用词包含了展览会三个方面的展览范围,如加上国别/地域、展览会性质等词组,这个展览会名称的字数将超过30个字。如此名称，太过冗长，不利于推广。该展名称可简化为"广告设备与技术展览会"。

展览会的简称也是追求简明效果的途径。"宝马展"就是经典案例。一般而言，精炼，且朗朗上口的展览会简称，传播效果往往优于展览会全称。

三要通顺。展览会名称及其简称在文字上应通达顺畅，合乎语言习惯。既要避免词义上可能产生的歧义，也要避免可能产生的别扭怪异的感觉，还要做到不拗口。如"城市矿产博览会"，"城市矿产"的主题就令人费解。如将"煤炭博览会"简称为"煤博会"就欠妥当。因"煤"与"没"字同音，被坊间说成是"没博会"，进而认为不可能办好。后改名为"能源产业博览会"，简称为"能源展"。

此外，设计展览会名称时还要注意以下问题。

一是，选择国别/地域/展览会所在地的词组时，应考虑展览会的需要。地域性的展览会不必非冠名"中国"；服务国内需求的展览会无须标榜"国际"；在展览会名称中标明举办所在城市名称的，在推广效果上往往优于标明省（区）名称。

在现实情况中，许多主办方为展览会"取名"选择国别/地域/展览会所在地的词组时，总试图集合相关要素，以凸显展览会"牌子大""档次高"和影响力广泛，比如"中国西部（成都）国际环保设备与技术博览会"。但对于参展商或观众而言，名不副实的"大、高、广"展览会，往往会产生负面效果。

二是，展览会的简称，或经展览会主办方长期推广，成为惯例，或由受众自发传播，约定俗成。其"造词"有一定之规：一般从地名、展览主题及展会后缀名词这三个要素中提炼；简称的字数少则三个字，多则五个字，鲜见两个字和六个字及其以上的，如"糖酒会""北京车展""上海宝马展""厦门投洽会"。这些简称的后缀/定语都是单字，且非"展"即"会"。

展览会的中文简称在参展商、观众、主办方的口口相传中，往往会依据人们的语言习惯自然地加以提炼。如"全国糖酒商品交易会"，人们将其简称为"糖酒会"，而不会简称为"全交会"。原因是"全交会"没有点明展览主题，缺乏传播价值。"糖酒会"在传播中，有时会加上举办的地名或季节，如"成都糖酒会""武汉糖酒会""春季糖酒会""秋季糖酒会"。对此，糖酒业和展览业人士一听就明白，"成都糖酒会"和"春季糖酒会"讲的都是每年春季固定在成都举办的"全国糖酒商品交易会"；而"武汉糖酒会""秋季糖酒会"讲的是"全国糖酒商品交易会"于2013年秋季巡展武汉。但"秋季糖酒会"并不等于"武汉糖酒会"，因为"秋季糖酒会"每届都会更换举办地点。

当然，这种约定成俗的"造词"也会有毛病，如将"中国国际妇幼婴童产业博览会"简称为"杭州婴童展"就不太讲得通。又如将"中国（葫芦岛·兴城）国际沙滩·泳装文化博览会"简称为"泳博会"，就使人以为是游泳主题的展览会（称为"泳装展"更为合宜）。但这些简称业界往往照讲不误，久而久之习惯成自然。

三是，英文简称虽然是国际惯例，但在国内传播局限于业内。如CES是美国拉斯维加斯消费电子展的简称，国内知晓者主要是电子和展览行业人士。国内展览会采用英文简称较为成功的是中国国际数码互动娱乐展览会，其简称为ChinaJoy。称其成功，一方面指其传播广泛。业内外人士说起中国国际数码互动娱乐展览会，几乎都用 ChinaJoy。这也与展览会的受众主要是年轻人有关。另一方面指其造词讨巧。ChinaJoy 将中国和快乐两个英文单词组合在一起，并没有强调展览会的数码技术产品的主题，而是凸显了展览会为电子游戏爱好者营造快乐的主旨，讲起来朗朗上口，洋气十足，故而大行其道，比之中文简称更吸引人。

四是，一个综合性的展览会有时会和旗下多个专业展及其相关活动同期举办。在这种情况下，展览会的名称设计就需要统筹不同项目之间的关系，既要注意不同展览会名称的协调，也要注意突出各个展览会的特点。

案例 2　展览会总体名称与分展名称设计

2018 中国国际数码互动娱乐展览会各分展及活动名称如表 5-2 所示。

表 5-2　2018 中国国际数码互动娱乐展览会各分展及活动名称

序号	名称	形态
1	国际智能娱乐硬件展览会	展览
2	中国国际动漫及衍生品授权展览会	展览
3	世界移动游戏展览会	展览
4	中国国际数字娱乐产业大会	会议
5	中国游戏开发者大会	会议
6	中国区块链技术与开发者大会	会议
7	ChinaJoy2018 全球电竞大会	赛事
8	ChinaJoy2018 嘉年华总决赛	赛事
9	ChinaJoy2018 全国舞团盛典	赛事

说明与评点

中国国际数码互动娱乐展览会（简称为 ChinaJoy）创办于 2002 年上海。至 2018 年已连续举办 16 届，展览面积达 17 万平方米，是中国乃至亚太地区规模最大的电子数码娱乐展览会。

其在"中国国际数码互动娱乐展览会"总名称之下，按展览、会议、赛事三个单元设计 9 项活动。其中以展览为主，会议和赛事作为配套活动。

ChinaJoy 的赛事活动十分精彩，旨在吸引青年受众到场聚会。

五是，主办方为有利于市场推广和品牌建设而追求展览会名称的个性。设计有个性的展览会名称,有的是为了区别于同主题的其他展览会,如广州春季有两个广告设备展览会,其中广告喷绘机联盟主办的属于后起的展览会。为了区别,其将展览会名称设计为"迪培思数字喷印雕刻标牌技术展览会"("迪培思"即 D·PES,是广告喷绘机联盟英文名称的缩写)。有的是为体现主办方的品牌价值,这主要表现在展览会简称的设计上,如英国励展博览集团公司在中国的项目,在简称中总会刻意强调"励展"二字,如"励展礼品展""励展旅游展""励展医药展"等。

古语有云:"名不正则言不顺,言不顺则事不成"。由此可见,"正名"之事非同小可。

在展览会项目的可行性研究中,展览会的名称设计只是建议,仅供主办方内部讨论。而在展览会立项与组织工作实施阶段,在租赁展馆、确定组织机构、洽商合作伙伴、编制财务预算等工作中,展览会的名称已成为项目符号,因此必须明确而不可随意,且不能朝定夕改。所以,名称设计是展览会项目立项的标志性工作。

对于策划工作者而言,掌握展览会设计名称的规律和方法,既有利于深化对展览会主题创意的认识,也有助于在制定项目组织工作实施方案的过程中思考品牌建设问题。

思考题

1.将"北京车展""厦门投洽会""广州照明展""上海工博会""深圳文博会""沈阳制博会""中部博览会"和"西部博览会"等展览会的中英文全称和英文简称罗列制表,体会中英文简称与全称的区别,加深对于设计展览会名称规律和方法的认识。

2.展览会英文简称的设计方法有没有规律可循?

3.比较展览会的全称与简称,谁更便于市场推广?为什么?

4.2012年国内某会展专业策划大赛上,某校学生"家具收纳空间展览会"策划方案获奖,请分析这个项目的名称有没有问题?

第三节　设计展览会的展览范围

在新项目的立项工作中,设计展览会的展览范围必不可少。这项工作是设计展览会名称工作的延伸和细化,是展览会主题最为直观、具体的体现。

什么是展览会的展览范围?就是展览会展出内容的具体罗列,旨在体现展览会的主题。

设计展览会的展览范围,看似容易,但做起来并不简单。之所以不简单就在于,策划工作者能否联系立项工作的实际,能否运用包括统计学在内的相关知识,能否站在展览会营销和销售工作的角度思考问题。因此,学习者在累积展览会立项工作经验的过程中,应不断丰富设计展览范围的基本知识。

一、设计展览范围的原则

展览会的展览范围,是主办方从展览项目的市场调研到立项的过程中都要思考的问题。设计展览会展览范围的基本原则如下。

原则一:充分体现展览会的主题。

展览会的展览范围设计不能脱离展览会的主题,而需要全面反映展览会的主题。如"中国深圳(国际)文化产业博览交易会",其展览范围包括影视动漫游戏、非物质文化遗产、新闻出版、工艺美术、文化旅游演艺产业项目交易和创意设计生活等。这些展览范围全部是围绕"文化产业"这个主题而设计的。

原则二:分解细化展览会的主题。

设计展览会的展览范围,实际是对展览会主题的分解细化。列入展览会名称的展览主题,只能是一个高度浓缩的词组。如"中国(北京)服务贸易交易会"("京交会")的展览主题是"服务贸易"。但仅凭这个在国际贸易领域十分专业、高度概括的术语,人们是很难从字面上理解这个展览会到底要展览什么。当"京交会"把"服务贸易"主题细化分解成"商业服务、通信服务、建筑及相关工程服务、分销服务、教育服务、环境服务、金融服务、健康与社会服务、旅游与旅行相关服务、娱乐文化与体育服务、运输服务和其他服务"的展览范围后,以上的疑惑就在很大程度上消解了。"京交会"展览范围所列的这12项"服务贸易"的内容,实际是世界贸易组织《服务贸易总协定》中关于"服务贸易"的12个部门。根据《服务贸易总协定》,这12个部门还可以再细分为160多个子部门。因此,"京交会"的主办方在组展工作中,还需对这12项"服务贸易"的内容逐一地再次细化分解。这种细化分解一般要到具体的展品名称或展出的内容上。如"商业服务"中就包括展览管理服务、会议服务、广告服务、市场研究及公众观点调查服务、管理咨询服务、技术检测及分析服务、印刷服务、出版服务、包装服务、翻译服务、摄影服务、建筑物清洁服务等专业的服务贸易。只有这样,"京交会"的主办方才能有针对性地展开展览会的推广和展位销售工作。

原则三:指引展览会的营销和销售。

展览会的营销和销售工作需要明确具体的对象,即哪些客商和观众会来参加展览会,哪些机构对于组展工作可以发挥积极作用。对于主办方而言,清晰明了的展览范围,既有利于寻获参展商和观众的来源,也有助于选定营销和销售业务的合作伙伴。

二、设计展览范围的方法

设计展览范围,需要掌握基本方法。主要是分类的依据和设计的方法。

(一)分类依据

设计展览会的展览范围,实际上是对展出内容进行分类。分类依据大体有四种。

1. 按照统计标准分类

所谓统计标准,就是政府或政府间组织颁布的具有强制性的统计标准。

《国民经济行业分类》(GB/T 4754—2017)是我国颁布的用于国民经济统计的行业分类标准。当展览会的主题与国民经济行业分类标准相吻合时,其展览范围的设定就可以遵循该标准进行分类。如"渔业展览会"的主题与国民经济行业分类中的"渔业"是对应的,其展览范围就可按该行业统计分类的方法,将"渔业展览会"的展览范围细分为海洋渔业、海水养殖、海洋捕捞、内陆渔业、内陆养殖和内陆捕捞。2008年创办的"中国(海南)国际海洋产业博览会",主题虽为海洋产业,但实际仍是按照"渔业"细分,只是围绕海洋渔业进行细分。其展区范围为海洋水产、水产种苗及渔药、饲料、水产养殖技术及设备、水产品加工技术及设备、渔业船舶技术及配套设施、渔业捕捞技术和装备、海洋旅游及休闲渔业、海洋生物制药及保健品、海洋能源装备。

按照国际统计标准分类的展览会也不鲜见。如"京交会"的展览范围就是依照世界贸易组织《服务贸易总协定》的标准进行的分类。

2. 按照行业惯例分类

所谓行业惯例,就是某一行业的业者经过长期沉淀并获得集体认同的习惯。

如因专业观众高度相关,食品馅料和食品包装的生产经营企业长期参加"焙烤工业设备展览会"。虽然"焙烤工业设备展览会"的主题并没有包含食品馅料,但在食品行业尤其是焙烤行业内,业者尤其是专业观众对此习以为常,认为理所当然。这是按照行业惯例来设计展览范围的典型案例。

3. 按照政策意图分类

所谓政策,即国家政权机关、政党组织以及社会政治集团提出的推动某项工作的宗旨、目标、原则和相关措施。

按照政策内容来设计展览范围,主要表现在"政府展"或行业性创新展览会的项目中。如"智慧城市",是国家住房与城乡建设部2012年推行的一项城市信息化建设的试点工作(之前称为"数字化城市")。但将其作为展览会的主题,设计展览范围既不可能按照统计标准,也没有可依循的行业惯例,故而只能根据住建部指导此项工作的政策意图作为分类根据。

4. 根据需要灵活分类

综合运用前面三种方法进行分类,在设计展览范围是较为多见的。"广交会"的展览范围是这一分类的典型。在2002年前,"广交会"的展览面积不过10余万平方米,之后移址琶洲展馆迅速扩大(到2011年已达116万平方米),故而各种细分主题的展览会随之增加。这些展览会的主题围绕"进出口商品贸易"这个总主题细分,故而展览范围的分类方法各式各样。

以上四种分类依据的特点如表5-3所示。

表5-3 展览范围的分类依据及其特点

方法	分类依据	分类特点
1	按照统计标准	遵循国际国内统计标准,展览范围规范
2	按照行业惯例	展览范围约定俗成,业内认可

续表

方法	分类依据	分类特点
3	按照政策意图	适应新主题,展览范围较为笼统
4	综合运用前三种方法	根据需要,展览范围混搭

(二)设计方法

在了解展览范围分类依据的基础上,还需要进一步知晓设计的方法。

设计展览范围的方法,大体有五种(见表5-4)。

表 5-4　设计展览范围的方法

方法	设计思路	设计特点
1	将展览会主题视为一个产业	按产业链横向细分展览范围
2	将展览会主题视为一个行业	按行业产品构成垂直细分展览范围
3	将展览会主题视为一个概念	按概念的内涵细分展览范围
4	针对主题综合、内容多元的展览会	先细分主题,再根据细分主题设计展览范围
5	针对主题相关或相近的展览会	借鉴成熟展览会的展览范围的设计

我们通过案例加以说明。

(1)将展览会的主题视为一个产业,按照产业链上产品的前后关系设计展览范围。这种方法就是将展览会的主题所对应的产业,从产业链的前端至后端进行横向(即水平方向)的细分,细分后的对象就是展览范围。当然,在水平细分之后,如有必要仍可对其中某些大类产品,再垂直细分展览范围。

 案例 3　　采用产业链横向细分的方法设计展览会的展览范围

"畜牧展览会"的展览范围

一、畜禽繁殖

猪、禽、牛、羊、兔、鹿、骆驼、毛皮动物、特种动物的种苗繁育的生产经营机构;畜禽养殖饲料、兽药、疫苗、保健品、饲料加工机械、可追溯系统、畜禽养殖场所设计等生产经营机构等。

二、草业及其深加工产品

用于畜禽饲料的草粉、草颗粒、草种、草业机械、草业科技服务的生产经营机构等。

三、畜禽制品及其加工设备

肉、蛋、奶、毛绒皮及其制品、畜禽产品屠宰加工与冷藏设备、食品安全检测仪器与设备的生产经营机构等。

四、畜禽产品包装与物流

畜牧业生产资料与畜禽产品包装材料、包装机械、畜禽产品专用运输设备的生产经营机构等。

五、畜牧业生物能源

与畜牧业有关的生物质能源制造设备及技术等。

六、畜牧业综合服务机构

服务畜牧业的信息、媒体、软件、科技、咨询、金融、保险、人员培训等机构等。

七、畜牧业示范机构

国家核心育种场、标准化示范种畜禽场、"全国百强"优秀畜牧企业、国内知名农民专业合作社等。

八、其他

畜禽产品加工与冷藏设备、可追溯系统、食品安全检测设备等。

说明与评点

"畜牧展览会"的展览主题实际是"畜牧产业"。

本案例是按产业链水平细分展览范围的典型,即从畜禽的种苗繁育、养殖、肉蛋产品加工、物流、经销以及各个环节的装备制造、技术提供、服务体系的配套,由此展现了"畜牧产业"上游行业与下游行业、主业与辅业的链条关系。

请注意,经横向(水平方向)细分后的大类产品,其展览范围还可以垂直细分。如"畜禽繁殖"就垂直细分到"猪、禽、牛、羊、兔、鹿、骆驼、毛皮动物、特种动物的种苗繁育的生产经营机构;畜禽养殖饲料、兽药、疫苗、保健品、饲料加工机械、可追溯系统、畜禽养殖场所设计等生产经营机构等"。

(2) 将展览会的主题视为一个行业,采用纵向(垂直方向)细分的方法设计展览范围。

所谓纵向(垂直方向)细分,就是依据统计学分类标准或业内惯例,以纵向(从上到下)垂直细分该行业的产品作为展览范围。

案例4 采用纵向细分的方法设计展览会的展览范围

"机床展览会"的展览范围

(1) 金属切削机床。

包括金属加工中心、铣床、普通车床与自动化车床、钻床、镗床、锯床及金属切削机床、制齿加工机床、组合机床及组合部件、加工中心及并联机床、钻削和攻丝机床、制造单元/系统及自动化设备、工具加工磨床、珩磨、研磨、抛光及超精加工机床等。

（2）金属成形机床。

包括金属薄板切割机床和加工中心、板料、薄板、型材剪床、板料、薄板、管料旋压机、板材折弯机棒料、管材折弯成型机、矫直机、线材成型机、冲床、冲压机、步冲轮廓机、各种压力机等。

（3）特种加工机床。

包括电火花成型加工设备、电火花线切割设备、电化学加工设备、火焰切割设备、等离子体切割设备、水喷射切割设备、快速原型制造设备、打标及刻模机、表面处理及涂敷设备、真空成型机等。

（4）机床电器与机床数控系统、数字显示装置。

（5）机床零部件及辅助设备。

说明与评点

"机床展览会"的展览主题实际是"机床工业设备行业"。

本案例将"机床工业设备行业"向下纵分为五个部类，成为展览范围。这五个部类再分别细分到产品。如"金属切削机床"细分的车床、钻床、镗床、锯床等。如有必要，车床、钻床、镗床、锯床这些产品还可按规格（大中小型的区分）、功能（数控和非数控或加工精密程度的区分），进一步细分到品种层次。

（3）将展览会的主题视为一个概念，对该概念所涵盖的内容按其内在的逻辑关系细分后设计为展览范围。

 案例5　依据概念设计展览会的展览范围

"智慧城市展览会"的展览范围

服务智慧城市的互联网、物联网、云计算和智能卡技术与设备。

城市及社区建筑、通信、电网、交通、安保、医疗、生活服务设施（自来水、燃气）、垃圾与废旧物资处理、家居等智能技术、装备与解决方案。

说明与评点

"智慧城市展览会"的展览主题源于国家住房与城乡建设部2012年提出的全国"智慧城市"建设试点工作。"智慧城市"是城市建设中的一个全新概念。住建部在《关于开展国家智慧城市试点工作的通知》(建办科〔2012〕42号文)中对其定义为:"智慧城市是通过综合运用现代科学技术、整合信息资源、统筹业务应用系统,加强城市规划、建设和管理的新模式"。

将"智慧城市"这一概念作为展览会主题,设计其展览范围既不可能按照统计标准,也不可能依循业内的惯例,只能以住建部指导此项工作的政策意图及其相关工作措施为依据,经过主办方提炼后形成展览范围。

(4)对于多个相近或相关联的展览主题集中于一个综合主题下的展览会,应根据不同展区的特点,分别采用不同的方法设计其展览范围。

案例6　根据综合主题的特点设计展览范围

"中国国际高新技术成果交易会"展览范围

综合展览

(1)国家高新技术展区:由国家部委局及科研院所组团展出科技重点发展方向、国家重大科技专项、国家战略性新兴产业、工业化和信息化深度融合、供给侧结构性改革、绿色发展的成果;

(2)创新与科研展区:由省市及港澳台、高校、科研机构及创新中心、孵化中心根据特定主题展示相关高新技术产品;

(3)外国团组展区和"一带一路"展区:展示国际先进技术与产品,展示"一带一路"沿线优势产业与投资项目;

(4)初创科技企业展区:展示初创企业技术创新、产品创新成果;

(5)高技术服务展区:组织投融资机构、技术转移服务机构及其他相关中介机构参展;

(6)创客展区:展示创客团体以及创客、大学生、个人发明者的创意产品和项目。

专业展览

(1)先进制造展区:展示智能装备、智能工厂、工业机器人、柔性制造、工业制造的个性化定制和信息化融合、激光产品及激光系统等领域的最新技术、产品和解决方案;

(2) 信息技术展区：展示人工智能、智能制造、智能家居、智能汽车、IT运动、虚拟现实、增强现实、混合现实、第五代移动通信技术、大数据、云计算、物联网、互联网+、3D打印及材料等专业领域的前沿技术及产品；

　　(3) 光电显示展区：展示液晶面板模块、有机发光二极管显示技术、量子点显示技术、Micro-Led显示技术、大屏幕激光投影显示技术等显示技术应用材料和相关设备；

　　(4) 新材料展区：展示石墨烯、电子信息材料、高性能复合材料、纳米材料等；

　　(5) 节能环保展区：展示水治理、大气治理、新能源、垃圾处理等技术与产品；

　　(6) 航空航天科技展区：展示商业航天及北斗应用、航空航天精密制造及装备、无人机系统、通用航空服务及装备领域的最新技术和产品；

　　(7) 绿色建筑展区：展示绿建规划设计、绿色建材、绿建施工、装配式建筑、建筑信息模型、物业运营管理、楼宇智控、生态园林、可再生资源利用及其技术和产品；

　　(8) 智慧医疗展区：展示医疗大数据、医疗机器人、人工智能+医疗健康、远程医疗、医疗器械、医用影像、体外诊断、医药电商、智能医疗穿戴、第三方医疗服务、健康管理、智能养老等技术、产品及服务；

　　(9) 智慧城市展区：展示城市规划和管理中的大数据、物联网、人工智能、智能硬件、移动应用等应用技术与产品；

　　(10) 军民融合展区：展示军民两用产品、网络安全、卫星通信、无人机、三防产品等。

说明与评点

　　由科学技术部、商务部、工业和信息化部、国家发展和改革委员会、农业部、国家知识产权局、中国科学院、中国工程院和深圳市政府共同主办的中国国际高新技术成果交易会(简称"高交会")，每年在深圳举行。其主题为"高新技术成果"，集科技产品展示、成果交易、论坛、项目招商、人才交流为一体，有"中国科技第一展"之称。

　　"高交会"的展览范围分为综合展览和专业展览两大板块。

　　2019年"高交会"综合展览6个展区的展览范围，在重点体现我国科技进步成果的同时，还展示国外先进技术与产品，并安排展示"一带一路"沿线产业投资项目。其设计展览范围的依据是国家科技规划和相关政策。

　　2019年"高交会"专业展览所设的12个展区，实际是12个高科技行业或领域的细分。在这12个展区中，先进制造、信息技术与产品、光电显示、新材料、新能源、传感器技术及应用航空航天科技7个展区，是高科技行业；绿色建筑、节能环保、智慧医疗、智慧城市、军民融合5个展区，是政策导向采用高新科技的社会领域。

(5) 借鉴同主题或相近主题展览会的展览范围,作为设计自身展览会展览范围的参考。

这种方法在业界的运用最为普遍,也易于掌握。如某主办方在武汉新办"汽车用品展览会",就可以借鉴"北上广"同主题展览会的展览范围。又如某主办方在成都创办"儿童图书与玩具展览会",就可以借鉴国内外图书展览会、玩具展览会、妇幼婴童产业展览会的展览范围。

思考题

1. 研究"广交会"的展览范围,体会其设计展览范围的原则与方法。
2. 通过查询资料,了解"中国深圳(国际)文化产业博览交易会""文化产业综合馆"的展览范围,深化对于依据概念设立展览主题及设计展览范围的认识。
3. 研究计算机软件展览会、互联网展览会、物联网展览会、云计算展览会的展览范围的异同,并提出个人见解。
4. 为什么说将展览主题细分为展览范围后,会有利于展览会的营销和销售工作?

第四节 明确展览会的组织架构与合作伙伴

举办展览会需要利用各种资源,包括社会的、商业的、行政的以及国内外的资源。而这些资源的整合者和利用者,只能是展览会的主办方。

明确展览会的组织架构与合作伙伴,是展览会主办方整合资源的基础工作。

什么是展览会的组织架构?

由展览会的批准、主办、承办、协办、支持等机构共同构成的展览会组织工作体制或形态,就是展览会的组织架构。展览会的组织架构作用于展览会的组织工作,其通过一定的组织形式以明确主办方内部的分工与职责。

展览会的组织机构是展览会组织架构的外在体现。其名称一般为组织委员会,也有称为筹备委员会、执行委员会的,如"中国国际进口博览会"。在中国,政府展项目大多设有组织委员会,商业展项目很少设立组织委员会。但不设立组织委员会并不表明展览会没有组织架构,只不过是主办方不需要组织委员会这种组织形态。

什么是展览会的合作伙伴?

展览会主办方根据经营管理的需要,寻求为展览会提供营销、销售、物流以及现场服务等方面服务的合作机构。

展览会的组织架构和展览会的合作伙伴,两者之间关系密切。如何选择展览会的批准、主办、承办、协办或支持机构以及合作伙伴,需要在策划工作中统筹考虑。指导选择的基本原则有三。

一是选择有利于提升展览会影响力的权威机构;

二是选择有利于展览会拓展市场的营销机构;

三是选择有利于展览会优化服务品质的服务机构。

一、展览会的组织架构与组织委员会

所有的展览会都有组织架构。组织委员会是体现展览会组织架构的外在形态。在国际展览业中,中国展览会的组织架构颇具中国特色。

(一)展览会组织架构的沿革与现实状况

中国展览会组织架构的形成,有其特殊的历史背景。

20世纪90年代,中国政府为规范展览业的发展,对展览会实行工商登记管理。政府明文规定,举办展览会必须要有主办机构,而且规定只有经过主办机构同意的展览会才可申请工商登记。其程序是:主办机构须向展览会的"实际主办方"出具同意主办展览会的函件,即出具同意办展的"批文",还要在工商部门提供的展览会工商登记表上签署"同意"的意见,并加盖公章。

在展览会履行工商登记的实际操作中,工商部门认可的展览会主办机构,首先是政府及其部门,其次是行业协会、商会或专业学会,再次是国有企业或国有事业机构。而且还要求这些机构必须与展览会的主题有业务上或管理上的关联。如建筑装饰装修材料展览会的主办机构,一般只能是政府主管建材工业的建材局或主管城建的建设厅,也可以是建材工业协会、建筑装修工程协会、建筑工程学会、建设科技中心(指各级政府建设主管部门下属的事业机构)、建材设计研究院、国际贸易促进委员会,还可以是报社(如《中国建材报》《中国建设报》)、杂志社(如《中国建材》《建筑设计与装饰》)。如果展览会没有"国"字号的单位出任主办机构,工商部门就不会予以登记。而没有获准工商登记的展览会,就无法租赁展馆。总之,在这种管理体制下,非国有机构不可能成为自己展览会的主办机构(即便是国有展览公司申请展览会登记,同样需要有主办机构)。在当时,工商部门与许多政府管理部门一样,认为只有"国"字号的单位担任展览会的主办机构才可靠。

由于商业性质机构不可能成为工商部门认可的展览会主办机构,因而只好以"承办单位"的身份屈就于工商登记的申请文件中,连跨国公司都不能例外。这种办展体制被业内称之为"主承办体制"。

在展览会需要行政审批和实行"主承办体制"的作用下,再加上中国展览市场在发展初期的其他制约因素,以致获得办展资格的"批文"(即官方或半官方机构出具的同意办展的批复文件)一度成为业内公关大事,倒卖"批文"的掮客曾红火一时。

另一方面,由于中国的市场经济是由计划经济转型而来,且政府主导经济发展的特色浓厚。在这样的经济环境下,展览会的"实际主办方"大都希望利用政府的影响力(包括官办协会、学会、事业机构的影响力),以获得在市场上的有利地位。因此,许多展览会的"实际主办方"不但乐于商请官方或半官方机构"冠名主办"展览会,而且把获得官方或半官方机构推介展览会的文件,官方代表人物出席展览会活动,作为展览会获得行政或行业支持的重要标志和竞争利器。

正是由于展览会的行政审批制度催生了展览会的"主承办体制",而这一制度又给展览会的"实际主办方"利用行政或行业资源提供了有效的通道,久而久之,国内展览会就形成了由批准、主办、承办、协办、支持等单位架构在一起的组织形态。这就是具有中国特色的展览会组织架构。

国务院虽然在2010年7月取消了展览会的工商登记制度,但商请官方或半官方机构"冠名主办"展览会,仍为许多展览会的"实际主办方"所热衷。其目的仍是为了利用行政或行业的资源。当然,许多展览会本来就是"政府展",政府及其部门本来就是展览会名正言顺的主办方,其实行"主承办体制"顺理成章,无可厚非。如举办数十年的"广交会"和新创办的"京交会",就是"主承办体制"下的"政府展"。

(二)展览会组织委员会的设立与作用

在中国,组织委员会(以下简称组委会)是展览会十分常见的组织架构形态。

展览会组委会这种组织架构的形态,虽然与展览会的行政审批和实行"主承办体制"密切关联,但在需要集合多种资源的大型活动中,组委会作为一种组织形态早已运用普遍。如举办奥运会、世界博览会、全国运动会、国庆阅兵与游行等大型活动,主办方都必须设立组委会。

在国内,设立组委会的展览会主要是大型的"政府展"。展览会设立组委会,一方面要体现展览会组织者的构成,另一方面要通过组委会发挥成员单位的作用。

"政府展"的组委会,其工作内容主要包括:讨论并审定展览会的组织工作实施方案、工作计划、财务预算;检查展览会组织工作进度、研究解决组织工作中的重大问题;总结展览会组织工作;向展览会的重要主办单位报告工作情况等。组委会的这些工作可分为两大类,一类是决策性的工作,另一类是事务性的工作。国内许多"政府展"的组委会,讨论或协调的工作较多集中在展览会规模指标、展览会配套活动安排(如开幕式、投资协议签约仪式)、展览会期间嘉宾接待、展览会期间展馆周边环境治理、展览会财政资金投入等方面。"政府展"组委会主要通过召开成员单位负责人会议的形式发挥功能。组委会下设的秘书处或办公室,是落实组委会决定的日常办事机构。

展览会组委会一般是临时性的工作机构,不是在工商机关登记注册的法人实体。因此,组委会在展览会的经营中并不承担法律责任。

组委会成员并非专职,随时可因工作需要、或因其职务调整,甚至因展览会举办地点调整而变动。由中共中央宣传部、文化和旅游部、商务部、国家广播电视总局、中国国际贸易促进委员会、广东省人民政府和深圳市人民政府联合主办,由深圳报业集团、深圳广播电影电视集团、深圳出版集团有限公司、深圳国际文化产业博览交易会有限公司联合承办的"中国(深圳)国际文化产业博览交易会",其组委会就是由上述主办、承办单位的负责人组成。组委会主任由深圳市市长担任,副主任包括文化和旅游部文化产业司、广东省文化厅、新闻出版局、广播电影电视局、深圳市委、市政府的相关领导人;成员包括广东省、深圳市多个政府部门的负责人。组委会下设办公室,由深圳市委、市政府办公厅负责人与承办机构负责人担任正副主任,负责组委会日常工作。"中国(深圳)国际文化产业博览交易会"("文博会")自2004年创办以来到2013年,深圳市市长已历三任,组委会主任因此而三次易人。创办于2006年的"中国中部投资贸易博览会",是国务院批准,由商务部、税务总局、工商总局、新闻出版广电总局、中国贸促会、全国工商联、中国工业经济联合会,联合山西、安徽、江西、河南、湖北、湖南六省政府共同主办的。由于博览会在中部地区六省按年轮流举办,故博览会轮流到某省举办时,该省即设立筹备委员会(也是组委会),该省省长担任委员会主任,该省省委、省政府相关部门、省会城市政府领导人为其成员,负责博览会的筹备工作。

由此可见,对于大型的"政府展"而言,展览会的组织架构决定了组委会的构成。还必须认识到,"政府展"的组委会是地道的官方机构,其以行政手段自上而下地整合并配置包括政府资源在内的相关社会资源,用以推动展览会的组织工作。因此,"政府展"组委会的基本工作方法就是政府行政工作的方法。

在"政府展"的策划工作中,明确展览会组织架构和设立展览会组委会,是十分重要的内容。策划工作者在提供建议时,必须事先理解政府的办展意图,理解"政府展"所需要的组织架构,同时要熟悉政府行政运作体系以及相关行政部门职能等基本情况。否则,所提建议不但会缺乏针对性,而且有可能闹笑话。

然而,一些"商业展"的主办方,或者是商业性机构商请官方或半官方机构"冠名主办"的展览会,在对外宣传中经常把展览会的组织机构称为组委会。但实际上,这些展览会并未成立组委会,更没有以组委会的形态开展展览会的组织工作。组委会只是这些展览会主办方及其工作人员习惯性的说法。这种把展览会组委会等同展览会主办方的习惯,至今在国内展览业中普遍存在。究其原因,既有行政审批展览会和实行"主承办体制"遗习的影响,也不排除某些主办方认为组委会的名头优于自身名称的心理因素作祟。

(三)设计展览会组织架构的原则

设计展览会的组织架构,一般需要把握三条原则。

一是,需要与可能的原则。

应该知道,并非所有的展览会都需要有"批准、主办、承办、协办、支持"这样复杂的组织架构;也非所有的展览会都需要国务院部门、省(市)政府这样高级别的行政机构或高级别的行业协会、专业学会乃至著名媒体作为"批准、主办、承办、协办、支持"单位。因此,设计展览会的组织架构,应从展览会"实际主办方"的需要出发,同时要从展览会的实际情况出发。

在展览会的组织工作方案中拟定展览会的主办、承办、协办、支持单位时,必须考虑这些单位与展览会主题的关联性。如"工程机械展览会"就不能请文化和旅游部为主办或支持单位,因为文化和旅游部的管理职能与工程机械行业不搭界。又如"食品展览会"就不能请中国机械工业联合会为主办或支持单位,因为中国机械工业联合会与食品行业关系不大。

二是,行政位阶排序、党政机关有别的原则。

复杂的展览会组织架构会涉及许多单位。这些单位如按单位性质区分,大体可分为行政机构、社会团体、企业/事业单位三类。其中,社会团体在国内又有政治性的群团组织(指工会、妇联、共青团)和民间社团之分;媒体机构可以包括在企业/事业单位类别中。

在设计展览会组织架构时,须注意相关单位的行政位阶问题。行政级别高的单位排序在前,同级别的单位可以并列排名;社会团体、企业/事业单位一般要排在行政机构之后。如武汉"商用车展",主办方有三个单位,湖北省人民政府就必须排在武汉市人民政府之前;而中国国际贸易促进委员会是半官方性质的商会,排在省市政府之后比较合适(有时,地方政府出于礼貌考虑,也可同意将中国国际贸易促进委员会这样的机构排在省、市政府之前)。武汉"商用车展"的承办方包括湖北省经济和信息化委员会、汉阳专用汽车研究所、汉诺威米兰展览(上海)有限公司、湖北省汽车行业协会、武汉新城国际博览中心经营管理有限公司和武汉经济技术开发区管委会等七个单位。其中,湖北省经济和信息化委员会是省政府工业主管部门,因而列在首位("商用车展"在武汉举办,需要地方行政主管机构予以支持);其他承办单位的排序则是按照这些单位在合作协议中的约定。其中,武汉经济技术开发区管委会虽是政府机构,但非省市级别,也非"实际主办方",故而排在"实际主办方"之后。

三是,承担责任的原则。

无论展览会组织机构如何复杂,牵涉从中央到地方多少个单位,但承担实际责任的只能是展览会的"实际主办方"。深圳"文博会"是地道的"政府展",但承担实际责任的是深圳市委、市政府。武汉"商用车展"是政府冠名主办的"商业展",其承担实际责任的是中国贸促会汽车行业分会、汉诺威米兰展览(上海)公司、武汉新城国际博览中心经营管理有限公司、汉阳专用汽车研究所和湖北省汽车行业协会。

所谓承担实际责任,是指具体负责展览会的组织工作,或是经营管理工作。同时承担举办展览会可能产生的诸多风险。从法律角度,政府及其部门主办展览会或冠名主办"商业展",一旦产生法律纠纷,政府及其部门有可能成为被告人,被提起诉讼的原告人追究法律责任。因此,政府办展或应邀冠名办展须持谨慎态度。

二、商请权威机构

"有利于提升展览会影响力的权威机构",就是展览会的"实际主办方"所需要的批准、主办、承办、协办或支持展览会的重要机构。

展览会的"实际主办方"为何需要商请这些权威机构,大体源自两方面需求。

一方面,政府展为申请展览会的"中国国际"冠名,必须依据行政审批制度的程序,先商请官方或半官方机构作为展览会的主办单位,然后逐级上报才有可能最终获得商务部的批准。

一方面,展览会"实际主办方"希望利用政府及其部门、行业协会、商会或专业学会的行政资源或行业资源,或是希望借助这些机构的公信力,因此需要商请他们作为展览会的主办、承办、协办或支持机构。如武汉的"商用车展"商请中国国际贸易促进委员会作为主办单位，乃因其所属的汽车行业分会是北京、上海两地大型汽车展的主办方和经营机构，在汽车展览领域地位突出，资源雄厚。而商请汉阳专用汽车研究所作为承办单位，则因该研究所是国内商用车行业著名科研机构，是制定商用车技术标准的牵头单位，对于商用车制造商具有影响力。

商请权威机构的工作，必须在展览会组织架构设计方案获得展览会"实际主办方"同意之后进行。商请工作一般是由下至上，层层递进。展览会的"实际主办方"商请官方、半官方机构作为展览会的主办、承办、协办或支持单位，大多需要正式致函商请；同意者一般会复函确认。

 案例7　展览会主办方商请支持单位的函件

某市国际会展中心经营管理公司
关于商请作为"中国国际老年服务业博览会"支持单位的函件

某省老龄工作委员会：

"中国国际老年服务业展览会"（以下简称"老博会"）由本公司与中国老年健康服务中心、北京华都展览公司联合创办，并经市商务局批准，列为本市2015年重点项目。该项目拟定2015年"重阳节"期间举办，预计展览面积为3万平方米。

创办"老博会"，旨在为老年服务业发展搭建专业展会平台，同时提升我省老年服务业与老龄工作在国内的影响力。为此，特商请贵会作为"老博会"的支持单位。

特此致函，请复。

附件："中国国际老年服务业展览会"组织工作方案（草案）

某市国际会展中心经营管理公司
2014年11月3日

说明与评点

商请权威机构作为展览会的主办、承办、协办或支持机构，必须是逐一商请。商请函件的内容也会因商请对象的不同而有所不同。本案例商请对象是某省老龄工作委员会，所以函件中点明"老博会"将有利于提升我省老年服务业与老龄工作在国内的影响力。

展览会的"实际主办方"在商请权威机构的过程中，被商请方有可能提出相关权益的事项，如单位冠名的排序、展览会在什么情况下不得使用被商请方的名义、被商请方代表应邀出席展览会活动的待遇、被商请方应得的利益等。对于所涉及这些权益，双方还须另行订立合同。

> 必须指出,商请某机构作为展览会的承办单位,与展览会"实际主办方"的作用并不矛盾。在"政府展"中,经常因名义上的主办单位的行政级别很高,低一级的行政机构只能列为承办单位,而"实际主办方"有时只能列为承办执行单位。

三、选择营销机构

"有利于展览会拓展市场的营销机构",可分为两类:一类是主办方为扩大展位或广告销售业务而寻求的合作机构,一类是主办方为改善推广业务而寻求的合作机构。

主办方为扩大展位或广告销售业务而寻求的合作机构,大体可分为战略性合作和业务性合作两个层次。

所谓战略性合作伙伴,是指合作伙伴拥有展览会所需的客户资源,或是在展览业或展览主题所服务的行业中具有独特的影响力。比如"上海国际工业博览会"的"实际主办方"——上海东浩兰生国际服务贸易(集团)公司,选择与德国汉诺威米兰展览(上海)公司合作,就是战略性合作伙伴。汉诺威米兰展览公司是国际著名工业展的主办方,其不但拥有众多的海外参展客户资源,而且举办工业展经验丰富。"上海国际工业博览会"与汉诺威米兰展览公司合作,并不完全是为了解决展位销售问题,而是希望借助其影响力,包括其经营管理展览会的经验。

所谓业务性合作伙伴,是指合作伙伴接受主办方委托,承担展位或广告销售业务工作。为主办方承担展位或广告销售业务的机构以民营展览公司为多。这些公司大多集中在"北上广"。此外,承接代理展位或广告销售的,还有协会、商会或学会,甚至有媒体。

无论是战略性合作伙伴,还是业务性合作伙伴,销售展位或广告销售都是合作的重要内容。这些伙伴并不因合作而拥有展览会的主办权(或者是产权)。为规范展位或广告销售业务,主办方与合作方都会订立合同。合同对于合作方的约定,包括销售范围、销售任务、销售价格、销售佣金提取比例以及销售款项给付方式、营业税(或增值税)交缴、参展展位安排与售后服务提供等事项。

主办方为改善推广业务而寻求的合作机构,是指承接展览会推广业务的经营性机构。主办方外包展览会的推广业务,一般包括网媒(网站、微博、微信、App 等)制作与维护、纸媒(杂志、会刊、会报、招贴)设计编辑与印制、会标(Logo)设计/广告设计、观众邀请等。一般而言,经营规模大、展览会项目多的组展机构,或大型展览会的主办方,以及惯以行政方法举办展览会的主办方,往往会外包展览会的推广业务。承接这些业务的有广告公司、科技信息公司、文化创意公司等。如国内知名的民营展览公司——天津振威公司,就与《中国经营报》建立了长期的新闻宣传合作关系。《中国经营报》在其《会展》专版上定期发表有关振威公司展览会的新闻报道和展览会广告。浏览振威公司官方网站,你会发现公司新闻采用的就是《中国经营报》采写并发表的新闻稿。再如国内知名的会展数据服务公司——北京昆仑亿发公司,其每年为国内 80 余个展览会提供现场专业观众登记、接待服务,其中不乏英德跨国公司的展览会。

四、选择服务机构

"有利于展览会优化服务品质的服务机构",一般指为展览会提供服务的商业机构,包括纸质品印刷、展位搭建、展品物流运输、展览会现场餐饮供应、安保、保洁、观众登记接待和开幕式礼仪、参展商入住酒店等服务提供商。这些合作伙伴或是直接服务主办方,或是通过主办方服务参展商和观众。这些服务提供商的服务品质是展览会整个服务品质的有机组成部分。

按市场规律,这些服务商理应由展览会主办方自行择优选择。但在国内,包括标准展位搭建、展品物流运输、展览会现场餐饮供应、安保、保洁等与展览会现场服务有关的业务,大多被展览场馆所垄断,或被地方行政部门垄断(如安保服务),展览会主办方几乎无选择权。由于缺乏竞争,这些服务的品质普遍不高。

综上所述,在国内,无论是"政府展"还是"商业展",展览会的"实际主办方"都会从自身经营和发展的需要出发,确立展览会的组织架构。"政府展"确立组织架构后,一般会设立组委会;而"商业展"确立组织架构后,包括商请政府及其部门、行业协会、专业学会冠名主办的"商业展",一般不会设立组委会。

展览会的"实际主办方"商请权威机构作为展览会的批准、主办、承办、协办单位,都是重要的公关工作。有没有公共关系资源,会不会有效运用公共关系资源,往往决定商请工作的成效。对于"商业展"的"实际主办方"而言,商请工作属于难度较高的公关工作。

在展览会项目立项工作中,展览会所需要的权威机构、营销机构和服务机构这三个层次的合作伙伴,主要是解决权威机构、营销机构这两个层次的设计或商请/选择问题。选择服务机构的工作一般是在展览会项目"上马"后逐步解决。选择服务机构的工作属于项目管理的内容。

展览会的"实际主办方"无论是商请权威机构还是选择合作伙伴,都需要知晓对方的基本情况,并需要与对方就合作的具体事项进行沟通或谈判。合作中涉及的权益问题,双方还要订立合同。如商请行业协会、商会或专业学会作为展览会的主办单位,其大多要收取"冠名费"。展览会主办方在财务预算中一般把"冠名费"称为"主办服务费",也有列支在"佣金"科目的。

> **思考题**
>
> 1.展览会"实际主办方"和商请的冠名主办单位,在主办展览会的权利义务上有什么不同?
> 2.解读"中国国际进口博览会"的组织架构及其筹委会成员构成,分析该展览会的资源利用情况。
> 3.尝试撰写展览会"实际主办方"和商请的冠名主办单位的合作协议书(合同)。

第五节　确定举办展览会的地点与时间

确定展览会举办的地点和时间，既是制定展览会组织实施工作方案的前提条件之一，也是展览会立项的关键工作之一。

一个新的展览会如何选择举办地点，首先是可行性研究必须回答的问题。但在制定展览会组织实施工作方案时，这个举办地点和举办时间就不是研究性问题了，而是主办方具体、实际的决定了。举办展览会具体地点和时间的信息通过媒体公布后，尤其是以参展邀请函的方式知会客商后，就成为展览会合同要约中约束主办方自己的条款了。

一、提前预定"展览档期"

在立项工作中，在展览会举办地点即展览场馆已经确定的前提下，确定举办时间就成为展览会主办方需要提前落实的重要事项。

在国内，展览场馆的经营方习惯将展览会的举办时间称为"展览档期"。对于展览场馆经营方而言，"展览档期"包含两个要素，一是展览会主办方在何时租赁使用展馆，二是该展览会在租赁展馆期间使用多少面积。

展览会主办方与展览场馆经营方商定"展览档期"，一般需要提前一年。如果某主办方计划于2018年9月中旬在某市展览中心举办面积为4万平方米的展览会，须于2017年9月之前与该展览中心洽商预定租赁使用展馆的时间和面积。如该展览中心的室内展览总面积为6万平方米，而另一个主办方预定的展览面积是5万平方米，展览中心的经营方就有可能优先考虑后者，而动员前者选择其他时间。在"北上广"，预定热门展览场馆的档期，尤其是预定每年3—6月和9—11月的旺季档期，往往需要提前两年甚至两年以上。

国内许多展览场馆习惯在本年的9月前后安排次年的"展览档期"。也有分上下半年安排次年的"展览档期"的展览场馆。但展览业发达城市的热门展览场馆，其旺季排期很少空档，展览会主办方与展馆签约租馆的合同往往是一定多年而不会轻易改变。也就是说，大型、知名的展览会一旦在这些城市热门展览场馆定下"展览档期"后，一般会将档期固定化，每年定期举办，非特殊情况不会变更。这也是国内外展览业界的权威主办方推广品牌、保护档期的通行做法。

上海是国内展览会数量最多的城市，而位于浦东拥有22万平方米室内展览面积的上海新国际博览中心，除春节和8月之外几乎全年"满档"无休。因此，面积为5万平方米及其以上的展览会，在春节和8月之外的时间基本不可能获得"展览档期"。而新建于浦西虹桥地区的拥有40万平方米室内展览面积的"国家会展中心（上海）"，其虽定于2015年投入使用，但"展览档期"尤其是旺季档期的预定早在2013年就开始了。

此外,如果展览会的配套会议对于会议设施及其服务有较高的要求,那主办方仅确定"展览档期"是不够的。所谓对会议设施及其服务有较高的要求,是指配套会议规模大(出席人数较多)、场次多(在同一时间内需要平行举办多个会议)、出席者档次高(入住四星、五星级酒店的与会者较多)等。许多展览会本来就是会议型展览,即会议是主要的,展览会是配套的,如"京交会"。如果遇到这种情况,预定"展览档期"必须和预定会议场所、酒店同时考虑,后者的档期条件有可能制约前者。

二、洽签展览场馆租赁合同

展览会主办方与展览场馆经营方签订租赁展馆合同,是用法律形式将展览会主办方租赁使用展览场馆的时间、面积、租金标准以及相关服务标准明确下来,以此约束双方。

展览会主办方与展览场馆经营方先要围绕合同内容进行洽商谈判。在"北上广"或东部地区展览业比较发达的城市,"展览档期"和承租的展览面积是谈判重点;在中西部地区的会展城市,谈判的重点往往是租金标准。

在签订租馆合同之前,展览会主办方应实地考察展览场馆。考察的重点是展览场馆的服务设施及服务能力,包括展览场地是否适用,展品运输、储存是否方便,展览现场的水、电、气源接驳与提供是否方便,展览现场接待参展商报到和观众参观的设施条件是否具备,标准展位搭建、展品运输物流、展览现场工作餐供应是否可以自理,展览场馆管理水平和员工素质是否专业等。在主办方预定"展览档期"的前后三个月内,该展览场馆有无相同主题的展览会已经预定或准备预定,是展览会主办方非常重要的考察内容。如果主办方与某展览场馆有长期的合作关系,经常租赁展览场馆办展,这种考察就可以简化。

在双方的商业谈判中,展览会主办方应努力维护自身权益。这些权益包括:场租及服务费价格是否合理;由展览场馆提供的服务(如标准展位搭建、展品运输物流、展览现场保安保洁、工作餐供应等)是否达到办展要求,展览场馆能否承诺避免相同主题展览会的档期冲突,展览场馆能否给予增值服务,主办方能否获得场租及服务费的优惠待遇,主办方能否争取到合同中违约的处罚条款有利于本方等。

为有效维护自身权益,展览会主办方应提前"做功课",并预备相应的谈判策略:

一是,如何谈判场租及服务费的价格?

首次在某展览场馆举办展览会的主办方,应事先收集其他主办方在该展览场馆举办展览会的场租及服务费价格信息,以免在信息不对称的情况下接受不合理的价格。而经常在某展览场馆举办展览会的主办方,则可根据过往经验或双方利益关联程度,要求展览场馆经营方在价格上予以优惠。

二是,如何谈判标准展位搭建、展品运输物流、展览现场安保保洁、工作餐供应、工作餐的服务价格和质量标准?

经双方协商,若这些服务由展览场馆提供,展览会主办方则应逐一考察服务质量并商洽服务价格标准。若展览场馆不负责提供这些服务(或只负责提供其中部分服务),则展览会主办方需要自行寻求其他服务商提供。非展览场馆的服务商提供的服务在价格或品质上，一般会优于展览场馆。

三是，如何谈判预定的"展览档期"不利于竞争对手？

按展览业惯例，同一展览场馆不能在三个月内接待两个及其以上的同一主题的展览会。预定"展览档期"的主办方应明确要求展览场馆作出承诺，并将此写入租馆合同，约定相应的违约处罚办法。

四是，如何谈判争取增值服务？

增值服务一般指展览场馆同意对于可以收费的服务项目免于收费，如免收展览会现场服务中心的场租、免收布展期间夜间的延时加班费、免收展览会会标制作费等。

此外，还可以谈判争取支付场租及服务费的优惠条件。这主要指支付合同的订金数额较少、支付场租的时间较为宽松，以及相关服务费的价格较为便宜或获得折扣等。

当双方经洽商谈判达成一致意见后，就会签署合同。在国内，租赁展览场馆的合同书一般采用展览场馆提供的格式化合同。合同的标底主要是租馆时间、租用面积和租金标准及其总金额。该合同还会约定展览会主办方与展览场馆经营方的责任与义务，包括违反合同的处罚。为确保合同履行，合同会约定在合同签署后的一定时间内，展览会主办方向展览场馆经营方支付一定数额的租馆订金。

由于场租及相关服务费在展览会经营性成本中所占比例较大，展览会主办方应力争使其相对便宜，或更加有利于自己。

就商业关系而言，展览会主办方是展览场馆的客户，在谈判中具有较为有利的地位，尤其是在展览场馆较多或展览市场偏冷的城市。但在展览市场兴旺的地方，如中国东部地区的大城市，尤其是"北上广"三市的热门展览场馆，在租馆的谈判中处于强势地位。在这种情况下，展览会主办方在谈判中的诉求，就不会强求价格优惠，而转为争取获得较为理想的"展览档期"和较高品质的服务了。

展览会主办方洽签展览场馆租赁合同，虽然多由主办方负责人或营运部门负责人出面。但策划工作者应了解谈判内容以及个中环节，这对于完成展览会组织实施工作方案，尤其是编制展览会财务预算具有重要作用。

思考题

1. 收集"北上广"三市租赁展览场馆的格式化合同书，通过阅读了解展览场馆租金的计算方法。

2. 了解"上海新国际博览中心""武汉国际博览中心""成都世纪城新国际会展中心"三座展览场馆的场租价格，并比较分析三者差异的原因。

3. 按展览会主办方租赁使用的展览面积收取租金，或按主办方在展馆实际布置的标准展位数量收取租金，是国内展览场馆收取租金的两种方法。你认为哪种方法对于展览会主办方更为有利，为什么？

第六节 组建展览会的项目团队

展览会的项目团队是执行展览会组织实施方案的工作班子,是主办方可以自行配置和掌控的资源(人力资源),是主办方实现立项意图诸多因素中最具活力和影响力的因素。因此,对于主办方而言,合格而优秀的项目团队是展览会获得成功的关键。

以下从展览会策划角度,讨论新办展览会项目团队的组建问题。

一、配置人数的原则

弄清展览会项目的性质与特点,是组建项目团队尤其是确定团队成员数量的重要前提。对于展览会项目的性质与特点,可以通过"七看"加以判断和分析。

一看展览会的性质,即展览会是"B2B"(专业类展览会)项目,还是"B2C"(消费类展览会)项目,或是"B2B+B2C"项目。在"B2B+B2C"项目中,还要确定是"B2B"为主,还是"B2C"为主;

二看展览会的辐射范围,即展览会是辐射国内外的项目,还是辐射国内的项目。如果是辐射国内的项目,还要确定是辐射全国,还是辐射某一区域(如华南地区、中部地区等),或是辐射某省甚至于某一城市的项目;

三看参展商的来源与构成,即展览会参展商是数量庞大还是有限,是以制造商为主还是以代理商为主;

四看展览会设定的规模,即展览会是5万平方米以下的中小型项目,还是5万平方米以上的大型项目;

五看展览会的举办规划,即展览会是长期、制度化举办的项目,还是临时性、阶段性举办的项目;

六看展览会的类型,即展览会是不是会议(活动)主导型项目;

七看展览会的主办方性质,即是"官办"还是"商办",是有经验的(指做过展览会)还是没有经验的;

为理解以上"七看",可结合本教材第二章有关经济贸易展览会的分类标准进一步加深认识。

在科学判断展览会的性质与特点后,就可以规划项目团队的成员人数了。举例说明如下:

例一:某展览公司异地新办专业类展览会,公司之前没有做过该主题的展览会。展览会举办地点在西部地区某省会城市,辐射范围定位为省内市场,首届展览面积计划为0.5—1万平方米(折合标准展位数为150—450个)。如此,项目团队的正式成员人数可控制在8—10人，另可配置3—5名实习生。

例二：某展览公司异地新办专业类展览会，公司长期在广州举办该主题的展览会。异地新办项目属于复制。展览会举办地点、辐射范围、首届展览面积与例一相同，项目团队的正式成员人数可控制在5人左右，另可配置3名实习生。

例三：某国家部委决定在东部地区"北上广"之外的某大城市新办专业类展览会，要求其辐射国内外市场，首届展览面积计划4—6万平方米。某公司承接展位销售工作，其项目团队的正式成员人数需配15人左右，另可配置5—10名实习生。

例四：某地方都市报在本地新办"B2C"性质的乘用汽车展览会，主要辐射本市，首届展览面积计划为3—5万平方米。主办方从未做过展览会，其在所属广告部内组建项目团队，配置正式成员5人左右，另配置3—5名实习生。

例五：某婚庆网站在中部地区某省会城市新办"B2C"性质的婚庆服务与用品展览会，主要辐射该市及其周边地区，首届展览面积计划1万平方米。主办方从未做过展览会，但做过线下"相亲"活动，其项目团队的正式成员人数可配5—7人，另配置10名左右的实习生。

以上举例源自业内经验，以及本教材著者的观察与总结，仅供参考。

通过以上举例并结合"七看"，配置展览会团队人员的规律可以概括如下。

一是，从未做过展览会的主办方，配置项目团队成员的人数一般较多；

二是，做过展览会，但未做过新上项目的主办方，配置项目团队成员的人数要多于老项目团队；

三是，异地复制展览会的主办方，因可以利用原有项目团队的力量，故可精干配置项目团队成员；

四是，配置项目团队成员应主要考虑满足展位销售业务需要；例四的乘用汽车展览会项目团队配置成员较少的原因，一方面是汽车行业的参展商数量不多，销售对象明确，无须用很多人来发掘客户资源；另一方面是纸媒长期从事汽车广告销售，所属广告部团队原有成员完全可以兼顾展位销售；

五是，在项目团队中配置实习生，是有经验的主办方经常采用的方法。这样做可以降低人力成本。但项目团队负责人若缺乏管理能力，则效果往往相反。

二、优化成员构成的原则

展览会项目团队内部的成员构成，应与项目性质和经营需要相匹配。

一般而言，展览会项目团队内部均应配置营运、营销和销售三个方面的业务人员。在新项目的团队中，尤其需要重视营运、营销人员的配置。这是因为新项目比老项目在推广和客服上需要花费更多的工夫，否则难以开拓市场，进而有可能影响展位的销售。此外，若主办方是新到一地举办展览会，有许多公共关系需要拓展，不可能像老项目那样轻车熟路。展览会项目组织架构如图5-2所示。

展览会项目管理岗位职责说明如下。

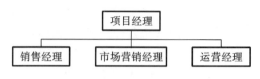

图 5-2　展览会项目组织架构

项目经理(总监)(Event Manager)
组织实施销售、市场营销与运营各项活动,与重要客户的沟通,实现客户需求
销售经理(Sales Manager)
与客户沟通,理解客户意图,实现展位销售,管理销售代表
市场营销经理(Marketing Manager)
从事市场调研与需求分析,策划、组织和实施市场营销活动,向展商和观众推广展览会
运营经理(Operations Manager)
负责展馆、物流、酒店、餐饮、搭建、现场服务工作的统筹安排与协调

因展览会项目的性质不同,团队成员的配置也有所不同。若是面向国外市场的展览会,其成员需要懂得外语,且可用外语与客商流畅沟通;若主要同制造商打交道的展览会,其团队成员中需要有懂专业或熟悉相关专业的人(这个"专业"是指展览会主题涵盖的某行业或某项技术);若是消费类展览会,其团队成员中需要有善于在展览会现场处理危机的人;若是会议型展览会,其团队成员中需要有熟悉会议服务流程、善于事件管理的人;若是承接"政府展"外包业务的机构,其团队成员中需要有熟悉政府办事流程并善于与其沟通的人。

项目经理的配置对于团队至关重要。俗话说"兵熊一个,将熊一窝"。一个好的项目经理可以带出好的团队,老项目如此,新项目更是如此。好的项目经理首先要德行操守好,若不好最终会使团队离心离德,丧失战力;其次是要有管理能力,不但懂行,且管得住人,在团队中有威信;再次是扛得住压力,在困难面前不退缩,能够千方百计克难攻坚,带领团队实现经营目标。这三条缺一不可。

一般而言,新项目团队用人要多于老项目。原因是项目市场需要开发,团队成员普遍面临业务生疏的困难(主要指不熟悉展览会所服务的行业及其客商),新项目所在地的公共关系(包括展览场馆)需要磨合。这些方面都需要花更多的人力才能奏效。

由于新项目困难大,变数多,能否成功存在诸多不确定性因素,因而经营压力比老项目要大很多。从这个意义上讲,新项目团队成员的整体素质应优于老项目。

在国内,新上项目组建团队配置人手,业内一般有两种思路:一种是多用人手,而且大胆使用新人。其出发点是新项目销售较困难,多配人手可以充分挖掘客户信息,有利于打开销售业务局面,进而确保首届展览会的规模效应;另一种是适度增配人手,谨慎使用新人。其意在发挥主办方原有资深员工的专业作用,力图在确保服务品质的基础上逐步实现展览会的规模效应。中小型展览会的主办方(尤其是民营中小型展览公司)以前者为多;大型展览会主办方(包括跨国公司在内的大型展览公司)以后者为多。这两种思路都是主办方在不同发展路径下的现实选择,各有利弊,关键在于主办方对于市场、项目、人力资源的认识程度和把握能力。

新项目团队在组建之初需要主办方提供更多的资源,包括充分的资金、公共关系投入,具有吸引力的员工薪酬安排、授予项目经理更多管理权限等。

讨论展览会项目团队的组建问题,不但因其在展览会立项工作中不可或缺,而且因其对于展览会能否实现策划意图具有重要意义。因此,策划工作者必须累积这方面的经验。而学习者则必须了解这方面的知识。

思考题

1. 通过调查某展览会主办方,了解其项目团队的人数及其构成情况,并结合本教材的观点提出自己的看法。
2. 懂业务、懂管理的项目经理在人品、学历、专业、经验、业绩等方面如何具体体现?
3. 策划工作者了解并参与展览会项目团队组建工作,有什么意义?

第七节 编制展览会项目的财务预算

在展览会立项和制定组织实施方案阶段,编制展览会项目财务预算的意义有三:一是通过计算投入产出,从经济的角度尤其是从投资回报的角度,进一步审视展览会"上项目"后可能产生的经营风险;二是通过分析收入来源和测算收入金额,为新组建的项目团队开拓市场及考核业绩规划管理目标;三是通过细化成本、测算开支,理清项目财务管理的思路与重点。

总之,编制展览会项目的财务预算,旨在明晰项目经营管理的经营数据,以便主办方对于"上项目"心中有数。

一、财务预算的内容与概念

如同所有的财务预算一样,展览会项目财务预算的内容都是由经营数据组成的。如同所有商业性质的财务预算一样,展览会项目的财务预算也是由营业收入、营业成本和营业利润这三个方面的具体指标组成的。

在展览会营业收入中,主要收入是展位销售收入,一般占展览会全部营业收入的九成以上。预算展览会的营业收入,重点是测算展位的销售收入。

展览会的营业成本主要由经营性和管理性两部分成本构成。其中,经营性成本是指直接用于展览会经营的费用,一般包括展览场馆租金及服务费、宣传推广费、观众邀约费等;管理性成本是指展览会主办方用于经营管理的费用,一般包括通信费、差旅费、业务招待费、员工销售佣金等。

在经营性成本中,展览场馆租赁及其现场服务收费一般占展览会营业总成本的25%以上。一般规律是,展览会的规模越大,此项成本占展览会营业总成本的比例就越小,反之就越大。

在展览会项目的财务预算表中,展览会的营业利润不是主办方能够获取的利润总额或净利润,而是毛利润。

什么是利润总额? 利润总额=年营业收入-年营业成本-年营业税。

什么是净利润? 年净利润=年利润总额×(1-所得税率)。

什么是项目毛利润? 项目毛利润=项目年营业收入-项目年营业成本。

展览会项目的财务预算只测算项目的毛利润,这是因为主办方还有许多成本并未计算在内,如办公室租金及其办公费,项目团队成员的工资及其社会保险费、营业税等。主办方经营展览会项目所获得的"毛利润",在摊销了全部成本后如有盈余,还要按法律规定缴纳了所得税之后,才算获得了净利润。换言之,有毛利润的展览会项目,未见得可以产生净利润。而毛利润为"0"(收支持平)或为负数(收不抵支)的项目,主办方必定亏损,也就是赔钱的项目。如果主办方只经营一个展览会,又没有其他业务,一旦这个项目的毛利润为"0"或为负数,那主办方就白做了或全亏了。

 案例8　展览会项目财务预算表

 中部地区某省会城市首届"家居用品"展览会财务预算表

二、预算的编制方法

编制展览会项目财务预算的工作,可大体分为设计表格内容、调研预算依据和筹划预算方案三个步骤。现简略介绍如下。

第一步,设计表格内容。

财务预算必须通过表格呈现。通过表格可以清晰反映展览会项目的营业收入、营业

成本和营业利润三者之间的逻辑关系。这个关系在财务管理中称为"勾稽关系"。

表格内容须反映主办方操作展览会的业务流程,即根据业务流程细化营业成本内容。在成本科目设计中,一般按经营性成本和管理性成本两方面罗列细分。从主办方控制成本的角度,细分科目应该是越细越好。

表格内容设计中所列项目须与主办方财务管理的会计科目相统一,避免预算内容无法与会计科目对接的矛盾。

第二步,调研预算依据。

所有的财务预算都必须有依据。在展览会项目的财务预算中,测算营业收入和营业成本的依据,既不能凭空臆想,也不能简单地照搬照套其他展览会的经验,而必须通过市场调研再加分析归纳而获得。

在营业收入中,重点是掌握测算展位销售收入的依据。其方法是,通过市场调研所获得的信息,实事求是地提出销售工作目标。该目标应包括展览面积、标准展位数量/展览净面积及其销售单价和销售收入总额四个要素。这四个要素互为关联,一个变动其他三个都会变化。其中,展览会标准展位数量的计算方法是:将展览会租赁展览场馆的展览面积扣减通道所占面积后再除以 9 平方米,获得标准展位数值;或者是依据设计的展馆展位图,依图摆放的标准展位获得标准展位数值。展览净面积的计算方法是:将展览会租赁展览场馆的展览面积(即毛面积)减去通道所占面积,获得净面积数值;或者是依据设计的展馆展位图,依图规划的净面积获得展览净面积数值。国内主办方多习惯于按标准展位销售,境外主办方多习惯于按展览净面积销售。也有主办方同时采用标准展位和展览净面积两种计价方式销售的,如汽车展览会一般以展览净面积销售为主,标准展销售为辅。由于新项目开拓市场存在一定难度,不确定的因素较多,因此预测销售工作目标尤其是销售收入规模和单位销售价格,要留有余地,而不要不切实际地追求"高指标"。

另外,展览会的广告、门票、会刊、配套会议的销售收入,以及向参展客商/观众推荐住宿酒店所获取的中介费等方面的收入,在展览会营业收入中占比较小。由于新项目一般不易获得这方面的收入,主办方不宜过高估算这方面的收入。

在营业成本中,测算展览场馆收费和主办方营运开支的依据,也是调研的重点。主办方营运开支的依据,可按照展览会财务预算表中所列的细分科目,逐一调研摸底。具有长期举办展览会经验的主办方,可以依据自身财务管理的历史数据,测算相关科目的成本。如纸制印刷品的印制成本,包括参展商邀请函、会刊、会报、信封等印制成本,均可从主办方财务管理的历史数据中获取依据。如果主办方没有举办展览会的经验,或者是策划工作者缺乏相关经验,那就需要花功夫做市场调研。在市场调研中,向有经验的主办方或策划工作者征询相关信息,应是捷径。

第三步,筹划预算方案。

在设计表格内容、调研预算依据的基础上,就可以筹划预算方案了。

筹划预算方案的实质是设定预算表内各科目的数值,使之符合该展览会项目市场调研的结论,为主办方审定展览会组织工作实施方案提供决策支持。

设定预算表内各科目数值的工作,实际是围绕营业收入、营业成本和营业利润三大经营指标而展开的。设定三大指标的原则是明晰目标,综合统筹,细分科目,积极平衡。

"明晰目标"是指营业收入、营业成本和营业利润三大经营指标清楚明了;"综合统筹"是指三大经营指标之间的相互依存的逻辑关系协调合理;"细分科目"主要指营业成本指标分类分科细化,便于控制;"积极平衡"是指设定指标留有余地,以利新项目的市场培育和应对可能产生的经营风险。

设定预算表内的各项数值,一般有两种方法。

一是顺向设定的方法,即先设定营业收入目标,再往下推导营业成本和营业利润目标,最后达至综合平衡;

二是逆向设定的方法,即先确定营业利润目标,再往上推导营业成本和营业收入目标,最后达至综合平衡。

对于有经验的主办方而言,首次创办的新项目甚至新项目的前三届,拥有显示竞争力的展览会规模较之项目盈利更为重要。原因是,规模问题关乎新项目能否立足市场。若不能立足市场并可持续发展,项目短期盈利意义不大。香港贸发局是国际著名的展览会主办方,其考核新项目有条原则,若该项目有发展前景,可以允许其前五届不盈利,或允许其在一定范围内亏损(即在项目预算范围内亏损)。

编制展览会项目的财务预算,既要熟悉展览会的基本业务流程,还要知晓项目财务预算数据的来源或依据,并且懂得展览会财务管理的基本方法。同时,需要熟悉新上项目的性质、特点以及租赁展馆、商请权威机构、项目团队组建等立项工作的进展情况。因此,编制展览会项目的财务预算必须依靠策划工作团队的力量。在管理良好的主办方,财会人员必定参加财务预算编制工作。

展览会项目立项阶段中的财务预算工作,是展览会项目组织工作实施方案的组成部分,是用于支撑项目操作的经济依据,意义重要。财务预算工作一般应在制定展览会项目组织工作实施方案之前完成。

需要说明的是,展览会立项阶段的项目财务预算并不等于主办方操作项目阶段的财务预算。在操作项目阶段,主办方还将根据经营管理需要再次编制项目财务预算。操作阶段的财务预算指标将纳入主办方的年度经营计划,也将作为项目团队业绩的考核指标。主办方在项目操作阶段编制财务预算时,必将会在立项阶段财务预算的基础上,进一步细化,更加注重可操作性。

思考题

1.假定案例8的项目团队配置15人。其中,正式员工12人,实习生3人。这15人的项目工作时限,正式员工中3人为12个月,另9人为9个月,实习生3人为6个月。这15人的工资水平(不包括企业为员工缴纳的社保费和安排的福利),正式员工月均为2500元,实习生月均为1200元。请计算该团队在项目期间共需多少工资性成本?这笔成本并未列入项目财务预算表内,其在主办方的哪一项收入中开支?

2. 在案例 8 的展览会项目的财务预算中,营业收入中的"展位销售收入"是如何计算的?由谁给付主办方?如果参展商需要的不是标准展位而是净地,其销售价格如何确定?

3. 在展览会项目的财务预算中,"不可预见费"一般占展览会项目营业成本的10%—15%。在预算中安排"不可预见费"有什么作用?

第八节 制定展览会的组织工作方案

在展览会以上立项工作的基础上,就可以顺理成章地制定展览会组织工作方案了。

展览会的组织工作方案是用于指导展览会具体操作的,将其简单地理解为"策划方案"不太准确。因为,组织工作方案在策划中偏重于"划",即工作计划;而作为谋略的"策"在"划"之前就已经明了,故而不宜将这种方案称为"策划方案"。还因为,"策划方案"需用相当篇幅分析市场或需求,或者陈述"上项目"的必要性和可行性,而组织工作实施方案强调项目操作。因此,展览主办方很少需要"策划方案",要么需要展览会项目的市场分析或可行性研究报告,要么需要展览会项目的组织工作方案。对于会展专业大学生参加展览会项目策划比赛的"策划方案",在本教材看来只是虚拟"上项目"的思维训练和商业文案的习作,与业内实用的展览会项目市场分析或可行性研究报告和组织工作方案相去甚远。

一、方案的基本内容

展览会组织工作方案的内容,根据需要可简可繁。其基本内容如下。
(1)项目背景与立项指导思想;
(2)发展前景简析(市场前景简析);
(3)展览会名称;
(4)组织机构;
(5)展览范围;
(6)举办时间与地点;
(7)经营管理目标;
(8)风险预测;
(9)组织工作措施;
(10)有关建议。

附件：
(1) 展览会财务预算说明与预算表(草案)；
(2) 展览会组织工作计划(草案)。

案例 9　展览会组织工作方案

 中部地区 N 省 W 市家居用品展览会组织工作方案

二、编制方案的注意事项

制定展览会组织工作方案，是展现策划工作阶段性成果的重要标志。对于策划工作者而言，方案是针对"这个项目怎么上"问题给予的答案，是"职务作品"。

编制展览会组织工作方案，应注意以下问题。

一是，方案编制必须与立项工作相结合，不能"两张皮"。

展览会组织工作方案既是立项工作的指导性文件，也是立项工作实际进展情况的综合反映。脱离立项工作的展览会组织工作方案，内容再全、文字再好，也不能付诸实施。因此，在立项过程中理清展览会组织工作方案的脉络，不断强化方案的可操作性，是避免"两张皮"的最佳途径。

二是，方案是集体创作，不可能是个人作品。

展览会组织工作方案是在主题创意、市场调研、可行性研究之后，经主办方决策同意"上项目"，又经项目立项工作，而形成的"职务作品"。其间，策划工作程序复杂，耗用时间很长，花费成本不菲，绝非一人之力可以成就。方案起草者不过是策划工作集体的执笔人。凡以个人行为看待方案编制工作的，是不了解展览会策划工作的实际情况。凡以个人作品自居的心态编制的方案，一般很难用于指导项目立项工作。

三、方案编制应根据主办方需要，避免模板化、公式化

展览会组织工作方案服务于主办方，满足主办方需要是服务宗旨。在展览业内，需要展览会组织工作实施方案的主办方主要分为两类：一是政府及其部门；二是需要利用包括

政府在内的权威机构资源的商业机构。政府及其部门所需的方案，一般强调项目背景与立项指导思想、组织架构、规模目标、配套活动等方面。需要利用包括政府在内的权威机构资源的商业机构，所需方案一般强调满足相关权威机构的需要。

在编制展览会组织工作方案时，策划工作者必须了解主办方的需求，尤其要注意满足主办方的特殊性需求（如设计配套活动，邀请高规格嘉宾出席等），以提高方案的针对性与满意度。

另须指出，对于非"政府展"项目，且不需要商请权威单位冠名主办的，主办方决策"上项目"后，一般不需要制定文本性质的展览会组织工作实施方案。这是因为，展览会的主办方一旦决定"上项目"，而这个项目属于自行投资、自主经营管理和自负盈亏，基于自身丰富的从业经验，只需逐一落实立项工作，就可以务实有效地推动展览会组织工作的进展，故而就没有必要耗时费力编制一个文本性方案了。

对于新项目，或者是资源配置较为复杂的项目，有的主办方会提出展览会的经营管理工作意见，以利统筹立项工作。这种经营管理意见可以是文本的，也可以是决策层和项目团队通过会议达成的共识。也有许多主办方包括跨国展览公司，直接将立项工作列入展览会的工作计划，通过细分子项工作内容，明确完成时间、责任人，以表格化形式展现展览会的组织工作方案。

文本性质的展览会经营管理工作意见，与展览会的组织工作实施方案大同小异。两者的区别在于：前者是主办方的内部文件，内容务实（一般不需要"指导思想""市场前景分析""组织机构"等内容），语言简明，强调工作重点或解决问题的措施（对于主办方内部的制度化管理和规范化业务一般不太着墨）；后者因主办方需求不同，在内容上需要满足审示文件单位的需要（一般需要有"指导思想""市场前景分析""组织机构"等内容），在语言上要得体（符合上行公文的表述习惯），拟定的操作措施要全面，有些措施甚至是为了某种特别需要而刻意提出的。

思考题

1. 展览会市场分析报告、可行性研究报告和组织工作方案在内容上和写法上有哪些不同？
2. 展览会组织工作方案中为什么要写入"风险预测"的内容？
3. 编制展览会财务预算与制定组织工作方案有什么逻辑关系？

第九节　党政机关举办展览活动的审批及总体方案

党政机关举办展览活动，即政府展会项目。2015年，中共中央办公厅、国务院办公厅规定，党政机关在境内举办展览活动必须经过审批。

一、报请审批的文件

党政机关境内举办展览活动须经过审批。也可以认为,政府展会项目的立项必须经由上级领导机关审查批准。

按规定,下级机关拟举办展览会,须向上级机关提交审批的文字材料共有 11 种(见表 5-6)。

表 5-6 党政机关境内主办会展活动申请材料一览

序号	材料名称	内容与要求	提供者
1	请示	包括展览、会议名称(涉外的展会活动需提供中英文名称)、内容、规模、时间、地点等,申办机关须加盖单位公章	申办机关
2	函件/协议	两个或两个以上单位共同主办的,须提供共同主办单位书面同意函原件;如与外方政府、国际组织或相关机构共同举办的,申办机关须提供中方与外方的合作协议	申办机关
3	总体方案	展览、会议总体的实施方案(包括拟邀请的领导同志及外宾的范围)	申办机关
4	预算方案	经费预算方案(包括经费来源)	申办机关
5	招商招展方案	参展商、观众或会议代表招徕工作的方案	申办机关
6	可行性报告	项目的可行性研究报告,注明举办理由	申办机关
7	知识产权方案	展会活动知识产权保护方案	申办机关
8	应急方案	处理突发性事件的应急预案	申办机关
9	复函	有关行业主管部门审批同意的复函或外事、台湾事务主管部门就展会涉外、涉台事项审批同意的复函	其他机关
10	函件	各省(自治区、直辖市)办展机构跨省区市举办展会的,应当提供展会举办地行业主管部门的同意函原件	地方政府主管部门
11	其他材料	其他与申办工作相关的材料	根据材料内容确定提供者

表中"申办机关",指拟主办会展活动的党政机关。表中 11 种材料中,与方案有关的有 5 种,包括总体方案、预算方案、招商招展方案、知识产权方案和应急方案,另有可行性报告。这 5 个方案加上可行性报告,与本教材提出的展览会策划工作所需的文本要件基本一致。其中,总体方案即为展览会组织工作方案。这也证明,包括党政机关在内的展览会主办方,在决策"上项目"时并不采用策划方案。

为便利党政机关举办展览的审批工作,商务部开发建设了"展览业管理信息系统",已于 2016 年 3 月 1 日上线。该系统包括党政机关境内举办展会、境内举办商业展(含涉外展、内贸展、涉台类展会)、境外办展、商务部引导支持展会等业务模块,以及展馆企业、展览主办单位、展览服务商等信息模块。

  二、总体方案的内容要求

党政机关申请举办展览项目的"总体方案",一般包括指导思想、展会名称与主题、举办时间、地点、展会规模、活动安排、组织机构、工作措施等内容。与商业机构的展览会组织工作方案内容大体相同。

 案例 10　党政机关境内举办展览项目的总体方案

 首届中国工业设计展览会总体方案

思考题

1. 上网浏览商务部"展览业管理信息系统",了解党政机关境内举办展会的审批事项与相关流程。

2. 比较本章【案例 9】《中部地区 N 省 W 市家居用品展览会组织工作方案》和【案例 10】《首届中国工业设计展览会总体方案》,分析两个方案在内容上的区别。

Chapter 6

第六章　会议的创意方法

本章教学要点

本章从会议主题创意入手,介绍不同类型会议的创意特点与方法,以帮助学习者掌握会议策划的门径。

开篇故事

"全球开发者大会"苹果和谷歌打擂旧金山

苹果公司和谷歌公司都有"全球开发者大会"。苹果的"全球开发者大会"创办于1983年。而谷歌的"全球开发者大会"到2013年才办了5届。

近五年来,两家公司的"全球开发者大会"都是在旧金山莫斯克尼会展中心举行,两个会议的时间仅相隔一个月,颇有"你方唱罢我登场"的味道。

由于苹果、谷歌都是美国企业,又都是IT界巨无霸企业,都有引领全球电子科技进步的雄心和辉煌的业绩,故而这两家公司的"全球开发者大会"倍受专业人士和各自"粉丝"的青睐。

2013年6月15日,《搜狐网》驻美国硅谷记者晴然以《都是开发者大会 苹果和谷歌却大不同》为题发自旧金山的报道,为我们观察谷歌和苹果的"全球开发者大会",提供了一个很特别的视角。

该报道摘要如下:

在搜狐当驻美记者是个美差,我有幸参加了今年(2013年,本教材注)的Google I/O和苹果WWDC(谷歌的会议于2013年5月15—17日召开,苹果的会议与2013年6月10—14日召开。本教材注)。对比两者几乎是种天然本能,有这样一组关于苹果VS Google的关键词跟大家分享。

"能来参会已经说明你很幸运"VS"万分感谢您的捧场"

苹果认为所有能来参加WWDC的人都很幸运。这也不能完全赖苹果耍大牌,实在是果粉们太过热情。表现在以下几个方面:

(1) 今年WWDC的门票(5000余张,定价在$1599)在两分钟之内全部售完,而Google I/O的门票(6000余张,定价在$900)则卖了49分钟。

(2) 进入第一天Keynote现场的队伍巨长。因为主会场只能容纳2000多人,余下的参会者只能在分会场看录像。为了进到WWDC的Keynote现场,有的开发者甚至从前一天晚上10点多开始就在门外排队。那天旧金山刚好阴雨绵绵,极其冷,有人把帐篷都带来了。

(3) Google的大方VS苹果的小气。今年Google向每位I/O参会者(包括媒体)赠送一台ChromeBook Pixel(官方售价$1299),还有一个纪念版的安卓玩偶。苹果则只给每位与会者发了件防水风衣,媒体当然没份。人家的潜台词是,能挤在参加WWDC的队伍里已经是你莫大的幸运,知足吧!

(4) Google I/O的配餐还算丰富,有菜、有肉、还发冰棍。苹果的简直惨不忍睹,全是快餐(报道配有双方餐点图片,并强调"有图就有真相"。本教材注)。

单练VS扎堆儿

苹果WWDC没有任何合作伙伴展区;而Google I/O的伙伴展区则异常盛大热闹。WWDC和I/O大会的选址都在旧金山的Moscone Center西翼大楼。但是走进WWDC会场,我们只看得到几个高高挂起的广告横幅(iOS 7跟OS X),其余就是光秃秃的一片,甚至大厅里也是静悄悄的。

I/O大会则正好相反,除了五彩斑斓的广告之外,我们看到各种机器人、炫酷的体感交互设备、Google街景的trekker、可爱的安卓小绿人……Google把会场布置得跟乐高世界似的,大伙都各处穿梭驻足,真真儿是个游园会。

不同的"中国情结"

iOS 7中有几个新增的内嵌应用对中国甚是暧昧。腾讯微博、汉英双向字典(不用联网就能用)、汉语输入法中的多字手写识别,还有Per App VPN,这些功能都直接针对中国用户,有利于增加中国人对iOS 7的好感度。目前,中国是苹果全球的第二大市场,库克自己也说过中国日后会取代美国成为苹果的第一大市场。为了霸住中国这块"肥肉",苹果可以为"3·15"的事向我们低头道歉。所以,今天在iOS 7中看到这些"中国元素"也在意料之中。

相形之下,虽说免费开源的安卓OS是中国智能机市场的绝对霸主(在中国的市场占有率为86%),但没多少银子真能落到Google兜里。这次I/O大会上,这家靠广告赚钱的公司发布和升级了一系列功能性强的网络服务:搜索、地图、音乐、社交、阅读、生活、云服务,可惜这些服务在中国内地不是不好用就是不能用,我们只有看热闹的份儿。

说明与评点

　　本教材著者认为,这篇报道采用对比的手法,尤其是站在中国观众和消费展的角度,写得很是生动。

　　从报道中,我们可以看到国际电子行业的两大巨鳄是如何通过会议营销自己的。故事标题虽为著者所加,但谷歌与苹果"打擂"的意味,经记者渲染尽在其中。策划会议实际是策划会议项目。而讨论会议项目的策划,实际就是讨论"上项目"。讨论"上项目"首先需要讨论会议项目的主题创意。

　　会议项目主题创意的来源及其市场调研的方法,与展览会项目并无本质的不同。其核心问题仍然是"这个项目能不能上"。基于本教材第三章、第四章对展览会项目的主题创意及其市场调研的方法已有详细论述,学习者可以举一反三,思考借鉴,故不再赘述。

　　本教材将把会议项目策划的讨论重点放在以下两个方面:会议项目创意的特点和会议项目立项工作及制定组织工作实施方案。

　　从发展会议业的角度,本教材有关会议业"上项目"问题的讨论,着重于可以商业化运作的会议项目。

　　会议业"上项目"需要创意。但与展览业的差异是,会议项目的创意包括会议主题、会议活动和会议形式三个层面。其中,主题创意是灵魂,活动与形式创意是载体。

第一节　会议主题创意的两个层次

　　会议无论规模大小,与会人数多少,开会时间长短,都必须有主题。没有主题的会议,无法有效地进行信息传播,从而无法吸引与会者。

　　什么是会议主题及其创意呢？我们定义如下。

　　会议主题,是主办方为实现会议项目的价值,预先为与会者设定的交流信息的主要议题。

　　会议主题的创意,是主办方根据创立或举办会议的目的,对会议主要议题进行的概括性的文字提炼。

　　会议的主题创意可分为两个层次。

　　第一层次,是会议的总体性、基础性主题,通常体现在会议的名称中。

　　第二层次,是会议的适时性、针对性主题,一般指制度化举办会议的年度议题。

　　以"博鳌亚洲论坛"为例,作为一个非官方、非营利、定期、定址、开放性的国际会议组织,其总体性、基础性的主题是:以平等、互惠、合作和共赢为主旨,立足亚洲,推动亚洲各国间的经济交流、协调与合作；同时又面向世界，增强亚洲与世界其他地区的对话与经济联系。"博鳌亚洲论坛"的名称，就体现了会议的总体性、基础性主题。

自 2001 年创办以来，"博鳌亚洲论坛"每届年会都预先设定了不同的主题（见表 6-1）。

表 6-1 博鳌亚洲论坛历年主题

年份	主题
2002	新世纪、新挑战、新亚洲亚洲经济合作与发展
2003	亚洲寻求共赢：合作促进发展
2004	亚洲寻求共赢：一个向世界开放的亚洲
2005	亚洲寻求共赢：亚洲的新角色
2006	亚洲寻求共赢：亚洲的新机会
2007	亚洲寻求共赢：亚洲制胜全球经济——创新和可持续发展
2008	绿色亚洲：在变革中实现共赢
2009	经济危机与亚洲：挑战与展望
2010	绿色复苏：亚洲可持续发展的现实选择
2011	包容性发展：共同议程和全新挑战
2012	变革世界中的亚洲：迈向健康与可持续发展
2013	革新、责任、合作：亚洲寻求共同发展
2014	亚洲新未来：寻找和释放新的发展动力
2015	亚洲新未来：迈向命运共同体
2016	亚洲新未来：新活力与新愿景
2017	直面全球化与自由贸易的未来
2018	开放创新的亚洲，繁荣发展的世界
2019	共同命运、共同行动、共同发展

通过"博鳌亚洲论坛"历届年会设定的主题，我们可以清楚感到论坛年会主题的适时性、针对性。2017—2019 年三届年会的主题，在新的国际形势下，倡导多边主义、推动经济全球化、强调建立人类命运共同体的创意思路一脉相承。

从主题创意的文字风格看，"博鳌亚洲论坛"历届年会的主题基本是一句话或两句话，而不是单词的罗列。其中，"亚洲寻求共赢"和"亚洲新未来"两种表述反复运用多次，旨在强调年会主题在某一时期的连贯性。

凡需要创意两个层次主题的会议，第二层次的主题创意必须服从于第一层次的主题创意。换言之，第一层次的主题必须统领第二层次的主题创意。试想，第二层次的主题游离第一层次的主题，那就不如另办一个会议了。

不是所有的会议都需要创意两个层次的主题。会议主题和与会者相对固定的官方工作性会议，一般不需要创意第二层次的主题。

需要创意两个层次主题的会议，大多是学术性或商业性会议，尤其是论坛式或培训式会议。此类会议的议题和与会者并不固定,故创意第二层次的主题十分必要。这种创意与此类会议商业化经营的需要是相辅相成的。

了解会议项目两个层次的主题创意,对于学习者掌握会议项目的策划方法有重要作用。

> **思考题**
>
> 1. 会议主题与展览会主题的性质、作用是否相同?
> 2. 分析"博鳌亚洲论坛"两个层次主题创意之间的关系?

第二节 工作性、学术性和商业性会议的主题创意

会议主题是会议议题内容的高度概括。在会议项目的策划工作中,会议的主题创意将发挥主导作用。

工作性会议、学术性会议和商业性会议,是最为常见的三种会议类型。这三种类型的会议在主题创意上各有特点。

一、工作性会议项目的主题创意

工作性会议的主办方,无论是政府机构,还是商业机构、社团机构或学术机构,其议题基本是围绕机构本身的工作需要而设定的。因此,这种会议也可以称为行政性会议。

工作性会议一般分为两类,即例行工作会议和专项工作会议。其中,例行工作会议一般不需要创意主题,专项工作会议一般需要创意主题。

例行的工作会议之所以不需要创意主题,是因为这类会议的议题都是主办方常设性、常规性甚至固定性的议题,而且形成了惯例。国务院各部(委)每年都要召开全国性的工作会议,如国家发展和改革委员会的会议名称为"全国发展和改革工作会议",住房和城乡建设部的会议名称为"全国住房和城乡建设工作会议",商务部的会议名称为"全国商务工作会议"。将这样的会议称为例行会议,一是会议议题基本由年度工作报告、工作意见交流和表彰先进等常设性内容组成;二是与会者的构成基本不变,都来自主办方所在系统的官员,如出席"全国商务工作会议"的代表主要是全国各省(市、区)商务厅(局)的负责人;三是会议时间几乎都安排在年末或年初,会期一般不超过三天;四是会议地点一般选择在北京。

商业机构、社团机构或学术机构的例行会议,与政府机构的例行会议颇为相似。如企业或行业协会每年一度的年会,议题大都是年度工作报告、工作意见交流和表彰先进。会

议时间也是选在年末或年初,与会者来源不会有大的变化。例行的工作会议对于主办方而言,从内容到形式已成定势,因此无须花费心思创意。

专项工作会议一般需要创意主题。专项工作大多具有两个特点:一是,在完成时间上有阶段性的要求;二是,在工作内容上尤其是工作方法上需要参与者充实或创新。因此,主管或主导某一专项工作的机构习惯采用会议的形式,或宣导规划、督促进度,或查找问题、交流经验,或总结成绩、部署后续,以求推动该项工作取得进展。

专项工作会议的议题不大可能是常设性、常规性的,也不可能固定,因此有主题创意的需要。本教材第二章举例的"全国卫生信息化工作现场会议",就是卫计委(现改称为卫生健康委员会)的专项工作会议。信息化是卫计委的专项工作之一,但内容繁杂,涉及面很广。卫计委2011年8月在杭州召开的这个会议,只是聚焦全国疾病预防控制工作系统信息化的议题。会议安排了实地考察的议程,即组织与会者参观浙江省疾病预防控制中心信息化工作平台,并宣介其信息化工作的经验。这也是会议名称标明"现场会议"和选择杭州作为会议地点的原因。从这样的会议安排中,可以清晰地感知卫计委对于会议主题的创意。

除政府机构外,商业机构、社团机构或学术机构同样有大量的专项工作会议。例如2018年11月25日在厦门召开的"全国会展业标准化技术委员会2018年年会",就是学术机构召开专项工作会议。会议由全国会展业标准化技术委员会主办,主题为"新时期·新机遇·新作为"。会议审议并通过了《绿色展览运营指南》《展览展示工程设计服务基本要求》《会议管理导则》等一批国家标准草案。国家市场监督管理总局标准技术管理司、上海市质量技术监督局、厦门市会议展览事务局有关领导出席会议。商务部流通产业促进中心、国际展览业协会、中国对外贸易中心、上海新国际博览中心等单位的负责人或专家分别就会展业国家标准、行业标准和企业标准的制定和应用实践发表了演讲。"新时期·新机遇·新作为"这个主题的创意比较一般,不太能够体现会展业标准化工作的特色。

专项工作会议主题的创意者,只能是会议的主办方。这是因为,专项工作会议旨在服务该项工作主管机构的需要,会议又必须是主管机构亲自主办;同时,会议的主题只能围绕该项工作的宗旨、内容和阶段性进度要求进行创意,而无须追求创意的新颖时髦,一般也无须考虑会议的商业性营销。

虽然工作性会议在各种会议中是数量最多的,但其不可能成为会议业的主流项目。换言之,会议业的发展不是靠工作性会议项目来支撑的。这是因为,在国内外,工作性会议主要是官方会议,而拥有行政资源的官方不宜采用商业化方式运作会议;非官方的工作性会议,即商业机构、社团机构或学术机构召开的工作性会议,具有商业化运作可能性的也多是专项工作会议。但实际上,商业机构、社团机构或学术机构召开的专项工作会议,很少将会议主题创意及其组织工作外包给会议公司。

二、学术性会议项目的主题创意

学术性会议的主办方一般是学术机构或学术性媒体。其会议主题或议题与学术机构或学术性媒体所关注的学术范围密切相关。学术性的会议项目是需要创意主题或议题的。但这种创意只会局限于学术机构或学术性媒体所关注的学术范围以内。

案例 1　学术性会议的主题创意

2013 年中华医学会放射学分会学术性会议主题一览见表 6-2。

表 6-2　2013 年中华医学会放射学分会学术性会议主题一览

会议名称	主题/议题	时间/地点
第 15 届全国神经放射学学术会议	神经影像诊断进展、新技术的临床应用	5 月 12 日/天津
第 16 届腹部影像学学术年会	主题"安全与规范",腹部影像安全、规范化扫描及影像诊断技术	6 月 16—19 日/长沙
中国介入治疗论坛		6 月 16 日/沈阳
第 15 届骨关节影像学术会议	骨关节影像学科研与论文写作专题讲座	6 月 14—16 日/承德
第 13 届全国磁共振学术年会	磁共振新技术、临床磁共振扫描方案优化与诊断规范化、影像循证医学开发研究	6 月 27—30 日/杭州
第 7 届中国放射青年医师学术研讨会	诊断与鉴别诊断、介入治疗个案报道、疑难病例讨论	7 月 12—14 日/武汉
首届全国分子影像学学术会议		8 月 2—4 日/哈尔滨
第 20 届射学学术大会	全国常规数字 X 线成像的临床、分子影像学	10 月 17—20 日/西安

说明与评点

此案例所列 8 个会议均由中华医学会放射学分会主办。这些会议的主题或议题都是该分会所关注学术领域的专业细分。

在这 8 个会议中,除 2 个会议缺乏主题/议题资料外,其他 6 个会议议题明确,其中,"第 16 届腹部影像学学术年会"将会议主题明确为"安全与规范"(年度会议主题,即第二层次主题)。

虽然中华医学会放射学分会的办公地点在北京,但这 8 个会议没有一个安排在北京召开。

从这个案例中，可以了解学术性会议项目主题创意的特点。

一是，学术机构主办的学术性会议，可以根据机构章程所规定的学术领域细分会议主题或议题内容。以医学为例，其分为基础医学、临床医学、预防医学与卫生学、军事医学与特种医学、药学和中医学与中药学等6大部类；每个部类又分为若干学科，如基础医学下分46个学科。我国医学高等教育的专业设置，分为8个一级学科和55个二级学科。一级学科分别是：基础医学、临床医学、口腔医学、公共卫生与预防医学、中医学、中西医结合医学、药学和中药学。这两种分类促成了医学界各个学科学术性团体的产生，也导引了医学学术性会议主题或议题内容的细分。

二是，学术性会议的主题或议题在一定程度上是需要创意的。但这种创意不是颠覆性的创新。这是因为，学术性会议的主题或议题不可能脱离主办方——学术机构章程所规定的学术领域。因此，这种创意主要表现在每次会议议题的具体定位上。如中华医学会放射学分会主办的"全国神经放射学学术会议"已历15届，每届议题都不相同。学术性会议每次议题的确定以及会议活动与形式的变化，给主办方提供了创意空间。

三是，学术性会议在名称上并无统一标准，有的称为会议，有的称为大会，有的称为研讨会，有的称为年会，有的则称为论坛。

四是，学术性会议的地点选择和会期安排可以灵活多样。

学术性媒体一般由学术性机构创办，其主办的学术性会议与学术性机构具有相同特点。

三、商业性会议项目的主题创意

商业性会议项目的主办方大多是商业性机构，其主办会议目的主要是为了自身的商业利益需要。当然，商业性会议同样需要服务于社会，否则这样的会议就没有存在的必要和可能了。

案例2　商业性会议的主题创意

2011—2012年艾瑞咨询集团部分商业性会议主题一览见表6-3。

表6-3　2011—2012年艾瑞咨询集团部分商业性会议主题一览

会议名称	主题/议题内容	时间/地点
中国微博营销发展研讨会	微博市场现状及趋势微博营销价值探讨	2011年8月24日/北京
中国电子商务运营之路高峰论坛	中国电子商务发展趋势、传统企业电商发展之路、电子商务的全网营销	2011年5月26日/杭州

续表

会议名称	主题/议题内容	时间/地点
移动时代的阅读变革与营销创新研讨会	移动阅读用户行为分析、移动阅读变革和未来趋势、移动阅读营销创新	2012年8月16日/北京
第七届艾瑞年度高峰会议	互联网、新经济趋势、网络视频营销、整合营销、技术营销论坛	2012年11月6—7日/上海
首届中国互联网营销产品发展论坛	营销产品推动网络营销发展、产品推动新网络营销	2012年11月6日/上海
国际支付技术峰会	移动支付前景、移动支付应用	2012年11月17日/杭州

说明与评点

此案例所列6个会议的主办方——艾瑞咨询集团,是专业从事市场调查研究和战略咨询服务的商业机构,其经营范围还包括网络媒体、电子商务、网络游戏、无线增值服务等业务。

在这些会议中,"艾瑞年度高峰会议"是艾瑞咨询集团的品牌项目,一年一度定期召开,与会人数一般在1000人以上。

"中国电子商务运营之路高峰"的主办方包括好耶广告网络公司。

"国际支付技术峰会"的主办方包括支付宝。

从这个案例中,可以了解商业性会议项目主题创意的特点。

一是,商业性会议的主办方在创意主题时,必须把服务社会的需要和服务自身利益的需要结合起来。艾瑞咨询集团这些会议的主题既是国内互联网行业关注的热点,同时与公司主营业务密切关联。

二是,艾瑞咨询集团主办会议,旨在扩大公司在业内的影响力,同时推广自身业务,包括发布调研成果,维护客户关系和发掘新的市场。此类会议活动是公司市场营销的重要窗口和平台。

三是,艾瑞咨询集团主办商业性会议虽然投入很多,但绝非公益活动。公司经营会议可以获得收入,其来源包括会议代表注册费、广告赞助费、调研报告售卖收入等。即便有些会议不收费,那也是作为服务老客户的一种回馈,或是拓展新客户的一种投资。

四是,从经营会议的角度,商业性会议的主题创意必须贴近市场需求,否则难以通过商业运作的方式从市场上获得收入。

工作性、学术性和商业性会议主题创意的区别,就在于主办方的目的不同。了解工作性、学术性和商业性三种类型会议的特点,有利于策划工作者根据主办方的意图,为不同类型的会议创意主题。

尽管工作性会议一般不会商业化操作,但从会议主题创意角度加以讨论,对于理解学术性、商业性会议主题创意的方法,应该是有所帮助的。

在讨论"上项目"之前,讨论工作性、学术性和商业性三种类型的会议主题创意特点,对于把握会议项目的商业化运作思路是非常必要的。

> **思考题**
>
> 1. 为什么说"会议业的发展不是靠工作性会议项目来支撑的"?
> 2. 学术性会议与商业性会议都有专业性、技术性问题的交流与研讨,两者区别在哪里?
> 3. 浏览"京交会"官方网站,了解其会议活动安排,并判断这些会议是工作性会议,还是学术性会议或商业性会议?

第三节 论坛式、培训式会议的主题创意

近十年来,论坛式会议和培训式会议在中国广泛兴办,因其商业化、市场化程度较高,业已成为中国会议业中两个颇具特色的类型化产品。

本教材专节讨论论坛式会议和培训式会议,旨在分析主办方采取商业化方法"上项目"的策划思路。

一、论坛式会议的主题创意特点

论坛式会议也可称为论坛性质的会议。论坛式会议的标志,除会议名称叫"论坛"外,主要指会议的形式是"论坛"。

《现代汉语词典》把"论坛"解释为"对公众发布议论的地方"。而互联网环境中的"论坛"则是"电子公告板"(Bulletin Board System)或是"公告板服务"(Bulletin Board Service)的概念。每个用户都可以通过互联网在"论坛"上发布信息或提出看法,讨论或聊天。它是一种交互性强的电子信息服务系统。由此可见,无论是线下的还是线上的"论坛",发布议论、交流信息都是其不可或缺的功能。

论坛式会议既可以是学术性会议,也可以是商业性会议,还可以是学术性和商业性会议相结合的会议。论坛式会议不可能是工作性会议。

下面,以"世界经济论坛新领军者年会"(又称"夏季达沃斯年会")为例,来分析论坛式

会议主题创意的特点。

一是根据经济形势发展需要,明确主题。"夏季达沃斯年会"自2007年在中国创办以来,一年一届,每届主题都不相同。一般而言,凡制度化举办的论坛式会议,每年/每届都需要设定新的主题。

案例 3　论坛式会议的主题创意

2007—2018年"夏季达沃斯年会"主题一览见表6-4。

表6-4　2007—2018年"夏季达沃斯年会"主题一览

年会届数	主题	时间/地点
2007第一届	变化中的力量平衡	9月4—9日/大连
2008第二届	下一轮增长的浪潮	9月27—28日/天津
2009第三届	重振增长	9月10—12日/大连
2010第四届	可持续增长	9月13—15日/天津
2011第五届	关注增长质量 掌控经济格局	9月14—16日/大连
2012第六届	塑造未来经济	9月11—13日/天津
2013第七届	创新:势在必行	9月11—13日/大连
2014第八届	推动创新 创造价值	9月10—12日/天津
2015第九届	描绘增长新蓝图	9月9—11日/大连
2016第十届	第四次工业革命——转型的力量	6月26—28日/天津
2017第十一届	在第四次工业革命中实现包容性增长	6月27—29日/大连
2018第十二届	在第四次工业革命中打造创新型社会	9月19—20日/天津

二是围绕主题,分别设定相关议题进行交流研讨。一个参与人数众多的大型论坛,主办方往往会设置专题会议即"分论坛",以求通过多个专题呈现论坛主题的丰富内涵。这样做的目的是,在体现权威性演讲者重要发布的同时,尽可能适应与会者的不同兴趣。2018第12届"夏季达沃斯年会"有2000余人出席,来自100多个国家和地区的1500多名商界领袖和50多名青年科学家以及文艺界、学术界和媒体界代表。主办方在3天时间里安排了100余场专题会议。

案例 4　论坛式会议的专题设置

2018年天津"夏季达沃斯年会"会议专题一览见表6-5。

表6-5　2018年天津"夏季达沃斯年会"会议专题一览

会议分类	与会者	主题
开幕大会	全体代表	在第四次工业革命中打造创新型社会（李克强总理出席并发表主旨演讲）
平行会议（12场）	代表自行选择	1. 第四次工业革命与经济增长原动力 2. 全球价值链重构与多变合作方式选择 3. 迈向人工智能时代的社会变革 4. 新工科——第四次工业革命的智慧引擎与原动力 5. 第四次工业革命与创业新产业形成 6. 大数据运用与城市公共安全 7. 从自贸试验区到自贸港：中国全方位开放的深化与创新 8. 企业家精神与创新生态营造 9. 新技术应用对传统社会伦理的挑战 10. 新技术变革下的环境治理 11. 金融风险防范：新技术手段及应用 12. 智能制造与传统产业变革

三是提倡平等讨论，尊重意见多元。论坛式会议在形式上，可以理解为主办方设立讲坛，提供与会者发表言论，并进行交流讨论。因此，受邀出席者无论身份为何，从原则上讲都可以围绕论坛或"分论坛"主题各抒己见，相互切磋。在2011年"夏季达沃斯年会"上，与会者中尤其是一些重量级的权威嘉宾，对于欧美经济前景的看法是分歧大于共识。而在2012年"夏季达沃斯年会"上，参加"未来经济中可持续的卫生体系"专题讨论的圆桌会议嘉宾，对于中国医疗卫生体制改革的路径也各持立场，争辩激烈。

四是商业运作，市场营销。论坛式会议的主办方不会赔本"赚吆喝"。"世界经济论坛"（World Economic Forum）是非营利性组织，其活动经费主要来自会员的会费（会员每年需要向论坛组织者交付4.25万瑞士法郎的会费）。"夏季达沃斯年会"的主办方，除"世界经济论坛"外，还有中国的地方政府（"夏季达沃斯年会"分别在天津和大连轮年举办，两地政府都是论坛的主办方)。这种组织架构,既表示政府重视,也符合中国国情(即通过举办国际化的大型论坛,提高城市知名度,进而带动招商引资。此外,国务院及部委领导人出席论坛,也是地方政府格外欢迎的)。"世界经济论坛"为主办"夏季达沃斯年会",2007年在北京设立了代表处。

"夏季达沃斯年会"的两个主办方——"世界经济论坛"和天津/大连市政府,职责有所不同。前者偏重于主题创意和国际嘉宾邀约;后者偏重于国内嘉宾邀约和会议接待服务管理。前者经营论坛项目需要回报,否则成本无法开支;后者组织论坛的成本虽然主要来自政府资金,但有预算控制。据悉,报名参加"夏季达沃斯年会",会议注册费为人民币5000元/人(国外与会者为8000瑞士法郎)。由此可见,"夏季达沃斯年会"不但有政府资助,而且有经营收入(除会议代表注册费外,还有广告赞助费)。因此,该论坛属于中外合作、政商融合的会议项目。

以商业化的方式操作论坛式会议,通过分析"夏季达沃斯年会"的案例,其主题创意需要注意三方面问题。

首先,论坛式会议项目是根据市场(形势)需要而产生的。制度化举办的论坛式会议必须贴近市场(形势)需要,按年/届创意会议主题。否则,该项目无法营销,也不可能吸引与会者。即便主办方是官方机构,为适应论坛的发展需要,同样应成为论坛主题的创意者或推动创意的领导者。

其次,论坛式会议是与会者阐发个性化意见和相互交流的平台,各方人士在论坛上所发表的言论都可视作一家之言。在会议形式上,论坛式会议没有工作性会议中常见的工作讨论(领会上级精神)、经验交流、先进表彰等议程安排。包括"夏季达沃斯年会"在内的论坛式会议,在闭幕时并不发布体现会议成果的文件,也不像许多学术性会议那样组织学术成果的评比活动。因此,即便有官方机构参与主办,论坛式会议也不可能成为地道的官方会议。由于论坛式会议推崇意见交流而不强调统一认识的讨论,故在主题创意上既要体现时代性(有强烈的针对性),又要具有包容性(即主题创意内涵较深,易于扩展,可细分为多个专题)。在与会嘉宾、主持人的邀约上,也需要考虑不同方面、不同观点的代表性人物。

最后,论坛式会议是需要经营的。除政府可能提供的资助外,与会代表的注册费和企业的广告赞助费,是主办方不可或缺的收入来源。因此,论坛的主题创意必须有利于论坛的营销。

二、培训式会议的主题创意特点

培训式会议虽然名称叫会议,但会议的内容主要是培训。

政府部门、协会、学会和公司都可以成为培训式会议的主办方。但常年举办且商业化操作的主办方,主要是会议经营业者或培训经营业者。

> **案例 5　培训式会议的主题创意**

中国项目管理培训大会见表6-6。

表6-6　中国项目管理培训大会

主办	希赛集团/北京希赛云杰信息技术有限公司
宗旨	培训项目管理人才
时间	2012年10月27—28日（第二届）
地点	深圳
课程（共7节）	1.项目经理应该知道的那些事（总论）
	2.如何制订项目计划
	3.从技术骨干到优秀管理者
	4.MS Project在项目管理中的实战应用
	5.项目管理核心工具应用实战
	6.如何营造高效团队
	7.项目经理人际关系技能训练（情景模拟）
讲师	资深职业经理人、项目管理的知名专家
学员	需要提升项目管理能力的人士

凡以会议名称主办的培训，一般有以下特点。

一是，培训对象有很强的针对性。也就是说，培训对象不是泛指，而是专指，是为某一特定人群定制的培训内容。如"中国项目管理培训大会"就是针对"需要提升项目管理能力的人士"。作为主要从事计算机软件业务的希赛集团，其主办培训会议的对象，重点针对计算机软件行业的项目管理者。

二是，培训课程有很强的专业性。"中国项目管理培训大会"在官方网站上公布了第二届的课程安排及其特聘讲师资历的简介，同时公布了5节课程的授课提纲。有兴趣者可从中获得培训会议及其课程的详细信息，进而决定是否报名参训。

三是，经营培训会议项目有很强的商业性。"中国项目管理培训大会"的主办方希赛集团，同时是"中国软件工程大会"的主办方（2001年创办，每年一届）。经营会议是该公司的主要业务之一。报名参加培训者均须交费。该公司在网站上特别注明，"中国项目管理培训大会"的每位讲师/专家将在培训会议头天进行40分钟的课程试讲，学员可在免费试听后再行决定是否交费参训。此举充分表明了该项目的商业性，也生动体现了主办方的营销技巧。

论坛式会议和培训式会议是会议业者不可忽视的商业化产品。把握市场需求，提炼会议主题,整合权威信息资源(指邀请参加论坛发表演讲或邀请作为培训讲师的权威人士),是这类会议取得成功的三个关键因素。

> **思考题**
>
> 1. 登陆"决策者会议策划集团"网站,了解其经营会议项目的特点。
> 2. 论坛式会议和培训式会议有什么不同?
> 3. 了解达沃斯论坛及其创始人克劳斯·施瓦布先生的情况,体会论坛式会议策划创办的历程。

第四节 会议活动与会议形式的创意

会议活动与会议形式的创意,是会议项目创意的组成部分。其不但可以烘托会议主题,而且可以丰富会议主题的内涵。在会议主题创意缺乏新意的情况下,会议活动、会议形式的创意出新,也可以起到改善会议效果的积极作用。

一、会议活动的创意

会议项目除主题创意外,还有会议活动和会议形式的创意。

会议活动是指主办方在会议期间组织的相关活动,一般包括开幕/闭幕仪式、宴会/酒会、颁奖、竞赛、表演、考察、旅游等。

主办方会将这些活动列入会议议程或日程,组织或动员与会者参与。

这些会议活动都需要创意。创意的原则有三:符合主办方的意图;配合会议的主题;尽可能出新出彩,营造会议所需要的氛围。

例如谷歌公司2013年的"全球开发者大会",为使与会者亲身体验谷歌新产品,在会议当天的下午安排了"沙盘活动"。"沙盘活动"就是通过在会议现场设立的9个"工作间",分别展示谷歌新产品,让与会者在"工作间"里试用谷歌的新产品,并与负责产品开发的谷歌员工面对面的自由交流。会议现场还布置了"谷歌商店",供与会者购买谷歌新产品和谷歌创意的纪念品。大会期间,谷歌公司每晚在19:00—22:00时段安排有晚会,在满足与会者交流和娱乐需要的同时,借助文艺演出展现谷歌研发的高科技舞台设施和娱乐器材。

通过本章开篇故事"'全球开发者大会'苹果和谷歌打擂旧金山",你可能会觉得《搜狐网》驻美国硅谷记者的评论带有感情色彩,但仍然会感知相比苹果公司,谷歌公司的会议创意充满活力,追求时尚,更加人性化,更加重视与会者的体验。

即便从舆论传播的角度,会议的主办方也不应该忽视社会媒体的影响力。须知,许多会议(包括展览会)主办方都会以礼遇条件(如提供免费入场券、免费住宿、进餐、赠送纪念品等)邀请媒体记者到场采访,以利宣传自己。《搜狐网》驻美国硅谷记者显然是应邀分别参加了苹果和谷歌的"全球开发者大会"。但这篇报道采用对比手法对谷歌赞赏有加,对苹果颇多微词,应该说,是谷歌的会议创意博得了媒体的好感,谷歌在媒体营销上好过苹果。

二、会议形式的创意

会议形式即开会的样式,一般分为全体大会/分组、分议题小会、主题报告会议/演讲会议、对话会议、圆桌会议、座谈会、茶话会、会场会议/现场会议、餐会/酒会等不同形式。会议形式的创意还包括选择具有特殊意义的会议场所。

会议形式创意的规律是,必须符合主办方和会议性质的需要,必须服务于会议主题与内容的需要。同时,应避免形式大于内容,喧宾夺主。

会议形式与会议活动的创意密切相关。如谷歌"全球开发者大会",既有听取公司高管(一般是谷歌公司代表性人物)发布主旨演讲、展示最新产品的全体大会,也有与会者根据兴趣自由选择参加的分议题小会,还有个性化分散交流的"沙盘活动"。而为中国经济学家津津乐道的具有历史意义的"巴山轮会议",就是在一艘新下水的长江游轮"巴山号"上召开的。这种会议形式十分新颖。与会者乘坐游轮自重庆沿长江直下武汉,一边开会一边观赏沿途风景。试想,当游轮穿越奇峻的三峡,与会的经济学家受其感染,怎能不为中国经济体制改革的航船寻求一条穿越困境的航道而心潮起伏,才情洋溢。

会议活动和会议形式的创意,需要策划工作者具有美感,善于形象思维。这与偏重逻辑思维的会议主题创意是有很大区别的。经验告诉我们,有"文艺范儿"或有舞台表演和导演实践的人,往往对于会议活动和会议形式的出新出彩更富激情,而且会有更多的"点子"。

思考题

1. 了解阿里巴巴"云栖大会"的活动创意,其特点表现在哪些方面?
2. 分析《中国会展》杂志社主办的2018年第14届"中国国际会展文化节"的主题和会议活动及形式,你认为其创意较上一届有无新意?
3. 对话会议、圆桌会议、座谈会、茶话会,在形式上各有什么不同?

Chapter

第七章　会议的立项与组织工作方案

本章教学要点

本章通过会议项目的立项工作的方方面面以及制定组织工作方案的原则性要求,以便学习者了解会议策划前期工作的内容。

开篇故事

克林顿在郑州的 9 个小时

2005 年 9 月 8 日 6 时,清晨的河南新郑国际机场迎来了一位特殊的客人——美国前总统、永远的政治家、不老的萨克斯手克林顿。他乘坐的私人飞机是从印度直飞郑州的。这是克林顿第一次踏上中原大地。

上午,在下榻的宾馆,克林顿与来自河南上蔡县的 8 名艾滋病儿童见面。这些儿童自 7 月开始接受由克林顿基金会捐助的抗病毒药物的治疗。

11 时,克林顿到郑州中陆购物广场参观。其后,出席冷餐酒会,与河南省及郑州市政府官员、此次商业演讲会的赞助商交流。

下午,能容纳 2000 人的河南省人民会堂座无虚席。13 时,在央视主持人蘉莺春的邀请声中,克林顿缓缓走到舞台中央,以《谈美国经济 看中国发展》为题发表演讲。克林顿在演讲中指出,中国在过去二十多年的发展中取得了巨大的进步,但仍面临包括能源、环境、公共健康等方面的挑战。整个演讲仅用 20 分钟(会场配有同声翻译)。随后,克林顿在台上接受央视 2 套《对话》节目主持人蘉莺春的专访。

举办此次活动的河南中陆物流配送公司,是 2003 年成立的中美合资企业。为经营此次活动,中陆公司将演讲会门票分为 A、B、C 三种。其中,A、B 两种门票专供赞助商,价格分别为 26 万元和 10 万元;C 种为普通门票,售价 1500 元。

购买 A、B 两种门票的企业负责人,可以和克林顿共进午餐并合影留念,在克林顿演讲时可台上就座,同时可现身央视《对话》节目。其中,购买 A 种门票的企业负责人可与克林顿单独简短会面。

演讲会上,登台就座的企业家既有河南的,也有外省的。新郑烟草集团总经理赵志正表示,和克林顿直接交流并非为了留下一张可资炫耀的合影,"我们在美国有一种香烟品牌'HOMER'销售得很好,希望通过和克林顿的交流,扩大美国市场。"欧派橱柜企业公司董事长姚良松专程从上海飞抵郑州会见克林顿。他认为,中国橱柜行业必将走向国际市场,而与克林顿直接交流,将有利于欧派橱柜未来在美国市场的行销。也有企业负责人表示,会见时间太短了,无法深入交流,26 万元权当借克林顿做企业形象宣传了。

下午 3 时,克林顿离开郑州,前往乌鲁木齐继续民间访问。

据媒体报道,从参观主办方商业设施、冷餐酒会到演讲、接受专访,克林顿在郑州不到五小时的时间里获得的报酬是 25 万美元!这笔钱由中陆公司在境外支付给负责克林顿商业演讲活动安排的经纪公司。

河南省政府外事办公室称,克林顿到访郑州并进行商业演讲的信息,是中国人民外交学会于 9 月 2 日告知的。其新闻处负责人表示,克林顿此次来访接待所需全部费用都由主办方负责,河南省政府没花一分钱。但由因访问活动在河南境内,我们有责任保证客人的安全。在接待工作过程中,政府部门始终处于服务、协调的地位。

此次克林顿在郑州的民间访问与商业演讲活动,前后共九小时。有人算了一笔账:5 张 A 级门票,收入 130 万元;8 张 B 级门票,收入 80 万元;C 级门票至少应有 100 万元收入。"除去各种开支,中陆公司支付克林顿 25 万美元后不会赔钱。"

克林顿曾说,他离开白宫时欠了一屁股债。的确,"性丑闻"案高昂的律师诉讼费,令克林顿夫妇背上了 1200 万美元的巨额债务。四年后的 2004 年,克林顿夫妇不但还清了债务,还成了大富翁。赚钱的方法除出版传记外,就是商业演讲了。

请看,退休后的克林顿如何通过商业演讲生财。

2002 年,应里昂证券之邀,出席该行亚洲投资研讨会担任演讲嘉宾,出场费 15 万美元。

2002 年,应深圳京基房地产公司及《商业周刊》之邀,出席"2002(深圳·京基)WTO 与中国经济"论坛,一个多小时的演讲获出场费 25 万美元。

2003 年,其妻子希拉里参议员的财政状况申报显示,克林顿在日本演讲的出场费为 40 万美元。

2003 年,出席清华大学"AIDS 与 SARS 国际研讨会"并演讲 30 分钟。清华大学教育基金会负责人声明:学校没有为克林顿来清华包括演讲在内的一切活动支付一分钱。

中美合资的河南中陆物流配送公司,既是克林顿赴郑州商业活动的推手,也是通过会议活动营销自己的高手。

本章讨论的会议项目立项工作与制定组织工作实施方案工作,着重于商业性会议。但其中的许多内容,仍可用于工作性会议(包括官方会议)或学术性会议项目。

商业性会议主题的创意经市场调研,结论为"这个项目可以上",并被主办方批准立项后,这个项目就进入立项与制定组织工作方案的阶段了。

会议项目的立项与制定组织工作方案,同样是将项目从"如何上"的思路转化为"可以上"的实际操作。

会议项目的组织工作方案,是策划工作在这一阶段的主要成果。但制定组织工作方案工作必须与项目立项工作相结合。脱离项目立项工作实际的组织工作方案,是没有意义的"纸上谈兵"。

第一节 会议项目立项工作的流程

商业性会议项目的立项工作,一般包括设计名称与议程、商请合作伙伴与特邀嘉宾、明确与会者来源、确定举办地点与时间、编制财务预算、组建工作团队等具体内容。与展览会立项工作相比较,既有相似之处,也有自身特点。

在商业性会议项目中,论坛式会议新项目的立项工作是较为复杂的。了解论坛式会议新项目的立项工作流程,对于从事其他商业性会议项目立项工作具有普遍意义。

论坛式会议新项目立项工作的流程如图 7-1 所示。

论坛式会议新项目立项工作的流程有如下特点。

一是,会议的组织工作方案(或组织工作计划、经营管理工作意见)与立项工作相辅相成,不可脱节。

二是,在立项工作中,商请合作的主办单位和演讲嘉宾工作往往是重中之重。若不能落实,则整个项目无法进展。

三是,会议场所的租赁包括酒店的预订,在立项工作中非常重要,是确定会议时间和会议规模的标志。

> **思考题**
>
> 1. 结合论坛式会议立项工作流程,尝试梳理培训式会议新项目的工作流程。
> 2. 论坛式会议为什么要设计与会者范围?

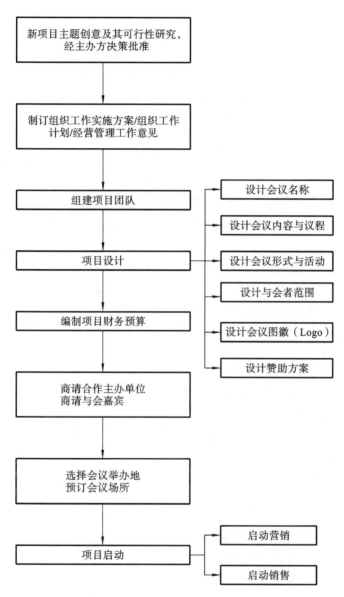

图 7-1　论坛式会议新项目立项工作流程

第二节　企业年会立项工作的流程

在商业性会议项目中,企业年会市场可观。近十年来,跨国公司来华举办年会的逐年增多,会议规模越来越大;国内企业对年会的作用日益重视,举办年会的水平明显提高。

企业年会属于企业的内部会议,但许多企业年会规模趋于大型化。其表现为:与会人数众多(有超过万人的,如恒大地产集团公司年会),且来自不同地方,会期不少于2天。此外,许多企业的年会每年选择不同地方举办,带有会奖旅游性质。因此,规模大型、举办地经常变换的企业年会,必须租赁会议场所,集中安排与会者住宿、餐饮,还需要组织文娱和旅游活动。这样的企业年会,就需要制定组织工作方案并开展立项工作。

企业年会立项工作与商业性论坛式会议立项工作相比较,在工作流程上有如下特点。

一是,由于企业年会的主办方没有获取营业收入、赚取利润的需要,所以立项工作相对简单。

二是,企业年会的策划者一般是举办年会企业的领导人及其内部团队,自行负责操作立项工作,故而无须编制格式严格的组织工作方案,一般采用年会组织工作计划即可(如表格式的计划)。

三是,企业年会的举办时间固定,因企业财年的制度,跨国公司年会一般在年中举办,国内企业一般在年末或年初举办。

四是,企业年会的议程分为常规性和特殊性两种安排。常规性议程一般是企业年度工作总结、新一年工作安排、工作经验分享、先进表彰等;特殊性议程则是专题培训、文艺表演、体育比赛、游览风景名胜等。特殊性议程不但是策划工作的重点,而且需要立项工作配合。

五是,企业年会可以将部分服务工作外包。承接外包服务的一般是会议公司或旅游公司。

六是,企业年会也有内外结合的,如苹果、谷歌公司每年举办的"全球开发者大会"。但此类会议是"会销"性质的会议,非严格的企业内部会议。这种会议项目的立项与操作,与论坛式会议相像,工作流程相对复杂。

思考题

1. 为什么说企业年会没有获取营业收入和赚钱利润的需要?
2. 企业年会如在企业内部召开,是否需要立项工作?

第三节 设计会议的名称

为会议"取名字",就是设计会议的名称。

会议名称是会议主题与服务对象的高度概括,是会议品牌的符号与象征,是主办方对会议项目施行经营管理的内容之一。

一、会议名称的形态与构成

会议的名称同样有全称和简称之分。许多案例表明,约定俗成的会议简称,往往比全称更加传神,更易于传播。

如"夏季达沃斯年会"的正式名称是"世界经济论坛新领军者年会",由于冬季在瑞士达沃斯小镇召开的"世界经济论坛"已被舆论界称为"达沃斯论坛",虽然"世界经济论坛"的创始人施瓦布(瑞士日内瓦大学教授)把夏季在中国召开的会议名称定为"世界经济论坛新领军者年会",但舆论界在惯性思维下仍将此会议与"达沃斯论坛"联系起来,称之为"夏季达沃斯年会"。由此可见,无论是冬季在瑞士召开的"世界经济论坛",还是夏季在中国召开的"世界经济论坛新领军者年会","世界经济论坛"的正式名称都不如"达沃斯论坛"或"达沃斯年会"这样的简称来得响亮,更易为公众接受。个中道理,值得策划工作者思考与把握。

会议的全称也是由多个名词或名词性词组组成的复合性词组。

会议名称一般需要三个以上的名词性词组加以组合。在会议名称中,这些名词性词组各有所用。组成会议名称的名词性词组,依序一般分别是会议的辐射范围、性质、会议的主题和会议的形态。举例说明如下:

博鳌　　　亚洲　　　论坛
会议地名名词　会议主题名词　会议形态名词
世界经济论坛　　新领军者　　年会
会议主办方名词词组　会议主题名词词组　会议形态名词

在"博鳌亚洲论坛"名称中,"博鳌"是地名,在中国海南省;"亚洲"是会议主题,明确会议关注的是亚洲问题,体现了会议的国际性;"论坛"是会议形态。"博鳌亚洲论坛"这六个字的会议名称,高度浓缩了这个会议三方面的重要信息:在中国海南博鳌举办(显示倡导者和举办地);讨论亚洲问题(宣示会议主题);采取论坛形式(表示会议形态)。尽管"博鳌亚洲论坛"作为会议名称已够简明了,但舆论界还是将其进一步简称为"博鳌论坛"。

在"世界经济论坛新领军者年会"名称中,"世界经济论坛"是指会议主办方,强调会议源自冬季在瑞士达沃斯小镇召开的"世界经济论坛";"新领军者"是会议主题,以区别于冬季"世界经济论坛";"年会"是会议的形态。作为会议名称,"世界经济论坛新领军者年会"确实太长,也拗口,将其简称为"夏季达沃斯年会",不但可与冬季的"达沃斯论坛"相对应,而且简明、上口。

二、会议名称的设计方法

为会议"取名字",就是以专业的方式对会议名称进行文字编辑。这与设计展览会名称的方法是相同的。但需要注意以下问题。

第一，设计会议名称是指设计会议的全称，而不是简称。而设计会议的全称，就是按照会议策划的意图，把体现会议名称要素的名词或名词性词组编辑妥帖。所谓"编辑妥帖"，就是运用专业的知识和必要的经验，通过对于会议名称的文字编辑，使之准确、恰当地传递会议项目的信息。

案例1　会议名称的设计

表7-1所示为决策者会议策划集团部分会议名称。

表7-1　决策者会议策划集团部分会议名称一览
（2013年5—11月）

会议名称	举办时间	举办地点
第九届亚洲天然气大会	2013年5月9—10日	中国北京
第九届中国核能国际大会	2013年5月15—16日	中国北京
中国通用航空应急救援大会	2013年5月16—17日	中国上海
第五届中国商业飞机论坛	2013年5月23—24日	中国上海
第七届中国国际海洋油气大会	2013年5月23—24日	中国深圳
中国机场发展大会	2013年5月30—31日	中国上海
第二届亚太化妆品创新大会	2013年6月5—7日	中国上海
第五届非常规油气大会	2013年6月5—7日	中国北京
第七届亚洲矿业合作论坛	2013年6月6—7日	中国北京
第十届洁净煤论坛	2013年6月13—14日	中国北京
亚洲海洋工程船峰会	2013年6月20—21日	马来西亚吉隆坡
中国企业并购聚焦峰会	2013年6月27—28日	中国上海
第六届中国产业地产高层峰会	2013年7月4—5日	中国上海
亚太直升机高层峰会暨颁奖典礼	2013年7月16—17日	新加坡
第八届城市轨道世界大会	2013年9月10—13日	中国上海
中国知识产权聚焦峰会	2013年9月17—18日	中国上海
第三届中国疫苗聚焦峰会	2013年9月12—13日	中国北京

续表

会议名称	举办时间	举办地点
第三届中国金融衍生品峰会	2013年9月24—25日	中国上海
第六届中国智能电网大会	2013年9月26—27日	中国天津
第四届绿色汽车大会	2013年10月9—11日	中国北京
第八届亚太海洋油气大会	2013年10月17—18日	印尼雅加达
第三届支付创新(中国)大会	2013年10月17—18日	中国上海
东南亚核能国际大会	2013年10月24—25日	马来西亚吉隆坡
第九届轨道交通世界大会	2013年10月25—26日	泰国曼谷
第二届中国食品饮料峰会	2013年10月31日—11月1日	中国上海
第三届全球抗体聚焦峰会	2013年11月7—8日	新加坡
第十届亚洲天然气大会	2013年11月14—15日	日本大阪
第二届印度石化聚焦峰会	2013年11月28—29日	印度孟买

说明与评点

以上28个会议来自"决策者会议策划集团"网站 www.cdmc.org.cn 2013年5月28日公布的信息。

会议主办方——"决策者会议策划集团",实际是"上海决策者经济顾问有限公司"。这两个名称前虚后实,体现了该公司营销会议的用意。

通过此案例可见,所列会议名称基本是按"届数+辐射范围/性质+主题+会议形态"等名词或名词性词组的顺序组合而成的,如"第九届亚洲天然气大会""第十届亚洲天然气大会"(请注意,这两届会议是同年召开,时间相隔5个月,会议地点不同)。当然,也可以颠倒这些名词或名词性词组的排列顺序,如"第九届轨道世界大会""第三届支付创新(中国)大会"。

没有标明届数的会议一般是首届召开。

第二,在会议名称的名词性复合词组中,显示会议主题和辐射范围的名词或名词性词组是设计的关键。提炼会议主题的名词或名词性词组,不但要简约明了,而且要遵循国际或社会的惯例。在案例1中,体现会议主题的名词或名词性词组如"天然气""核能""航空应急救援""商业飞机""海洋油气""化妆品""金融衍生品"等,要么是国际通行概念,要么是社会惯用称谓,相关业界人士完全能够理解。

在设计会议辐射范围时,所选的名词或名词性词组,要么是国别的,如"中国""印度";要么是区域的,如"亚洲""亚太""东南亚";也有采用城市或风景区甚至酒店名称的,如"上海论坛"(复旦大学主办,韩国高等教育财团资助)、"博鳌亚洲论坛""香格里拉对话暨亚洲安全会议"(英国伦敦国际战略研究所主办、新加坡国防部协办)。这些不同的选择,有的强调举办地,有的彰显议题范围,有的则约定俗成(如"香格里拉对话会议",其正式名称应是"亚洲安全会议"。但由于会议固定在新加坡香格里拉酒店召开,被舆论和与会者俗称"香格里拉对话会议",以致主办方不得不"从众就范",连会场主席台背景板上的名称都是 Shangri-La Dialogue,简称为 SLD)。也有在名称中不标明辐射范围的会议,如案例 1 中的"第四届绿色汽车大会"。

第三,在会议名称的名词性复合词组中,显示会议形态的名词或名词性词组是整个复合词组的后缀。这在语法分析中属于定语。在设计会议名称时,这个词或词组是用来显示会议形态的:如"大会",一般指与会人数较多,依会议业惯例,与会者超过 300 人规模的才能称为大会;如"论坛",强调会议的开放性,议题的包容性,研讨的平等性;如"高峰论坛",意指与会者地位显耀,层次较高,即出席会议的人非普通人,而是高阶官员、业界大佬、学界权威或社会名流,尤其指特邀演讲者是重量级高端人士;如"峰会暨颁奖典礼",则表明会议既是高级别论坛,又有颁奖活动。

与设计展览会的名称一样,设计会议名称也需要树立"名正言顺"的概念。

所谓"名正",就是会议的名称要准确、明了地体现会议主办方希望传递给外界的信息。

所谓"言顺",就是会议的名称不但要讲起来顺口,听起来顺耳,在使用中不产生歧义,而且有利于项目的推广宣传。

从本章所举案例可以看出,会议名称的文字一般都很简短,字数超过 15 个的很少。这与许多展览会名称文字偏长的状况不太一样。

会议名称的设计工作大体分为两个阶段:一个是在会议项目的可行性研究阶段,所设计的名称只是供主办方内部讨论的建议,可以修改。一个是在会议的立项与组织实施阶段,此时所采用的会议名称将成为项目的符号,一旦对外推广就不宜随便改动。

对于会议策划工作的学习者来讲,掌握会议名称的设计方法并能从中参悟规律,不但有助于加深对会议主题创意的认识,也有利于在制定项目组织工作实施方案中思考会议品牌建设的问题。

> **思考题**
>
> 1. 为什么说"会议名称是会议主题与服务对象的高度概括"?
> 2. 会议简称有什么意义,举例分析会议全称与简称的区别。
> 3. 列出"上海论坛"的年度主题,理解"上海论坛"的主办宗旨。

第四节　举办国际会议的申请

我国关于国际会议的标准,目前仅见于中共中央办公厅、国务院办公厅印发的《关于在华举办国际会议的管理办法》(〔2006〕10号文)。其规定,"来自3个或3个以上国家和地区(不含港、澳、台地区)的代表参加,以交流为主要目的,举办的研讨会、报告会、交流会、论坛以及国际组织的行政会议,可称之为国际会议"。

在中国,官方机构举办或参与主办高规格的国际会议,是需要通过行政审查批准的。

所谓高规格的国际会议,即便是由商业机构策划或操作,但只要主题是关乎国内外重大问题的,或商请的主办方涉及党政机关、人大、政协或人民团体的(一般指工会、共青团、妇联、科协、侨联、台联、青联、工商联等8个团体),邀约出席会议的国外嘉宾属于国际政商学界著名人物的(如各国前政要),邀约与会的代表中境外人士比较多的,都需要报经政府有关部门审查批准。

目前,负责审批国际会议的政府部门主要是外交部、教育部、科技部和财政部。其中,财政部参与审批,是因为许多国际会议的举办经费来自财政开支。经常举办国际会议的大型、知名学术机构如中国科学院、国家重点高校等,也按政府部门的要求,制定了审批国际会议的相应制度。

一、国际会议的审批要求

为控制国际会议数量,避免外事接待的无序状态,节省财政开支,财政部、外交部于2011年2月联合发出《关于严格控制在华举办国际会议的通知》,再次就国际会议管理工作做出规定。两部明确指出,该通知是经国务院同意,旨在"进一步规范和加强管理在华举办国际会议。"而在此前,财政部于2011年1月出台了《在华举办国际会议费用开支标准和财务管理办法》,就中央一级机构举办国际会议的费用管理做出了新的规定。该管理办法主送中共中央有关部门,国务院各部委、各直属机构,全国人大常委会办公厅,全国政协办公厅,最高人民法院,最高人民检察院,有关人民团体。由此可见,其适用范围并不仅限于政府部门,也包括人大、政协、政法、党群机构。

研究财政部、外交部的通知内容,可以体会国务院对于审批国际会议的要求。

一是,通知强调,各地区各部门要按照"服务发展、确保重点、规范管理、精简务实"的原则,进一步加强在华国际会议管理,严格执行中央和省(部)两级审批制度。

通知提出的"服务发展、确保重点、规范管理、精简务实"16字方针,包含了以下内涵,即要求举办国际会议须服务发展需要,同时要突出重点项目,在管理上要遵循制度,在数量上要控制,在会议安排和外宾接待上要简朴。

通知重申,严格执行中央和省(部)两级审批制度是加强管理的重要举措。

二是,通知提出,要严格控制在华举办国际会议的总量,未经批准不得擅自对外申办或承诺举办国际会议。凡不符合规定、无实质内容的国际会议一律不得举办或承办。如无特殊需要,未经批准,原则上不搞固定年会或与外方轮流开会机制。对已经形成机制的国际会议,要由该国际会议的业务主管部门会同有关部门,对会议的重要性和可持续性等进行评估,效果不明显的,应及时调整或清理。

在通知中,分三种情况提出了贯彻"服务发展、确保重点、规范管理、精简务实"方针的措施。

三是,通知提出,各地区各部门要认真研究确定国际会议的主题,不得在同一时间或短时间内举办主题相同或类似的国际会议。以国内议题为主的国际会议,除有专门规定外,应先按照国内会议报批和管理,再就涉外事项按规定报批。

从会议主题角度对于国际会议的管理提出要求,这是之前的政府管理文件没有涉及的。这表明,会议主题业已成为会议审批管理的重要内容。

四是,通知指出,各地区各部门要全面精简国际会议,严格控制会议规模,坚决纠正国际会议规模越大越好的错误认识,避免片面追求参会人数。百人以上的国际会议要慎办少办。与国际组织及外国有关团体、机构共同举办或受其委托承办的国际会议,规模原则上不超过往届。

通知要求,各地区各部门要严格控制邀请中共中央和国家领导人出席国际会议。未经批准,不得擅自对外承诺中共中央和国家领导人与会,不得为提高会议规格随意使用"峰会""国际论坛"等称谓。严格控制邀请外宾的规模和规格,未经履行必要手续,不得擅自邀请或对外协商邀请重要外宾来访。各地区举办国际会议或涉外活动,不得竞相抬高国内外会议代表的规格,不得相互攀比。

通知批评国际会议"贪大求洋"和相互攀比的不良风气。特别强调,管控百人以上的国际会议,严控邀请中共中央和国家领导人以及重要外宾出席。

五是,通知规定,各地区各部门报送审批在华举办国际会议的请示,凡涉及申请财政拨款的,须事先会签财政部门同意;如涉及其他部门管理职能,应事先会签相关部门。应按照部门预算管理程序,在履行相关报批手续后编制会议预算,报财政部门审核。会议经费由我方全额负担或由与会各方分担的,应统一按照会议标准制定经费预算,我方负担的经费应纳入部门预算管理。各部门自行批准在华举办的国际会议所需经费,应在部门预算中自行调剂解决,财政部门不再另外安排经费预算。

通知规范国际会议审批程序,强调财政部门的监管职能。

六是,通知规定,不得擅自对外承诺提供任何免费服务。会议经费由我方支付或由与会各方分担的,应严格执行经财政部门审核的经费预算及有关在华举办国际会议财务管理办法和支出规定。承办方应当根据会议经费预算总额安排会议议程和接待服务,不得安排非会议内容的接待服务。会议经费由外方全额支付的,我方不再另外安排会议经费补助。经常举办国际会议的城市,应当实行会议定点管理。

通知还规定,各地区各部门在华举办国际会议的支出标准,原则上参照中央级二类会议经费综合定额标准执行。要严格控制会议的住宿档次,并按照国际惯例不配备生活用品,不发会议纪念品,不赠送礼品,不组织公款游览、参观等。会议用餐以自助餐为主,可安排一次冷餐宴请,不再另外安排迎送宴请。外方参会人员除特邀代表外,其他人员往返路费及食宿费一律自理。

通知的这些具体规定,旨在促使务实简朴办会。

仔细阅读财政部《在华举办国际会议费用开支标准和财务管理办法》(可以通过官网浏览),可以体会把"钱"管住,是政府管理国际会议的关键举措。

财政部这个管理办法围绕国际会议费用开支的标准和财务管理两大问题,共订立了五章二十六条规定。从会议策划角度,其中的许多内容具有指导性和专业性意义,值得特别注意的有以下几点。

一是该办法对国际会议的定义为:中央部门与外国有关组织、团体、机构共同在华举办或受其委托承办年会、例会及其他以国际问题为主要内容,且申请中央财政拨款的会议(以下称国际会议)(见管理办法第一章第二条)。这个定义明确是针对中央部门举办或承办并申请中央财政拨款的国际会议,而非其他国际会议。

二是该办法对国际会议的规模确定了划分标准:按照会议正式代表(不含工作人员)的人数,在华举办国际会议分为三类,会议正式代表在300人以上的,为大型国际会议;会议正式代表在100人以上、300人以下(含300人)的,为中型国际会议;会议正式代表在100人以下(含100人)的,为小型国际会议(见管理办法第一章第三条)。

三是该办法对国际会议的收入来源明确为五个方面。其中,对于会议注册费收入的概念进行了界定,即根据国际惯例,由会议承办单位向参会代表收取的用于会议支出的费用(见管理办法第二章第九条)。

四是该办法对国际会议的支出管理进行了规定,并详尽地列出了会议场地租金、招待会、同声翻译、交通、会务、劳务等项费用开支的标准。

另需指出,管理办法没有涉及国际会议特邀嘉宾的出场费及演讲费的支出问题。但许多国际会议是存在这一支出的,且数额不小。管理办法既没有规定不能支出,也没有制定统一的支出标准,可见这一支出情况复杂,只能"因会制宜",个案处理。

财政部、外交部《关于严格控制在华举办国际会议的通知》以及财政部《在华举办国际会议费用开支标准和财务管理办法》,不但是2011年后中国政府为管理国际会议出台的最新的法规性文件,也可看成是中国会议业在发展中与国际惯例接轨、走向规范的标志。

二、国际会议的审批程序

在中国,举办国际会议的报请审批,是有明确而严格的程序的。

下面,我们以《中国科学院关于在华举办国际会议的管理细则》为例,来了解国际会议的申报审批程序。

案例 2　举办国际会议的审批程序之一

 中国科学院关于在华举办国际会议的管理细则

在国内,各省、市、自治区政府管理国际会议都有相应的制度。如上海市政府外事办公室在其官网上公布了《在沪举办国际会议办理审批手续指南》。具体如下。

 案例 3　举办国际会议的审批程序之二

在沪举办国际会议办理审批手续指南

上海市人民政府外事办公室

(2009 年 1 月 6 日发布)

1. 受理时限

一般国际会议材料齐全后 15 个工作日;若邀请外宾规模在 100 人以上的大型国际会议,材料齐全后 90 个工作日。

周一至周五上午 9:00—11:30;下午 13:30—17:30。

2. 基本要求和注意事项

应报市外办审核、审批的国际会议主要包括:政府间的重要国际会议、主要国际组织的重要会议、涉及重大敏感问题的国际会议、重要的经贸性和专业性国际会议、邀请外国政府现职部长以上官员和在国际国内有重要影响人士参加的高级别国际会议。

3. 申报单位

(1) 单独举办的,由举办单位负责申报;

(2) 几个单位联合举办的,由牵头单位协调后负责申报;

(3) 中外联合举办的,由联办的中方单位负责申报。

4. 申报的基本要求

(1) 会议名称、举办日期、地点;

(2) 会议主办单位及协办单位的名称；
(3) 会议的议题及主要内容，必要时还应有相关的背景材料；
(4) 会议规模、中外代表人数，参会人员的范围及主要与会人员的姓名、身份、国籍；
(5) 会议经费预算及来源，对有外方提供资助的要作具体说明；若需国家财政拨款，须事先会签市财政局；
(6) 在沪举办国际会议如涉及多个部门，应事先会签相关部门并附有书面意见；
(7) 会议举办单位联系人姓名、电话、传真。

5. 报批程序
(1) 本市申办国际会议，须经局级以上单位办理报批手续；
(2) 举办国际会议，一般需在举办前4个月向市外办申报。
(3) 邀请外宾人数在100人以上的国际会议；邀请外国政府现职部长以上官员和在国际国内有重要影响人士参加的高级别国际会议，需在举办期前6个月向市外办申报。

6. 受理部门
上海市人民政府外事办公室综合业务处。

在中国，政府对于国际会议的审批严于冠名"中国国际"展览会的审批，原因有三：一是在华或来华举办的国际会议，或因国内主办方希望利用国际会议吸引关注、扩大影响（如中国政府举办"博鳌亚洲论坛"，意在通过论坛加强亚洲国家及地区间交流，增强中国话语权；又如复旦大学主办的"上海论坛"，意在讨论上海经济社会发展问题，增强学校影响力），或因境外主办方希望借助中国发展或中国协办者的力量举办国际会议，也包括境外主办方及其境外与会者希望与中国政府、企业、社团组织建立联系，施加影响力（如《财富》杂志先后四次在中国举办"财富论坛"，出席论坛的世界"500强"企业的代表每次都获得了中国政府高层的接见，他们与会议所在地的政府以及企业都有深入的交流）。因此，中国政府必须要加强管理，以免随意办会酿成外交与外事工作上的麻烦。二是，许多国际会议都需要财政给予拨款（拨款分为中央财政和地方财政），且一些会议开支巨大。因此，中国政府必须要加强管理，以免公帑滥用。三是，21世纪以来，国内国际会议办得过多过滥，中央政府必须要加强管理，以遏制各部门各地方攀比办会的不良风气。

还须说明，在中国并不是所有的国际会议都需要行政审批。商业机构（包括专业的会议公司）主办的国际会议，只要没有邀请政府机构，或类似中科院这样的官方机构作为联合主办单位的，也不需要政府财政拨款作为举办经费的，如河南中陆物流配送公司邀请美国前总统克林顿赴郑州演讲，如上海决策者经济顾问有限公司（"决策者会议策划集团"）主办的会议，就无须报请相关政府机构审查批准。当然，此类国际会议的主题必须无涉政治，如上海决策者经济顾问有限公司（"决策者会议策划集团"）主办的会议多属此类。

了解国内国际会议的审批要求和审批程序，对于会议策划工作者至关重要。同时，了解审批国际会议的行政法规，对于研究中国会议业的特点，丰富会议策划思路也大有益处。

> **思考题**
>
> 1. 本教材中对于国际会议的定义，一共介绍了几种？
> 2. 比较财政部《关于在华召开国际会议财务管理办法的规定》（财外字〔1997〕543号）与《在华举办国际会议费用开支标准和财务管理办法》（财行〔2012〕1号文）两个文件，后者与前者有何不同？
> 3. 21世纪以来，国内举办国际会议的不良风气表现在哪些方面？
> 4. 登陆中科院网站，查看其2012年批准的国际会议，分析其中哪些是国务院批准的会议，哪些是该院批准会议。

第五节 明确会议的合作伙伴

商业性的会议公司"上项目"——举办会议，大都需要利用各种社会资源。因此，寻求会议项目的合作伙伴，并通过协议明确合作关系，是会议主办方在立项中的重要工作之一。

商业性的会议公司举办会议所需要利用的社会资源，大体包括三个方面：政府的行政资源，市场的商业资源，民间社团的行业资源。如举办国际会议，还要利用境外或国外的资源。

会议主办方寻求合作伙伴，按主办方经营管理的需要，也是三个层次：

一是，选择有利于提升会议影响力的权威机构；

二是，选择有利于营销会议的商业机构；

三是，选择有利于优化会议品质的服务机构。

"有利于提升会议影响力的权威机构"，一般指政府及其部门、国家级学术机构（如中国科学院、中国工程院）、知名大学、行业协会、专业学会、大型媒体、大型企业（如央级国企、国内"500强"企业）等。

凡欲商请的权威机构，会议主办方需要先行与该机构协商，经同意后双方须达成正式或非正式的协议。

"有利于营销会议的商业机构"，一般指可以帮助会议销售或推广的机构，包括行业协会、专业学会、公司或媒体等。

"有利于优化会议品质的服务机构"，一般指为会议提供配套服务的机构，包括会议场所/酒店、会议现场布置、会议现场餐饮供应、会议现场登记接待、纸质品印刷、旅游等服务的供应商。

在会议的立项工作中,主办方寻求合作伙伴,首先要解决第一层次的问题,即是否需要商请权威机构作为会议的联合主办方;如果需要,则要认定商请的具体机构;再是与该机构联系协商。这项工作应尽可能提前,一般应在会议拟定举办时间的 6 个月前,甚至需要提前一年。原因是,商请工作的前提是能够与被商请的权威机构建立工作联系,并能促成该机构同意联合主办会议。在此过程中,会议主办方需要花大量时间并耗费成本进行公关,而且需要满足被商请机构同意联合主办会议的诸多程序性要求(包括提供项目的组织工作方案、呈递申请报告、订立合作协议等)。此类商请经常遇到的情况是,经过联系协商,拟定的权威机构不同意联合主办。在此情况下,会议主办方应有替代方案,即转而商请其他机构联合主办。有时候,会议主办方会同时联系两个甚至多个权威机构,以防借助权威机构提升会议影响力的意图落空。

会议的主办方所需要的第二、第三个层次的合作伙伴,除会议场所/酒店外,一般会在项目运营的过程中进行选择。

> **思考题**
>
> 1. 商业性会议公司举办会议商请权威机构作为会议的联合主办方,有利有弊,你认为利弊各是什么?
> 2. 某商业性会议公司拟商请中国工商联合会联合主办"中国电子商务高峰论坛",商请函应该怎样撰写?

第六节　设计会议的赞助方案

寻求赞助,是经营商业性会议的重要工作之一。

什么是会议赞助?

会议赞助是指赞助方向会议主办方提供的资金、实物、技术或劳务等方面的资助或支持,以达到推广自己或获取相关利益的目的。

商业性会议主办方寻求赞助,既增加会议收入或降低会议成本,又可以丰富会议内容,扩大会议影响力。

在国内,向会议主办方提供赞助的分为政府赞助和商业赞助两种。其中,政府赞助较为多见的是会议举办地政府为会议提供财政资金补贴;商业赞助主要来自企业。愿意向会议提供商业赞助的机构,往往与会议的主题或与会的嘉宾/代表有密切关系。他们有的是会议的发起者或主办方/承办方,有的是会议主题所服务行业的知名企业或机构,有的是希望借助会议提升知名度的企业或机构。

为有效寻求商业赞助,会议主办方一般在项目启动前设计商业赞助方案,并将其纳入项目营销与销售业务工作中。

会议的商业赞助方案,一般需要介绍三方面内容。

一是,会议项目的介绍。

除介绍项目的主题及其主要议程、组织机构、举办时间、地点等基本情况之外,着重介绍项目的价值,旨在向赞助方推广赞助的意义。

二是,会议项目赞助内容的介绍。

将会议可供赞助的项目详细列出,向赞助方推广,以便其选择。

商业性会议常规的赞助项目如表7-2所示。

表 7-2 商业性会议赞助项目一览

项目名称	赞助体现	赞助方式
资金补贴	举办地政府作为会议主办方或支持方	资金
会议冠名	在会议名称中添加赞助方名称及其品牌名称	资金/实物
会议评选奖项冠名	会议评选的奖项冠以赞助方名称或品牌名称	资金/实物
会议活动冠名	会议的晚宴、茶歇、文艺演出、专项赛事、旅游活动冠以赞助方名称或品牌名称	资金
会议用品	会刊印刷、手袋、胸卡、纪念品等	实物
会议服务	会议接待、同声翻译等	劳务

表中"资金补贴",是指举办地政府对于会议主办方给予的补贴资金。

会议及其活动的冠名,是争取商业赞助的主要项目。

赞助方可以复合赞助,即同时赞助多个项目。

三是,赞助方法的介绍。

在方案中列明赞助方法,包括赞助条件、赞助项目标底(资金数额、实物数量、劳务人数)、赞助方所获权益等。

> **思考题**
>
> 1.会议举办地政府为什么愿意向会议提供财政资金补贴?
> 2.愿意为会议接待赞助劳务服务的一般是什么机构?为什么?
> 3.尝试为本章案例3的会议草拟赞助方案。

第七节 邀请出席会议的嘉宾

学术性会议尤其是论坛式会议,邀请嘉宾是会议主办方立项中的重要工作之一。

一、出席会议嘉宾的分类

出席论坛式会议的嘉宾,大体可分为两种。

一种是礼节性嘉宾,一般指应邀出席会议开幕、闭幕或颁奖仪式,但不发表专题演讲的权威人士或重要人物。

另一种是议程或议题参与性嘉宾,一般指应邀担任会议主持、专题演讲/对话的权威人士或重要人物。

2013年"财富论坛"在成都召开,国务院相关部委、四川省、成都市党政、人大、政协的负责人应邀出席6月6日下午的开幕式及随后的开幕晚宴。其中的多数人不在论坛上发表讲话,其后也不会自始至终参加"财富论坛"。这些人与会具有各自的代表性(代表不同性质不同层级的公务机构),基本属于礼仪性嘉宾。在开幕式上,致开幕辞的《财富》总编辑苏安迪(代表会议主办方),致欢迎辞的四川省委书记王东明(代表会议举办地政府),在开幕晚宴上发表主旨演讲的中共中央政治局常委、国务院副总理张高丽(代表中国政府),和应邀在论坛大会或分会上发表专题演讲的9位人士(其中包括美国前财政部长保尔森、四川省省长魏宏、篮球运动员姚明和舞蹈家金星),以及应邀在论坛大会或分会上作为对话嘉宾的60余位中外经济界、企业界、传媒界著名人士,显然属于会议议程或议题参与性嘉宾。

对于会议的主办方而言,邀请会议议程或议题参与性嘉宾是邀请会议嘉宾的重点。

二、论坛式会议嘉宾的邀请及服务方法

论坛式会议的主办方,邀请议程或议题参与性嘉宾(以下简称参与性嘉宾)的工作,可分为三个步骤。

第一步,根据会议项目的主题创意,拟定参与性嘉宾人选。如"财富论坛"在中国举办,需要从两方面考虑嘉宾的人选:一是能够代表中国政府(包括举办地地方政府)在论坛上发表主旨演讲的嘉宾。二是能够与本届论坛主题以及分论坛(分会)主题相匹配的嘉宾。由此可见,参与性嘉宾的人选与会议项目主题创意关系密切,可以说既需要体现会议的权威性,又需要体现会议主题的针对性。甚至可以说,嘉宾人选的资望与搭配是否恰当,在一定程度上决定了论坛式会议的价值和影响力。

第二步，根据主办方拟定的参与性嘉宾人选，展开商请工作。在商请工作中，须把握以下原则：一是，须逐一商请。这是因为拟定的嘉宾每一位都是一个特殊的个体，且都地位显要，不可能采用"批量"邀请的方法。二是，商请的内容必须周详。向拟定嘉宾提出商请，其内容需包括会议的名称、举办的时间与地点、本届会议主题、嘉宾与会拟担任的角色（具体是主持、演讲或对话嘉宾）。商请的内容周详，是便于拟定嘉宾全面了解会议信息，以利其决定是否接受邀请与会并担任嘉宾。三是，持续跟进商请事宜。凡同意与会并同意担任角色的嘉宾，会议主办方须及时跟进，落实具体事宜，包括订立协议（一般以口头协议为多），与其沟通主持、演讲或参与对话的要求，同时了解嘉宾与会的特殊性要求。

第三步，根据商请结果，为嘉宾与会提供会前服务。一般包括：一是，会议日程与嘉宾行程协调。二是，嘉宾在会议期间的活动安排（主要是担任主持、演讲或参与对话的时间安排，以及某些活动的特殊性要求，如嘉宾着装的要求）。三是，收集或提供相关资料（会议主办方一般会提前获取嘉宾的演讲题目或演讲稿的PPT；会议主办方提前向嘉宾提供其担任角色所需的资料）。四是，持续发送会议重要信息，以利嘉宾了解会议组织工作的进展情况，并提醒嘉宾按时与会。

礼节性嘉宾的商请工作，虽不如参与性嘉宾商请工作复杂，但仍需要提前制订计划，拟定人选。会议主办方商请礼节性嘉宾，同样需要提前联系，其具体事宜可在会前一个月左右的时间内跟进落实。主办方在商请中须告知嘉宾，在何时何地出席何种礼仪性活动，共同出席的还有哪些人士。

邀请论坛式会议嘉宾，无论是礼节性嘉宾，还是参与性嘉宾，在嘉宾经商请同意后，会议主办方应寄送或派员呈送邀请函。此举既是礼节，也是主办方借此强化会议信息的传递。

在论坛式会议的立项工作中，邀请与会嘉宾的工作极为重要。能够邀请到什么样的嘉宾，以及嘉宾在会议上传播什么样的信息，直接关乎会议的主题能否体现，会议的价值能否实现，会议的影响力能否展现。因此，在会议项目主题创意、市场调研、评估决策的诸环节中，邀请参与性嘉宾工作是项目的策划者和决策者必须时时考虑和高度重视的问题。换言之，离开了具有代表性或指标性权威嘉宾的参与，论坛式会议项目的主题创意就难以奏效，"上项目"后的市场推广也就没了"亮点"和"卖点"。

在商请参与性嘉宾的工作中，需要特别注意两个问题。

一是，商请工作必须够规格、有礼貌，不能草率马虎。由于拟定嘉宾大都是有影响的权威人士，会议主办方商请的方法除出具邀请函之外，如能当面邀请或通过电话、电子邮件与其沟通，效果一般较好。但当面邀请或电话、电子邮件的沟通，非普通员工可以胜任，须是会议主办"有资格"的人士。这个"有资格"的人士，一般指主办方中中高层管理者，或者是被商请嘉宾易于接受的人士或方式（如主办方转请有影响力的合作伙伴出面邀请，或经有影响力的合作伙伴授权/介绍提出邀请）。强调"有资格"，还因在商请嘉宾的沟通过程中，一旦嘉宾提出与会的具体问题或特殊性要求，会议主办方的中高层管理者可与嘉宾协商，并及时予以答复。总之，会议主办方商请重要嘉宾的工作，一定要做到合乎规格、礼数周到，尽可能让嘉宾满意。即便未能达成邀请，也不应因失礼而得罪嘉宾，或令嘉宾印象不好。

二是，论坛式会议商请的参与性嘉宾一般是需要付费的。商业性机构主办的论坛式会议，支付给嘉宾的费用通称为"出场费"。支付标准一般有两种：一种是包干性付费；另一种是扣除嘉宾与会的交通费、在会议举办地酒店住宿费之后的付费。会议主办方向嘉宾支付"出场费"事宜，须在商请过程中达成协议，即付费标准是哪一种、付费金额是多少，以及如何支付。正因为应邀出席论坛式会议的参与性嘉宾，无论担任主持人，还是演讲者，或是论坛对话者，都需要付出劳动（体力和智力的投入），其以"出场费"方式获得报酬是应该的，也是符合国际惯例的。如本章的开篇故事"克林顿在郑州的9小时"所记，中国官方、主办方及提供赞助的企业以及克林顿本人都知道，克林顿在郑州的活动与演讲都是商业性质的。克林顿所得的25万美元"出场费"，是主办方与负责克林顿商业活动的经纪公司事先通过商业合同约定的。只要克林顿履行了合同约定，主办方就应向克林顿支付"出场费"。因此，"出场费"是会议主办方正常的成本开支。

也有无须支付"出场费"的参与性嘉宾，如政府现任高级官员受邀担任演讲，或主办方事先告知受邀者是无偿出席，且嘉宾同意，抑或是嘉宾主动放弃"出场费"的。

三、培训式会议讲师的聘请方法

培训式会议聘请的讲师，分为专职讲师和兼职讲师两种。

专职讲师是主办方以合同方式长期聘请的讲师。主办方之所以固定聘请专职讲师，多因主办方是经营性培训机构，长期专注某一领域的培训业务，并长期制度化地举办该领域的培训式会议。如慧泉国际教育集团公司长期从事企业管理培训和咨询业务，其拥有包括公司总裁、首席咨询顾问余世维博士在内的数十位专职讲师。这些讲师中的大多数人并非该公司的员工，而是与该公司签约的专职讲师。换言之，签约讲师必须定时参加主办方的培训式会议，并按约定的课程内容授课。

兼职讲师则是主办方临时聘请的讲师，双方多是口头约定，一般不会签署书面合同。兼职讲师因故不能参加主办方的培训式会议，并不承担责任。因此，依靠兼职讲师授课的培训式会议主办方，在制订课程计划时对于同一课程需有讲师人选的"备份"，否则遇到原定讲师不能按时前往授课的状况，将会陷入极大麻烦。

培训式会议的主办方聘请兼职讲师，其方法与论坛式会议邀请参与性嘉宾大同小异。但须注意以下问题。

一是，培训式会议的主题是通过培训课程体现的，而课程往往不只一门，讲师也不可能只有一人。因此，主办方须先围绕会议主题设定课程，然后再根据课程需要选聘讲师。

二是，培训式会议主办方选聘的讲师，一般有三个来源：来自政界、学界或企业界。其中，政界包括半官方的行业协会、商会；学界包括院校、科研机构；企业界包括媒体。

是从政界、学界还是从企业界选聘讲师，需要根据会议主题来确定。培训主题若是宏观的政策性议题，如"中国债券市场的发展及企业应对策略"，适合在政界或学界选聘讲师；培训主题若是微观的企业管理或专业技术议题，如"会展企业人力资源与员工培训管理"，或"食品安全质检新技术"，则适合在企业界或学界选聘讲师。被选聘的讲师应是该课程所涉及领域的专家，在业内具有一定影响，且授课内容新颖、务实，有"干货"可与受训者分享，有较强的演讲能力。这样的讲师才能达成培训效果。

案例 4　培训式会议课程设定与讲师选聘

"中国会展管理集训营与精英论坛"培训课程与讲师

由中国会展经济研究会主办的"中国会展管理集训营与精英论坛"，首期于2013年8月10—11日在上海光大会展中心举办。

培训课程主题为"展览会专业观众邀请的方法"，具体课程及其讲师如表7-3所示。

表 7-3　首期"中国会展管理集训营与精英论坛"课程及其讲师

序号	课程名称	讲师
1	专业观众对展会的重要性及成功的邀请模式	米奥兰特国际会展公司首席营运官——毕努
2	会展信息系统的建设及其应用	上海汇展科技公司合伙人——郑路逸
3	移动营销在会展行业内的应用	上海联展软件技术公司运营总监——谢泷纲
4	如何通过互联网获取展会观众信息	名品导购网总经理——董平
5	专业展观众邀请工作的流程再造	湖北好博塔苏斯展览公司董事、常务副总经理——张凡

说明与评点

"中国会展管理集训营与精英论坛"首期课程的主题，策划于2013年3月。但课程及其讲师的确定已是6月底了。其间，因原定的2名讲师因故难以赴会，不得不调整人选。

"中国会展管理集训营与精英论坛"的主办方选聘的讲师，明确为会展界资深职业经理人中有培训能力的人，而非政界、学界人士。

三是，培训式会议的主办方需向兼职讲师支付授课费。授课费一般按课时计算，具体标准由主办方与讲师协商而定。

> **思考题**
>
> 1. 论坛式会议邀请参与性嘉宾是决定项目成败的战略性工作,为什么?
> 2. 浏览慧泉国际教育集团网站,了解其专职讲师和培训课程的配置情况。
> 3. 以中国会展经济研究会的名义,撰写"中国会展管理集训营与精英论坛"商请培训讲师的邀请函。

第八节 确定举办会议的地点与时间

明确会议的举办地点和时间,是制定会议项目组织工作实施方案不可或缺的前提条件之一。

一、会议项目举办地点的选择

会议项目的举办地,也可以说是会议的目的地。

会议的"目的地",是针对与会者的概念,是从外地与会者旅行赴会的角度提出的。会议"目的地"与旅游"目的地"的意思是相同的。这也是会议业和旅游业相结合产生的"会奖旅游"概念的来源。

如何选择会议的举办地,这个问题首先应由项目的可行性研究来回答。但进入会议的立项阶段,举办地就不是研究性问题了,而是会议主办方必须"拍板"的决定。

会议项目的举办地,一般选择在城市或风景区。也有选择在企业召开的,但企业所在地基本是在城市,或邻靠城市。还有安排在旅途中的。如1985年9月由中国经济体制改革委员会、中国社科院、世界银行驻京办事处联合召开的"宏观经济国际管理讨论会",就安排在新下水的"巴山号"游轮上。会议在长江上自重庆至武汉共开了6天(9月2—7日),国内外知名经济学家共60余人与会。这就是中国经济体制改革史上十分著名的"巴山轮会议"。

商业性会议选择举办地,一般会依循以下思路:

(一)与会者大多愿意去的地方

会议举办地有没有吸引力,在于大多数与会者是否愿意去。如"财富论坛"乐意来中国(先后在北京、香港、上海、成都召开),乃因其与会者(主要是全球"500"强企业)对于中国经济和市场的极大兴趣。在与会者缺乏兴趣的地方开会,肯定不利于会议的推广。

（二）会议设施可以满足会议需要的地方

开会所选的城市或风景区，当地如缺乏满足会议需要的会议设施，即便与会者大多愿意去，也开不了会；即便经努力开了会，效果也好不了。

（三）与会者抵达方便的地方

会议举办地的交通条件，首先是指与会者抵达会议地点的交通条件，其次是指会议所在地的交通条件。一般而言，会议举办地没有机场，不利于举办境外与会者较多的国际会议；甚至有机场但无国际航班的地方，也不适合举办国际会议。会议所在地的交通状况也不可忽略。路面交通拥堵严重的城市，以及交通环境不佳的会场/酒店，同样会影响会议举办地的选择。

（四）因特别需求选择的地方

选择会议的举办地，经常会受到一些特殊因素的影响。如由会议的主要赞助商提议而确定的会议举办地；因举办地政府有资金补贴而吸引主办方前往；会议在某地举行有特殊纪念意义。在中国，许多会议因为需要邀请国家部委要员出席，不得不把会议的地点选择在北京。

当然，上述因素如可同时兼顾，那自然是会议举办地的上上之选了。

在选择会议举办地的过程中，选择会议场所是重要内容，其重要性如同展览会选择展馆一样。一般考察两个方面。

考察会议室。既要看会议室的数量与容量能否满足需要（若会议的人数规模是500人，召开全体大会需要有容纳500人的会议室；若分组会议的人数规模50—200人不等，则需要可以同时开会的不同容量的会议室若干间），也要看会议室的设施配置能否满足需要（如会议室的桌椅、灯光、音响、投影仪甚至讲台/舞台、无线通信环境的配置情况）。

考察酒店。因会议室一般设置于酒店，故考察酒店与考察会议室应一并进行。酒店的考察主要看服务标准（是星级酒店还是普通的商务酒店）、客房间数（标准间、大床房间或套间数）、餐饮形式与标准（自助餐或桌餐、消费价位）等。酒店的性价比是否合理，与会者入住是否安全、舒适，国际会议还要考虑是否满足境外与会者入住的特殊要求，这些都是主办方考察的重点。

二、会议项目举办时间的选择

选择会议举办地的同时，一般会选择会议的举办时间。

选择会议举办时间可遵循以下原则。

（一）与会者中的大多数人适合旅行的季节或时节

大多数会议尤其是论坛式或培训式会议，与会人士大多需要通过旅行到达会议举办地。这与许多会议必须流动举办，而不能把举办地固定在一个地方的惯例有关。因此，选择与会者中的大多数人适合旅行的季节或时节就十分重要。如冬季"达沃斯论坛"定于每年1月下旬在瑞士举行,既考虑了避开圣诞节与中国春节,也考虑了新年后一些权威人士可以拨冗与会,还考虑了瑞士高山小镇——达沃斯是北欧滑雪旅游的胜地;又如"中国会展管理集训营与精英论坛"定于每年8月、12月举办,乃因这两个月是中国展览业的"淡季",展览界人士可以得闲与会。

(二) 与会嘉宾中的多数人或特别重要的人物适合参加的时节

根据与会嘉宾尤其是特别重要的嘉宾的工作日程或行程,选择会议时间或调整会议时间,是会议主办方必须面对的问题。一般情况下,会议主办方必须提前与嘉宾协商会议时间,尤其要争取多数嘉宾或重要嘉宾把会议时间纳入其日程安排。

(三) 会议举办地具有独特意义的时节

这种会议时间的选择,有时和举办地特色旅游的季节有关,有时和会议特定的纪念性主题有关。

(四) 会议主办方认为合适的时间点

许多例行会议的举办地与举办时间都是固定的,如"香格里拉对话会暨亚洲安全会议"定于每年5月底至6月初在新加坡举行;"博鳌亚洲论坛"定于每年4月在中国海南博鳌举行。这些会议的主办方在策划时就设定了会议地点与时间,并坚持制度化举办。久而久之,与会者客随主便,就习以为常了。

(五) 拟定举办会议的场所可以提供的时间点

在会议场所/酒店无法提供会议主办方所需要时间的情况下,如果主办方必须在该会议场所/酒店开会,那就只好根据该会议场所/酒店可以提供的档期安排会议时间了。在中国,一些重要的会议场所/酒店经常为官方临时性活动所征用。选择在这些会议场所/酒店召开商业性会议,主办方必须多加注意,并有预案应对。

三、洽签会议场所租赁合同

会议主办方与会议场所提供方签订租赁合同,是用法律形式将会议主办方租赁使用会议场所的时间、面积(会议室)、租金以及相关服务标准明确下来,以此约束双方。

会议主办方在考察会议地点的过程中,如果基本确定选择某会议场所,就会在考察的同时与其洽商租赁使用事宜。

会议场所的服务设施及服务能力,既是考察重点,也是洽谈合同的内容。一般包括服务项目、服务质量、服务人员素质、满足特殊服务要求的能力(如临时变动会场的布置、特殊的餐饮供应、特别的安全保障)等内容。会议主办方提出的有关服务设施及服务内容的具体要求,凡会议场所提供方予以承诺的,都应详细写入合同,以免届时产生不必要的矛盾。

一般而言,300人以下规模的会议,通常是在酒店召开。因此,洽商预订酒店客房应与洽商租赁会议场所一并进行。在大多数酒店,商定客房预订数量是租赁会议室的前提。

对于酒店而言,客房出租毕竟是酒店收入的主要来源。

在谈判中,会议场所/酒店的性价比是会议主办方最为在意的。主办方往往希望以合适的出价获得超质的服务。而会议场所/酒店提供方会根据自身的档次(如旅游饭店星级标准)和长期累积的影响力,以及客房及会议室档期的宽裕或紧张程度,与会议主办方讨价还价。双方经洽商谈判达成一致意见后,就会签署合同。在国内,预订酒店及其会议室的合同书一般采用酒店方提供的格式化合同。合同的标底主要是预订酒店客房的时间、间数及其租金标准(预订酒店客房间数,一般是会议主办方承诺保底的客房间数),会议室租用的时间与间数及其租金标准,合同总金额,定金标准等。合同将约定双方的责任与义务,包括违反合同的处罚办法。在签署合同时,酒店方将依照政府有关治安管理的规定,要求会议主办方出具相关文件,包括主办方资质、会议项目行政审批(不是所有会议都需要行政审批)等方面文件。

明确举办会议的地点和时间,是会议立项工作中的标志性工作。一旦会议的地点、时间确定下来,就表明会议项目进入了实质性操作的"倒计时"阶段。因此,选择并确定会议举办地、举办时间及其洽谈预订酒店、租赁会议场所的合同,是会议策划中的大事要事,必须务实严谨对待。

凡从业历史较长、熟悉市场的商业性会议主办方,对于什么样的会议在什么地方举办,选择什么时间举办,以及选择什么酒店及会议场所,通过长期经营已有丰富经验,并累积了相关资源。因此,这些主办方可以轻车熟路,既实惠又有效率地落实会议举办的地点、时间及其经济合同事宜。

> **思考题**
>
> 1. 收集你所在城市会议场所的信息,包括会议室规模、酒店档次、客房数量等,从中判断这座城市接待会议的能力。
> 2. 收集你所在城市近三年举办国际性或全国性会议的情况,按官方和非官方会议分类,弄清规模处于前三位的非官方会议主办方基本情况。
> 3. 通过上网查询,了解2013年"财富论坛"在成都使用了哪些会议场所,总共安排了多少场会议?

第九节 组建会议项目的团队

会议的项目团队是执行会议组织工作实施方案的工作班子,是主办方可以自行配置和掌控的资源(人力资源),是主办方实现立项意图诸多因素中最具活力和影响力的因素。因此,对于主办方而言,素质良好的项目团队是会议获得成功的关键所在。

新的会议项目立项,其组建项目团队的原则与方法如下。

一是,项目的策划者或决策者应参与项目团队的组建工作。主要策划者如担任项目经理,将有利于项目的立项工作和经营工作。

二是,根据会议项目规模的大小配置团队人数。与会人数规模在200人以下的,团队人数可在3人以上10人以下;与会人数规模在500人以上的,团队人数可在10人以上。

新项目团队的人数应多于老项目;国际会议项目团队的人数应多于国内会议项目;一次性项目团队的人数应多于制度化定期举办的项目。

三是,会议项目团队内部成员的岗位配置,与展览会项目团队类似。在项目经理之下,一般配置市场营销、销售和营运三方面的业务人员。会议项目的销售,是指邀约与会代表(培训式会议的销售是邀约与会学员)。会议项目的营运,是指售后服务和会议现场服务。

在新项目的团队中,项目经理的选配至关重要。熟悉业务、乐于创新、以身作则、善于管理、不惧挑战,是项目经理应该具备的基本素质。这些素质可以通过经营管理项目实践逐步锻炼而具备。

新项目团队要特别重视配置市场营销和营运人员。这是因为比之老项目,新项目需要在推广和客服上付出更多的努力。

四是,项目团队应建立于会议举办时间之前的6个月,国际会议的项目团队应更早建立。

五是,项目团队成员应该参与项目立项的各项工作。

思考题

1. 为什么新的会议项目团队要比老项目团队多配人手?
2. 新项目的主要策划者担任项目经理,在立项和经营工作上具有哪些优势?

第十节　编制会议项目的财务预算

主办方编制会议项目的财务预算,既是经营管理的需要,也是风险管理的需要。

一、预算的内容与概念

会议项目的财务预算,同样是由营业收入、营业成本和营业利润三方面的具体指标组成的。

(一)会议的营业收入

会议的营业收入基本由注册费收入、赞助费收入和其他收入三个部分组成。

在没有大额商业赞助或政府补贴的情况下,注册费就是商业性会议项目的主要收入来源。

会议注册费俗称"会务费"。会议注册费是报名参加会议的与会者,根据会议主办方规定的标准在会前交付的款项。商业性会议或以商业化方式操作的官方会议,会议主办方或承办方都会向报名的与会者收取注册费。

主办方设定注册费收费标准,一般是参照"三个水平",即参照同档次会议的收费水平,参照举办地的消费水平和参照接待会议的酒店/会议场所的价格水平。举办多届的会议,还会沿袭以往的注册费收费标准。

测算注册费收入总额,就是在明确收费标准的基础上测算与会人数(指缴付注册费的与会者)规模。测算与会人数规模,须同时考虑租赁的会议室容量,以及酒店接待住宿、聚餐的能力,而不能不顾客观条件一味求大。有经验的主办方一般不会高估与会的人数规模,而会选择相对保守的指标。

商业赞助是会议营业收入中的重要来源,也是衡量会议项目是否具有市场影响力的标志之一。但在会议财务预算中,尤其是品牌培育阶段的会议项目,主办方往往不会将此收入作为主要收入来源。

会议的其他收入,包括国际组织补贴、政府补贴、主办方中介服务的收入(如收取酒店住房费的返佣)。

(二)会议的营业成本

会议的营业成本主要由经营性成本和管理性成本两部分构成。其中,经营性成本是主办方用于经营会议项目的直接费用,一般包括宣传推广费、会议室租金及服务费、会期费用、嘉宾出场费、商请冠名的单位收取的主办费、营业税费等项;管理性成本是会议主办方用于管理会议项目的费用,一般包括差旅费、业务招待费、销售佣金等项。

在会议营业成本中,会议室租赁及服务费、嘉宾出场费一般占50%左右。

(三)会议的营业利润

在会议项目的财务预算表中,会议的营业利润不是主办方获取的"净利润"("纯利润"),而是"毛利润"。

这是因为主办方经营会议还有许多成本并未计于其内,如办公室租金及其办公费,项目团队成员的工资及其社会保险费等。因此,主办方经营会议项目所获得的"毛利润",在摊销了这些成本后如有盈余,还要依法缴纳了企业所得税之后,才算最终获得了"净利润"("纯利润")。

案例 5　　会议项目财务预算

表 7-4 所示为中国(北京)食品安全国际会议项目财务预算表。

表 7-4　中国(北京)食品安全国际会议项目财务预算表

(草案)

计算单位:万元

项目名称:中国(北京)食品安全国际会议　　项目操作时限:2012.9—2013.4

会议场所:北京西苑饭店(五星)　　会议举办时间:2013.3 下旬

1. 营业收入总额:130.00 万元

科目序号	科目名称	金额	备注
1.1	会议注册费收入	100.00	200 人,注册费标准 5000 元/人
1.2	赞助收入	30.00	开幕晚宴、闭幕酒会赞助、参会手册、胸牌
1.3	其他收入	0.00	与会者入住酒店、旅游中介服务佣金收入等

2. 营业支出总额:116.40 万元

科目序号	科目名称	科目细分		金额	备注
		分项序号	费用明细		
2.1	会议室及设备租金	2.1.1	会议室租金	16.00	(300 人规模)2 个半天
		2.1.2	投影仪、屏幕	2.00	4 套
		2.1.3	席位卡	0.40	20 元/人×200 人
		小计		18.40	
2.2	会议室、宴会厅背景板搭建	2.2.1	绿厅、蓝厅、橙厅	3.00	
		2.2.2	宴会厅	1.00	
		小计		4.00	
2.3	同声翻译	2.3.1	2 天,共 4 个会场	5.00	每场 1.25 万元
		小计		5.00	
2.4	会期餐饮	2.4.1	开幕晚宴	8.00	
		2.4.2	闭幕酒会	8.00	
		2.4.3	自助中餐(2 天)	8.00	
		2.4.4	茶歇(2 天 4 次)	2.00	
		2.4.5	会期用品	0.50	
		2.4.6	临聘实习生	0.30	
		2.4.7	其他	1.00	
		小计		27.80	

续表

科目序号	科目名称	科目细分		金额	备注
		分项序号	费用明细		
2.5	推广宣传	2.5.1	网站、微博制作	1.00	
		2.5.2	媒体广告	2.00	
		2.5.3	会议手册、胸牌印刷	1.00	
		小计		4.00	
2.6	代表邀约	2.6.1	信息收集	2.00	含建立数据库
		2.6.2	电话呼叫 手机短信群发	4.00	含固定电话话费
		小计		6.00	
2.7	嘉宾出场费	2.7.1	6位嘉宾，其中境外2位，境内4位	26.80	境外嘉宾每人2万美元（折合人民币12.40万元）境内嘉宾每人0.5万元
		小计		26.80	
2.8	业务招待	2.8.1	业务招待费	1.00	
2.9	差旅费	2.9.1	差旅费	2.00	
2.10	销售佣金	2.10.1	销售佣金	3.00	按注册费收入3%计算
2.11	主办服务费	2.11.1	冠名主办单位收费	5.00	中国食品安全技术学会
2.12	增值税费	2.12.1	增值税费	8.40	按增值税6%计提，未计抵扣
2.13	不可预见费	2.13.1	不可预见费用	5.00	约按成本总额的10%预算

3. 营业利润总额：13.60万元

说明与评点

上表是本教材模拟编制的，旨在方便会议项目财务预算的讨论，有利于学习者了解会议项目财务预算的一般性知识。

在编制该表时，著者根据该项目的性质与特点，考虑了以下问题：

(1) 这是一个国际会议，200名与会代表中拟邀约境外代表20名。

(2) 在拟商请的演讲嘉宾中，2名境外嘉宾是国际食品安全领域的权威人物。

(3) 与会人数规模指标按200名代表测算，但经营目标上限拟定为250名。同时，注册费对于3人及其以上组团与会单位，拟给予10%折扣优惠。如此增加或减少注册费收入的因素均未计入其内。

营业成本中，经营性成本支出的许多项目，通过谈判或公关，均有减少的可能，但预算仍以通常的市场平均价格测算。

表中营业成本，可以根据需要以及主办方掌握信息的详细程度，做进一步的细分。

二、预算的编制方法

编制会议项目财务预算的工作，同样可分为表格内容设计、预算依据调研和预算方案筹划三个步骤。

第一步，设计表格内容。

在表格设计上，要分三个层次列明会议项目的营业收入、营业成本和营业利润，同时反映这三者之间的逻辑关系。

表格内容应可反映主办方操作会议的业务重点和业务流程。如营业收入的测算，注册费、赞助费收入在项目全部营业收入中所占比例，可以显示主办方对于市场的判断；如营业成本中各子项、分项的细化，则可以显示主办方业务流程的规范程度和控制水平。

表格中所列项目名称，须与主办方财务管理的会计科目统一，以避免预算内容无法与会计科目对接的矛盾。

第二步，调研预算依据。

找准财务预算的依据，是会议财务预算务实并可执行的前提。测算营业收入和营业成本的依据，必须通过市场调研再加上主办方累积的经验，通过归纳比较分析获得。

如在营业收入中，测算注册费收费标准所需参照的"三个水平"，都应花功夫分门别类地收集信息，然后整理归纳，再通过比较分析形成符合实际的数值。又如在营业成本中，测算琐碎的小项支出也要"较真"。在项目经营中，往往是未在财务预算中列出明细的小项开支，最后累加成为超预算的"大窟窿"。

第三步，筹划预算方案。

筹划预算方案的过程就是形成会议项目预算指标的过程。其围绕设定营业收入、营业成本和营业利润三大经营指标而展开，和筹划展览会的财务预算方案一样，旨在达成主办方办会意图，并获取相应的经济效益。

编制会议项目的财务预算，不但要熟悉会议项目的基本操作流程，而且要知晓会议项目财务管理的基本方法。同时，要了解所上项目尤其是新项目的性质、特点以及租赁会议场所、预订酒店、商请嘉宾等立项工作情况，掌握项目财务预算数据的来源或依据。因此，编制会议项目的财务预算不是策划工作者个人可以独立完成的工作，而必须依靠策划工作团队的集体努力。

会议项目在立项阶段的财务预算,并不等于主办方实施项目阶段的财务预算。在实施项目阶段,主办方还将根据经营管理需要再次编制项目的财务预算。实施阶段的财务预算指标将纳入主办方的年度经营计划,也将作为项目团队业绩的考核指标。

思考题

1. 在会议项目预算的营业成本的子项、分项中,哪些是难以灵活调减的"刚性"支出,哪些是可以根据收入变化而变动的"柔性"支出?
2. 假如案例5"中国(北京)食品安全国际会议"在操作中只实现了165名会议代表的销售,其注册费收入与预算比较将减少多少?预算表中有哪些子项、分项的支出会因此相应减少?
3. 比较展览会和会议项目的预算内容,两者有何不同?哪个工作难度大一些?

第十一节 制定会议的组织工作方案

会议项目的组织工作实施方案,只能在会议项目立项工作的基础上制定。离开了立项工作,制定组织工作实施方案是没有意义的。

会议项目组织工作实施方案的基本内容如下。

一、项目背景与立项指导思想
二、发展前景简析(市场前景简析)
三、会议名称
四、与会代表来源
五、参与性嘉宾来源
六、举办时间与地点
七、组织机构
八、经营管理目标
九、风险预测
十、组织工作措施
十一、有关建议

附件:

1. 会议财务预算说明与预算表(草案)
2. 会议组织工作计划(草案)

会议组织工作实施方案的编写,可以参照本教材第五章第八节中展览会组织工作方案的编写方法。

必须说明,凡无须政府批准(包括无须在立项阶段申请政府资金)的商业性会议项目,在立项阶段一般不需要制定组织工作实施方案(也可理解成:不需要制定策划方案)。这与商业性的展览会(包括无须在立项阶段申请政府冠名主办,或申请展览会"中国国际"冠名)无须制定组织工作实施方案的道理是一样的。

对于新的会议项目,尤其是资源配置较为复杂的新项目,有的主办方会制定经营管理工作意见,以利统筹立项工作。这种经营管理工作意见可以是文本的,也可以是主办方决策层和项目团队通过会议达成的共识。许多主办方包括跨国会议公司,直接将立项工作列入经营工作计划,通过细分工作内容,明确完成时间和责任人,以表格化形式展现主办方关于工作目标和进度的控制性要求。

 案例 6　　会议项目经营管理工作意见

北京环亚会议服务公司
关于"中国(北京)食品安全国际会议"项目经营管理工作的安排意见

经前期市场调研工作,公司决定主办"中国(北京)食品安全国际会议"(以下简称会议)。为确保该项目(首届)于 2013 年 3 月在京如期召开,兹就经营管理工作做出如下具体安排。

一、拟定的举办时间和地点

会议拟定于 2013 年 3 月下旬举办,会期 2 天;

会议举办地点拟定于北京西苑饭店(五星级)。

二、组建项目团队

公司决定,会议的项目经理由副总经理王瑞先生兼任,另调市场部副经理李芳芳女士担任项目副经理。王瑞负责项目的战略管理,偏重于对外公关和整合公司内部资源;李芳芳负责项目的常规性、日常性经营管理工作,着重领导项目团队,同时兼任项目的市场营销专员。

该项目团队配备 5 人(不包括王、李 2 人),其中,员工 2 人,实习生 3 人。员工从公司"上海现代农业会议"项目中调派,主要从事销售工作。具体人选由李芳芳与公司行政部商定。实习生由李芳芳商请公司行政部招聘在校大学生。

项目团队的组建工作应于 2012 年 8 月上旬完成。

该项目团队的工作时限自 2012 年 9 月起至 2013 年 4 月止。

三、经营管理工作的要求

(一)签订会议室租赁协议,确定举办时间

在 2012 年 8 月底之前与西苑饭店签订会议室租赁协议;同时,与其就会议期间客房使用数量、供餐标准(含晚宴、酒会标准)达成协议。
以此协议为根据,明确会议的正式举办时间。

(二) 会议主题确定与设定会议议程与日程。

会议主题定为"中国食品安全 制度保障 技术支持"。

会议的具体议程与日程安排,须于2012年11月底之前确定,以利商请演讲嘉宾工作。

(三) 邀约嘉宾,达成商请协议

根据该项目市场调研的建议,原则上与会演讲嘉宾不少于6人。其中,境外嘉宾2人,嘉宾人选拟定8人,力争在2012年12月底之前,通过商请确定可以与会的6人,并与之达成与会演讲协议。协议中须包含嘉宾出场费金额和支付方法。

需要商请的会议主持嘉宾,则应在2013年1月底之前确定。

(四) 细化项目财务预算,明确经营目标

结合市场调研和立项工作阶段提供的项目财务预算草案,在2012年9月前敲定正式的会议财务预算。

公司要求,该项目营业收入不得低于150万元,营业利润不得低于25万元。

(五) 制订推广计划,尽早展开市场营销工作

该项目市场营销工作计划须于2012年8月制定,并报公司市场部讨论确认。

会议网站须在2012年9月正式上线。同时开通官方微博、微信。

国内与食品安全有关的专业媒体,在项目对外宣布启动期间应有新闻报道。

(六) 收集信息建立数据库,确保不少于三个月的销售时间

依托中国食品安全技术学会,并利用公司现有的信息资源,收集可能成为与会代表或可为会议提供商业赞助企业的信息,建立数据库。数据库达标信息不得少于5000条。

此项工作集中于2012年9—10月展开。11月起转入销售工作。

(七) 培训项目团队,强化业绩考核

培训时间安排在2012年8—9月,内容分别是"食品安全的基本知识""中国食品安全的现状与前景"和"会议销售话术"。前两项聘请中国食品安全技术学会专家上课。

该项目组与公司的经济责任协议书及项目组与成员的经济责任协议书,须于2012年9月签署。协议文本由公司行政部提供。

(八) 其他

本意见未列的工作事项,凡公司已有制度或业务流程规定的,遵照执行。

若遇新情况或有新问题,其中超越项目经理职权、职责的重大情况或问题,由项目组提请公司研究决定。

北京环亚会议服务公司
2012年6月20日

说明与评点

该案例是本教材编著者根据从业经验为本教材专门编写的。

从案例可知，会议（或展览会）项目经营管理的工作意见，同样是用于指导项目操作的文本性文件。这种工作意见是主办方的内部文件，主要针对项目团队和相关管理部门。会议（或展览会）项目经营管理工作的安排意见，实际上是项目立项工作的"路线图"，是主办方领导立项工作的概括性指令。因此，在撰写文本时无须"穿靴戴帽"（加入"指导思想""市场分析""发展前景"等务虚的内容），行文也不必客套，而是"开门见山"务实论事。

比较而言，在文本撰写上，项目组织工作的实施方案比项目经营管理的工作意见更难撰写。这是因为，项目组织工作实施方案主要用于对外，不但需要面面俱到，而且需拿捏表达的分寸。因此，没有撰写项目经营管理工作意见的功底，是很难驾驭对外方案写作的。

无论是撰写会议项目的组织工作实施方案，还是撰写会议项目经营管理工作的安排意见，都需要撰写者具有丰富的从业经验，清醒的逻辑思维，规范的文字表达能力。对于学习者，这三方面都需要通过长期的实践，并且善于领悟、归纳和集成才能获得。

思考题

1. 比较会议（或展览会）项目组织工作实施方案与经营管理工作安排意见在内容上、写法上的区别。

2. 由老师出题，要求学生围绕一个拟在校内举办的会议撰写经营管理工作的安排意见。

Chapter 8

第八章 技术性的会展策划工作

本章教学要点

　　本章简略介绍会展技术性策划的知识,除帮助学习者理解会展战略策划性和技术性策划的区别外,希望学习者重视技术性策划工作,并通过会展项目技术性策划工作的实践累积经验,为从事战略性策划打下基础。

开篇故事

韩国举办"慢餐"展　6天吸引53万游客

中新网2013年10月7日电,据韩联社报道,在韩国乃至亚洲和大洋洲首次举办的"国际慢餐大会"即"亚洲、大洋洲美味活动(Asio Gusto)",6日在京畿道南杨州落下了帷幕。据Asio Gusto组委会初步统计,短短6天的活动共吸引53.3万名游客,获得成功。

Asio Gusto中Asio是亚洲和大洋洲的合成词,Gusto来自意大利语,意为"味道"。本次大会有来自亚洲和大洋洲43个国家的160余名慢餐相关工作人员参加,展示了各国的传统饮食。大会设置500多个展台,并举行了各种展示、体验活动等附带活动。

报道认为,本次Asio Gusto在地方城市举行却获得如此喜人成果,反映出人们对食品安全的高度重视。组委会当初预计的游客规模为30万人次,但实际游客超过50万人次。Asio Gusto开幕前有一家研究所估算,若大会吸引40.5万名游客将带来1000亿韩元(约合人民币56.89亿元)的经济效益,创造1000个工作岗位。鉴于实际到访游客超过50万人次,本次慢食展带来的经济效果也将更大。人们期待Asio Gusto发展成为继意大利的品味沙龙(Salone Del Gusto)和欧洲美味(Euro Gusto)之后的世界三大美味展之一。

据介绍,慢餐与快餐对应,是追求美味饮食、健康饮食、公正饮食的一项运动,也成为保护濒临灭绝的美食和特产,增加国家之间、生产和消费者团体之间的沟通的平台和网络。从这一点来讲,Asio Gusto 与此前的饮食博览会有所区别。而且 Asio Gusto 大力宣传国际总部的主要项目"美味方舟"(Ark of Taste),让人们认识到保存濒临灭绝的美食和特产的必要性。国际总部将 76 个国家的 1197 种濒临灭绝的美食和特产列入"美味方舟",其中包括 8 种韩国特产。今后,南杨州将每两年举办一次 Asio Gusto。

首次举办的"国际慢餐大会",应该是行业性创新项目。与所有的美食展览会一样,在现场制作食品和吸引观光客是不可或缺的内容。但因为展览会的主题是慢餐,所以妙趣横生,创意不凡。

本教材在第一章"会展策划概念"中,就明确指出会展策划工作分为战略性和技术性两个层次。本教材的第三章至第七章,分别介绍了展览会和会议项目战略性策划的知识。本章将简略介绍会展项目技术性策划的知识。

在会展业中,战略性策划与技术性策划的关系相辅相成。做战略性策划的人不可能不懂技术性策划,而做技术性策划的人也不可能不了解战略性策划。从学识和经验的角度,具有技术性策划经验的人,方有可能转向战略性策划。

技术性策划在会展业中,可以等同于会展项目营销。而会展项目的策划或营销,主要是项目层次的工作。因此,从营销角度理解技术性策划,有利于工作务实落地,也有利于项目团队内部的沟通与合作,尤其是营销业务与销售业务的配合。

本章介绍的会展技术性策划知识比较简略。之所以简略介绍,因技术性策划的知识多属会展营销或会展项目管理的范畴,不是本教材重点。但简略介绍并不表示这方面的知识简单易学。其系统的知识应通过会展营销或会展项目管理等课程获得。

希望学习者通过本章简介的知识,理解会展的战略性策划和技术性策划的层次性区别,以及两者相辅相成的关系。

第一节 技术性会展策划的性质与特点

如果说"上项目"是会展战略性策划的主要课题,那么在项目上了之后需要策划的许多事项,就是技术性策划了。还须知道,在"上项目"的战略性策划过程中,与项目实施相关的技术性策划都应该考虑到,否则将影响"上项目"的可操作性。

会展项目的技术性策划,也可称之为战术层次或业务操作层次的策划。这些策划大多与会展项目的营销有关。

会展项目的技术性策划,主要集中在媒体宣传、观众邀约、配套活动设计与组织、项目代理销售或项目承办等方面。这些策划工作的特点可以归纳如下。

一是,技术性策划服务于展览会/会议项目的操作,是项目经营管理过程中的策划工作。会展项目的媒体宣传、观众邀约、配套活动设计与组织、项目代理销售或项目承办等方面的策划,有的虽在"上项目"的策划中有所涉及,但落实策划只能在项目立项之后,或是在项目操作的过程中。

二是,会展项目的技术性策划可进一步细分为若干具体项目,而且每个具体项目都可相对独立地进行策划。如媒体宣传就可分为自媒体建设、纸媒制作、广告设计、新闻内容生产等方面的策划。这些策划与项目的营销策划既紧密关联,又相对独立和专业,可以相得益彰,但不可互相取代。

三是,会展项目的技术性策划大多需要经过创意、市场调研和立项等过程,是"微型版"的展览会/会议项目的策划。会展项目技术性策划的基本流程与"上项目"的战略性策划差不多,但复杂程度要低很多。

四是,会展项目的技术性策划的承担者往往是项目的实操者。其中,许多工作可以由主办方非管理层员工负责。在项目团队中,除项目经理主导策划外,负责市场营销工作的普通员工也可承担某项具体策划工作。因此,非管理层的普通员工甚至新员工,都有机会承担或参与技术性的策划工作。

第二节　会展项目的推广策划

会展项目的推广实质是会展项目的营销。如果讲营销,那就包括了本章所指的技术性策划的所有内容。但为了方便讨论,本节集中介绍会展项目推广工作中的媒体推广策划。

现以展览会项目媒体推广的策划为例,简略介绍如下。

展览会市场推广的策划工作,一般分为自媒体和外媒体两个方面。

展览会的自媒体,即主办方自行管理的媒体(或媒介),包括展商/观众邀请函、会刊、会报(包括纸质版和电子版两种形态)、入场券/传单、网站、微博、微信、手机短信等。

展览会的外媒体,即社会媒体(不受主办方管理的媒体),包括纸媒、电子媒体和户外媒体三类。纸媒包括报纸、杂志(期刊);电子媒体包括广播、电视、网络媒体等;户外媒体指建筑物外部场地用于发布广告的媒介,经常用于展览会推广的有路牌、灯杆、公交车以及用于展览会开幕式的充气模型、飞艇等。

利用自媒体和外媒体推广展览会,主办方需要制定完整方案及分门别类的计划。制定方案和实施计划的过程,就是在策划媒体推广的工作。此外,与主办方形象或与展览会品牌相关的推广宣传也需要策划,如公司或展览会图徽(Logo)、展览会主色调、展览会纸质宣传品平面设计风格、展览会公共服务设施搭建风格、员工现场工作服、为展览会特别制作的纪念品等。

由于展览会/会议的媒体推广工作涉及面较宽,而且随着互联网的发展,媒体工具日新月异,为便于学习者理解媒体推广的策划,本章选择推广工作中稳定性较高的展览会图徽、展览会官方网站、微信公众号的策划加以简介。

一、展览会图徽设计

展览会的图徽或标识,即英文所称 Logo,是展览会的形象符号。设计并使用展览会的图徽,旨在有利于主办方自身宣传和公众识别。

展览会的图徽设计属于平面设计。策划工作者不但需要了解图徽设计的基本知识,还需要了解主办方对于设计的想法或要求。

在展览会图徽设计的策划工作中,应把握两个环节。

一是沟通。这种沟通贯穿于图徽设计的全过程。一方面,通过与设计者沟通,传达主办方的想法或要求(如主办方没有明确的想法或要求,策划工作者应提出自己的想法,并与主办方负责人和设计者沟通);另一方面,将设计稿提交主办方审查,或征求包括项目团队成员在内的相关人员的意见,将收集到的意见及时反馈设计者,督促图徽设计的修改。

从设计角度,沟通的内容应为图徽设计的基本元素,包括图徽的形状、色调、主要表现内容等。这种沟通主要是帮助设计者理解主办方意图,并非取代设计者的创意。

二是管理。将通过审查定稿的图徽设计全套文件(包括电子文件)归档,并在支付设计费时依法获得该设计的知识产权(由展览会主办方享有)。

大型展览会的主办方常自行设计图徽(公司配有专业设计人员),中小型展览会主办方往往对外委托设计。

二、展览会网站、微信公众号建设

展览会的官方网站、微信公众号,是展览会主办方自办的电子媒体,是主办方最为重要的自媒体。

(一) 网站的建设

虽然跨国公司特别是兼营媒体的大型公司,可以自行制作网站,但大多数展览会主办方是委托专业公司制作网站的。

无论是自行还是委托制作网站,展览会主办方都需要提出建站方案。这个方案可以是文本的,也可以口头表达。

策划官方网站的建站方案,一般需要抓住三个重点。

一是栏目设置。展览会官方网站的栏目通常由"首页""简介""新闻""服务""关于我们"等组成。设置栏目必须符合展览会的特点与营销需要。大型展览会网站的一级栏目下,可设置二级甚至三级栏目。如在"服务"栏目下可设"展商服务""观众服务"两个二级栏目;在"展商服务"栏目下还可设"邀请函""展位图""物流服务""参展接待"等三级栏目。

二是功能设置。如是否需要外文版,是否需要网站后台链接数据库,是否需要视屏显示,是否需要与微博、微信、手机网站(App,也称微网站,用于手机浏览)链接等,都需要在方案中仔细说明。

三是美术风格。网站页面的色彩(主色调,往往与展览会图徽色彩关联)、构图、版面安排、字型选择等,这些体现网站气质与格调的元素,都是策划方案中不能忽视的内容。

以上三个方面,都应体现主办方的意图,或者表现为策划者的独到见解(这种见解须获得主办方的赏识)。

委托专业公司制作网站,需要支付制作费用。策划者需要经过市场调查找到适合的专业公司,并谈定制作费用。双方应就此签署合作协议。

(二)微信公众号的建设

由于使用手机浏览信息已成为大多数人的习惯,通过微信公众号传播信息便成为主办方推广展览会的重要方式。

建设展览会的微信公众号所制定的策划方案与建设网站大同小异。需要注意以下问题:

一是,栏目设计一般不超过三个,如上海博华展览公司主办的"上海国际酒店及餐饮业博览会",其微信公众号分为展会资讯、门票、展会服务三个栏目。其中,展会资讯栏目下设北京展、成都展、青岛展、广州展、上海展五个子栏目;展会服务栏目下设我要参展、展览邀请函、观众邀请函三个子栏目。

二是,图徽一般采用展览会的图徽(Logo),应适合手机辨识。

三是,与主办方官方网站链接,打通服务功能。

第三节　会展项目配套活动的策划

会展的配套活动可以多种多样,因此创意策划的空间很大。但常规的活动主要是开幕式、会议、合同签约仪式、文体/技能表演、比赛/抽奖、宴会/酒会、旅游等。

会展的配套活动并非主办方或策划者可以任意为之,其创意策划必须根据项目特点和推广需要而展开。

就展览会配套活动的策划而言,B2C性质的消费展大多需要娱乐性较强的配套活动,以利渲染展览会的现场气氛。而B2B性质的专业展往往追求配套活动的专业性,希望成为展览会的增值服务。

本节重点介绍展览会开幕式、技术交流会议的策划,以供学习者参考。

一、展览会开幕式策划

展览会的开幕式,也有称为开幕礼或开幕典礼的,一般在展览会开幕当天上午举行。活动地点一般安排在展览会现场,也有安排在会议场所的。安排在展览会现场的开幕式,既可以在展馆外广场上举行,也可以在展馆室内举行。

展览会的开幕式是仪式性活动。因此,注重规格、形式和场面就成为策划的要点。

重规格,是指邀请出席开幕式的嘉宾具有相应的社会地位,以显示展览会的重要性。

重形式,是指开幕式的议程符合仪式性要求。开幕式议程一般由主持人介绍出席嘉宾、嘉宾致辞、嘉宾为展览会开幕剪彩、嘉宾宣布展览会开幕等环节构成。因考虑嘉宾的代表性,致辞的嘉宾可以多人,其中包括主办方代表致欢迎辞。

重场面,是指开幕式活动的氛围。其中,既包括开幕式现场的布置(典礼台、背景板的搭建、剪彩的方式、烘托现场气氛的文艺表演、安全警戒等),也包括现场观众的组织。

重要展览会的开幕式,必须制订组织工作方案或工作计划。其主要内容包括:

①确定开幕式议程;

②编制开幕式预算;

③商请出席开幕式嘉宾,包括为需要致辞讲稿的嘉宾代拟文稿;

④确定开幕式使用场地,了解相关使用规定与注意事项;与场地经营者签署协议;

⑤确定承接典礼场地搭建工程的专业机构,并与其签署协议;

⑥组成临时工作团队,按开幕式组织工作需要分配岗位(岗位设置一般为:活动主管/总调度、嘉宾邀请/接待、典礼场地搭建工程管理、典礼场地安全管理等)。

二、技术交流会策划

技术交流会是专业展览会的配套会议。其围绕展览会服务的专业领域,内容是技术信息交流,与会者是展商和专业观众。

技术交流会一般在展览会期间举行,地点一般选在展览场馆内的会议室,每场时间一般不超过半天(往往不超过150分钟)。

技术交流会的策划方法因主办方不同而分为两种。

一种是展览会主办方自行组织的技术交流会。

展览会主办方自行出资并请人参加的技术交流会,意在提供增值服务,提升展商满意度,根本目的还是营销展览会。其策划的要点如下:

①技术交流会的主题创意必须符合展览会营销的需要,尤其要抓住本届展览会技术信息交流的热点话题;

②商请与会嘉宾的演讲能够吸引听众;

③组织与会的听众不但需要一定数量(与租赁的会议室规模有关,同时与会议气氛有关),而且需要有一定质量(首先是业内人士,最好是技术人员或管理人士);邀约听众与会

必须要有措施，不能仅靠展览会期间的宣传或现场的广播通知；

④需要编制会议财务预算；

⑤需要安排人手负责会议现场的接待工作。

另一种是展商或展览会合作伙伴组织的技术交流会。

展览会主办方通常十分欢迎这样的技术交流会。这是因为这种活动无须自己出资并请人，又可达成服务展商和专业观众目的。因此，会安排专人为此提供对接服务。

展览会主办方的这种对接服务属于营销工作，故而含有策划意味。

为吸引和鼓励展商或展览会合作伙伴组织技术交流会，主办方需要出台征集技术交流会的商业函件，通过展览会"自媒体"推广和指派专人有针对性的邀约；在展商或展览会合作伙伴愿意举办的情况下，与其协调举办时间、地点（会议室）及其收费等事项，并与之签订协议；会议期间派工作人员协助现场服务。

第四节 展览会观众邀请的策划

展览会的观众邀请是主办方的重要工作。其重要性在于，没有观众的展览会，就等于是没有需求或没有市场的展览会；而没有需求或没有市场的展览会，就不可能吸引参展客商；而没有参展客商支持的展览会，就不可能举办或持续举办。换言之，没有观众就没有展览会。

因此，以"上项目"为中心课题的展览会策划工作，其核心是市场调研；而调研的重点是项目有没有市场需求。到了项目操作阶段，观众邀请就是实现策划初衷，体现市场需求或发掘市场需求的重要工作了。

展览会观众邀请工作的策划，因展览会的观众性质不同而不同。

一、消费类展览会观众邀请策划

普通观众参观的消费类展览会，即 B2C 性质的展览会，其观众邀请工作的策划要点如下。

首先是，分析展览会的观众定位，依据定位选择邀请方法。

如食品展览会的观众，多是城市居民中的中老年人，其获取展览会信息的渠道以都市报、广播、户外广告以及纸质传单为主。又如婚庆用品与服务展览会的观众，主要是拟婚青年及其父母和朋友，其获取展览会信息的途径多元，但网络传播效果明显。

其次是，选择符合观众定位的媒体，通过广告推送展览会信息。

利用外媒体广告推送展览会信息，是消费类展览会邀请观众的主要方式。报纸尤其是都市报（小报）是纸媒首选。在城市街头或到观众群体集中的社区派发传单（展览会入场券），也是常用方法。展览会主办方的网站、微博、微信等"自媒体"同样可以发挥邀请观众的作用。由婚姻婚庆服务网站主办的婚庆用品与服务展览会，其可利用会员、浏览客等数据信息邀请观众，邀请对象的精准程度相对较高。

最后是，自行主办或与参展客商联合主办各种促销活动，提升展览会的吸引力和关注度。

这些活动一般包括聘请文体明星出席、模特走秀、抽奖、文艺表演、商品折价、赠送纪念品等。

消费类展览会邀请观众需要主办方投入大量资金，其中广告费投入不菲。因此，媒体选择、广告样式选择、广告投放方式和频次选择，既是策划内容，也是财务预算的根据。

二、专业类展览会观众邀请策划

专业观众参观的专业类展览会，即 B2B 性质的展览会，其观众邀请工作的策划要点如下：

首先是，分析展览会的观众定位，依据定位选择邀请方法。

如机械装备展览会的观众，基本是机械行业人士，其一般通过业内渠道获取展览会信息。又如广告设备展览会的观众，主要是设备代理商和广告制作商，其获取展览会信息的途径多元。

其次是，通过建立专业观众数据库，采取"一对一"方法精准邀请专业观众。

建立专业观众数据库的工作，包括信息收集、整理、核实、录入等业务流程。在此基础上的邀请方法很多，通常采用电话呼叫、电子邮件、邮寄信函、手机短信、登门拜访等方法邀请。

再次是，选择符合观众定位的媒体，通过新闻或广告推送展览会信息。

专业展览会主要利用专业媒体推送展览会信息。除发布广告外，新闻宣传也是常用的方式。展览会主办方的网站、电子邮件、微博、微信公众号、App、微信群、QQ 群以及纸质印刷的会报等，都是自行推送展览会信息的"自媒体"。

最后是，主办方在展览会前或会中自行主办或动员参展客商主办配套活动。举办技术交流会、贸易配对洽谈、商务考察等活动，与展览会的专业性相配套，可以有效提升展览会的吸引力和关注度。

对于专业类展览会的主办方而言，邀请专业观众是技术含量高、投入大、需要长期累积的业务工作，是系统工程。善于策划专业观众邀请工作的人，是主办方的宝贵人才。

第五节 展览会代理销售的策划

展览会的代理销售是指销售者并非展览会的主办方，而是获得主办方授权，专司展览会展位或广告的销售机构。这种机构也称为展览会的代理商、渠道商或分销商。

展览会代理销售工作的策划,主要是从代理商的自身利益出发,着重于代理销售的业务策划。

策划代理销售工作所关注的要点是:

充分理解其所代理销售的展览会的性质、特点,根据与展览会主办方达成的协议,分析代理业务的定位,重点是弄清参展商是谁,观众是谁。

提出代理销售的营销计划,并与展览会主办方的营销计划衔接,借势借力推广代理销售业务。

第六节　承接性会议项目的策划

承接性会议项目是指承接者并非会议的主办方,而是获得主办方授权,根据合作协议为会议项目提供服务的机构。

承接性会议项目一般分为承办执行、承接服务两个层次。

会议项目的承办执行工作,是指承办机构接受会议主办方的委托,代表主办方执行会议项目的组织工作。

会议项目承办执行工作的范围,分为全面承办和部分事项承办两种。

全面承办是指执行机构根据主办方的授权,从会议的议程安排、嘉宾邀请到现场服务,全方位、成系统地承担会议项目的组织工作。

部分事项承办是指执行机构根据主办方的授权,负责会议代表邀约、广告赞助销售、会议场所租赁、酒店预订、嘉宾/会议代表现场接待、会议现场服务等事项。而会议主题创意、议程安排、嘉宾邀请等战略性事项,仍由主办方自行负责。

对于承办方而言,无论是全面承办,还是部分事项承办,其工作范围、工作标准都是由主办方确定,承办方只是执行主办方的要求。承办方为主办方提供服务,其经济收益来自主办方给付的佣金,其中包括经主办方同意给付的销售佣金(从会议代表的注册费、广告赞助销售收入中提取)。

会议项目承办执行工作的策划原则是:

充分理解所承接会议项目的意义,尤其需要了解主办方的办会意图;

根据会议主办方的委托,围绕主办方授权的业务进行营销策划;

策划工作的重点是扩大项目经营规模和提升项目服务品质,使之有机结合、相辅相成;

提升主办方和与会者的满意度,使承办执行的会议项目成为承办方长期经营并稳定获利的项目。

在此原则指导下,寻找有利可图(包括赢得声誉)的承办执行项目,参与合作事项谈判,进而操作项目承办工作,是此类项目策划工作上手的三个重要环节。

会议项目的承接服务,是指承办机构接受会议主办方的委托,为会议提供事务性、劳务性的服务。因此,会议项目的承接服务比会议项目的承办执行简单。

承接服务多集中于会议现场,一般包括会场布置、会议设施设备提供、会议资料/证卡印制、会议代表接待等。

会议项目承接服务工作的策划原则是。

充分了解主办方办会的举办情况;

根据主办方要求,对于承接服务的项目制订工作计划,设定工作流程;

构建协调机制,与主办方保持顺畅沟通。

此外,对于临时招聘到现场服务的实习生给予培训、工作人员着装、应急事件处理等事项,也是策划中不可忽略的问题。

思考题

1. 为什么说会展项目的技术性策划就是营销?
2. 通过互联网收集资料,罗列"北上广"三大乘用车展览会的配套活动,指出它们在策划上的共同特点。
3. 开幕式是展览会的必备元素吗?为什么德国、英国、美国的展览会很少做开幕式?

Chapter 9

第九章　会展项目策划效果的评价

本章教学要点

本章简略介绍会展项目策划工作的评价方法，旨在强调策划工作必须服务于会展项目经营实践，以利学习者根据实战、实操、实用的需要而认知会展策划。

开篇故事

从大学生到会展人

2009年的初春,即将从职业技术学院会展策划与管理专业毕业的三位同学,合伙成立了一家展览公司,满怀激情走上了创业之路。

三位年轻人创立公司的动因,主要来自"大学生创业就业博览会"这个项目的创意。在他们看来,国家政策鼓励创业,大学生应是通过创业实现就业的最活跃群体,这个项目正当其时。在三人的心底,自组展览公司并自创展会项目,本身就是通过创业实现就业,何况是用所学的专业知识来创业。

点燃三人创业激情的,除了国家鼓励创业以及展览业蓬勃发展的"大环境"外,更有"小环境"助推。学校支持、业界专家支招和共青团组织扶助,成为新公司"上项目"的三大动力。其中,一位资深的展览人不但热情地支持了三个年轻人的想法,而且对于"上项目"的工作细节与业务流程给予了耳提面命式的指导。而团组织的扶助不仅仅是小额的资金,更是为新项目公信力的背书。

2009年9月中旬,由市政府冠名主办、市政府创业富民办公室冠名承办、新公司执行承办的"大学生创业就业博览会"在某大学体育馆隆重开幕。展会规模虽然不大,但收支相抵后盈余超过预期。三个刚刚拿到大专毕业证的毛头小伙子,在一番操劳后尝到了创业的喜悦,同时获得了社会各方面的关注和赞誉。

本应顺势而上的新公司,因缺乏经验,再加亦师亦友的那位资深展览人因病离世,新公司错过了相关行政程序申请的时机,致使"大学生创业就业博览会"未能列入市政府有关部门次年的展会支持计划。而未列入政府的计划,就意味着官方冠名主办、承办展会不再可能。此外,团组织的扶持资金也不可能每年拨付。一时间,项目首届运作成功的外部条件几乎全部失去,原以为2010年可以继续举办的"大学生创业就业博览会",无奈只能停办。此后,新公司多次尝试"上项目"办展览,但受制于投入和公共关系,均未成事。

在缺乏自有展会项目的情况下,新公司转而尝试展位销售代理、展览工程、会议服务、庆典礼仪等业务。然而由于业务多元,且每项新业务都需要商业资源、流动资金和专业技能来加以支撑,公司经营逐渐陷入收不抵支、管理混乱的困境。三个涉世未久的年轻人在公司管理上的分歧也越来越严重。

又是一年的初春时节,筋疲力尽的三位合伙人决定终止合作,清账散伙。

这是一个真实的故事。其中的人物曾有结识。在本书第一版出版的2014年,三个"85后"小伙子,仍然在会展业打拼。其中一人继续拥有这家公司,成为老板,主营会议服务和展览工程业务;另两人就职于当地的展览公司。

如果你是在校学习会展专业的大学生,读了这个故事后想到了什么?

从经营管理的角度,业界评价会展项目策划工作的效果,大体有五种情况。

一是,主办方在会展新项目决策阶段的评价。这一评价针对策划提供的会展项目可行性研究报告,旨在决策该项目是"上"还是"不上"。

二是,主办方在会展新项目立项阶段的评价。这一评价针对新项目立项工作中出现的实际问题,旨在决策该项目是继续"上"还是放弃。

三是,主办方在会展新项目实施阶段的评价。这一评价针对新项目实施过程中出现的实际问题,旨在决策该项目是继续"上"还是放弃,或是否需要调整原定计划。

四是,主办方在会展老项目调整阶段的评价。这一评价针对老项目在发展中存在的实际问题,旨在决策该项目是否需要调整升级,或是不再续办。

五是,主办方意欲出让或购并会展老项目权益时的评价。这一评价针对项目的价值,旨在决策该项目权益"卖"与"不卖"或"买"与"不买",以及判断出让或购并的价格与条件是否合适。

以上五种情况,主办方的评价和决策都会涉及会展项目的策划。但主办方对于策划工作效果的评价,从第一种到第五种情况呈递减之势:新项目的立项、组织实施,往往与策划工作水平的关系比较密切;而老项目的调整、权益出让,则与策划工作的关系相对疏离。

第一节 会展项目评价的标准

评价会展策划工作的效果,说到底是评价会展项目的效果。

所谓会展项目的效果,是指这个项目是否达到了主办方的预期,是否达到策划工作的预期。用通俗的语言,就是这个项目"行不行"或者"好不好"。

在项目决策阶段的评价,实际是评估。主办方的决策者评估项目策划的方案后,决定"上"或"不上",都是基于对于项目发展前景的预判。

而能够真实体现项目策划水平的,只能通过"上项目"和"做项目"这两个阶段的实践检验。常言道,"实践是检验真理的唯一标准"。因此我们说,只有"上项目"和"做项目"的实践,才是检验会展项目策划工作是否有效果、有水平的唯一标准。

会展项目通过"上项目"和"做项目"的实践,到底"行不行"或者"好不好",是有标准可以评价的。虽然会展业内对此标准并无明确统一的看法,但有经验的业者在许多问题的认识上是一致的。本教材编著者根据从业经验,提出以下十条标准供学习者参考。

一是,项目的可持续性。

项目的发展前景是否看好,是短期看好(3—5年),还是长期看好(10年以上);如果是新项目,还要考察创新性。

二是,项目商业逻辑的合理性。

主要是项目内在的商业逻辑是否清晰、科学,可以把握。

三是,项目对于政府政策或合作伙伴的依赖程度。

主办方"上项目"和"做项目"是否高度依赖政府政策或合作伙伴。一般而言,高度依赖政府政策或合作伙伴的项目,存在较大风险。

四是,把握项目关键资源和关键流程的能力。

主办方是否拥有"上项目"和"做项目"的关键资源及其运用的关键流程,是否具有掌控这些资源和流程的能力。

五是,项目业务的成长性。

项目业务增长的空间是否广大,可否旁及或延伸至其他领域。

六是,项目的收入模式。

项目的业务收入来源是否稳定,可否承担经营项目所需的成本开支,并可保持相对高的盈利能力。

七是,项目服务品质的体验性。

客户通过参展、参观,可否体验项目的服务品质。

八是,项目的风险控制性。

主办方对于项目可能遭遇的社会、法律、经济等风险,有无预见和防控办法;与竞争对手比较孰强孰弱。

九是,项目团队的结构、稳定性及价值观。

项目团队的人员是否配置适合、构成合理,成员对于项目的认知是否积极,主要骨干是否具有较高忠诚度。

十是,项目主办方高层管理者的素质。

项目主办方的高层管理者的发展理念是否科学,战略眼光是否长远,人脉关系是否匹配。

这十条标准,从外而内,从经营要素到管理要素,从项目本身到"做项目"和"管项目"的人,旨在全方位地引导会展项目的评价。

这十条标准中,大部分是可以依靠定量分析来判断的。因此,评价一个会展项目"行不行"或者"好不好",不能完全凭感觉、凭印象,更不能仅凭一纸"策划书",而必须凭经验、凭实践、凭经营管理数据分析而得出结论。

思考题

1. 为什么说评价会展策划工作的效果就是评价会展项目的效果?
2. 如何理解评价标准中的"项目的商业逻辑合理性",政府展项目是否可以遵循这一标准?

第二节 新项目策划工作效果的评估方法

评估会展新项目策划工作的效果,主办方经常采用的方法,主要是经验判断和实际操作两种。这两种方法都是基于主办方经营管理项目的实践,故而常常结合在一起使用。

一、通过经验判断策划效果

对于策划提供的会展新项目,主办方研究该项目"上"还是"不上",往往凭借经验加以判断。

策划工作者提供主办方判断的内容,包括项目的主题创意、市场调查、可行性研究报告(或意见)、组织工作方案(或经营管理意见)等资料,也包括与此项目有关的重要信息。国内中小型主办方创办新的商业性展览会或会议,在决策项目"上"与"不上"时,并不强调书面的策划资料,但其研讨的内容与强调书面策划资料的主办方并无明显不同。

判断新项目"上"与"不上",主办方凭借的经验主要包括以下内容。

从宏观角度(包括社会的、政治的、经济的、行业的角度)把握该项目主题创意可行性

和市场调研客观性;

从运作层面(包括项目立项、组织实施)把握该项目操作可行性;

从规避风险的经验(包括法律的、经济的或特定的风险)把握该项目在操作过程中可能面对的困难或变数;

从配置项目团队的经验把握该项目操作的可行性,如有没有符合需要的项目经理。

主办方将依据以往"上项目"和"做项目"的经验,充分审视新项目所处的环境,仔细推敲预定的项目经营指标,务实计较项目立项或实操工作的细节。决策风格谨慎、经验丰富的主办方,多半会以质疑的态度"设问"于策划工作。而项目的策划者需要根据调研的情况和掌握的信息,对于主办方提出的问题逐一给出回答。

如经主办方研讨评估,同意"上项目",可以视为策划工作取得了积极效果;如被要求继续调研,补充资料,再提请研讨,可以认为策划工作取得一定成效,但并未达到要求;如不同意"上项目",则可表明策划工作效果不彰。

必须指出,不被主办方同意举办的新项目,并不能完全归咎于策划工作缺乏效果,有可能是主办方决策者见识落后,经验陈旧,对于新上项目的价值缺乏"慧眼";也可能是主办方决策者魄力不足,格局不够,缺乏"上项目"的底气和实力。意欲证明工作成效的策划者,可以通过深入沟通,继续争取主办方决策者同意"上项目";也可以借助其他主办方举办同主题会展项目获得成功的案例,间接证明策划工作的水平。

通过立项和实施工作判断策划效果

会展新项目的策划到底"行不行",有没有水平,最有说服力的检验,是通过"上项目"和"做项目"的实践。

在"上项目"和"做项目"的过程中,新项目既可能"上得去"或"做得成",也可能"上不去"或"做不成"。前者基本可视为策划工作取得成功,后者一般被认为策划工作不成功或失败。

下面,以展览会新项目为例,分别罗列"上项目"和"做项目"是否正常或是否成功的主要判断标准(见表9-1)。

表 9-1　展览会新项目立项工作正常/成功与否的标准

序号	"上项目"的条件或因素	成功/正常	不成功/不正常
1	不可或缺的权威主办方/合作伙伴	实现商请	商请无果
2	合适的展馆及展览档期	获订租约	未能获订
3	称职的项目经理与团队组合	人选得当	勉强或难以组配
4	符合预期的立项工作进度	依计划推进或提前完成	计划延宕或进展迟滞

表9-1中所列4个条件或因素,是项目立项工作必将面临的。在"上项目"的过程中,这4个条件或因素不可能全部向好,或全部不好。但判断展览会新项目立项工作是否正常或成功,必须从总体上把握工作态势。如"上项目"工作的总体态势符合策划预期,虽然

部分条件或因素仍存在困难和矛盾,且可通过努力加以克服和化解,那就可以乐观判断。

表 9-2 所示为展览会新项目实施工作正常/成功与否的标准。

表 9-2 展览会新项目实施工作正常/成功与否的标准

序号	"做项目"的进展状况	成功/正常	不成功/不正常
1	营销推广	符合或好于预期	低于或背离预期
2	展位、广告、活动的销售	符合或好于预期	低于预期或困难很大
3	营运服务	有条不紊	秩序紊乱矛盾重重
4	财务预算	符合预期控制得当	背离预期无法控制
5	项目团队	士气饱满内部和谐	士气低落内外失和
6	展商/观众反映	符合预期评价积极	低于预期评价负面
7	经营管理结果	实现经营目标	未能实现经营目标或中途宣布项目取消
8	发展前景	下届继续举办	难以为继

表 9-2 中所列 8 个方面的状况,是新项目实施工作中必将面临的。在"做项目"的过程中,这 8 个方面的状况不可能尽如人意,或全都不行。但判断一个展览会新项目的实施工作是否正常,或组织工作是否成功,需要从总体上加以考察和把握。表中所列的后 4 个方面(第 5—8 项)状况,评估如果是积极并令人鼓舞的,那就可以判断这个新项目基本正常,甚至是成功的。

必须指出,会展项目的策划工作并不能等同于"上项目"和"做项目"。但可以肯定的是,上得不顺、做得不行的新项目,策划工作是不可能免责的。这个责任可能是策划在项目主题创意上存在误判,或是在市场调研中有重大疏漏,以致项目先天不足;或可能是策划工作缺乏预见性,令"上项目"和"做项目"过程缺乏应对困难的准备;还可能是策划所提供的组织工作措施针对性不强,不细不实,令"上项目"和"做项目"进退失据,效率低下。

主办方在决策阶段对于会展新项目策划的评估,虽是基于经验,但其经验也是来自实践,而非脱离实践的"拍脑袋"。如果决策失误,导致所上项目失败,那就不仅是检验策划工作水平的问题,而且是要在经济上或声誉上遭受损失的大问题。因此,有经验的主办方决策者对于"上项目"秉持谨慎、冷静、细致的态度,是很正常的。如果头脑发热,轻率拍板"上项目",收获的很可能是经过实践检验的失败教训。

思 考 题

1. 为什么说会展项目的策划工作不能等同于"上项目"和"做项目"?
2. 会展项目策划方案未被主办方采纳,是不是证明策划工作没有意义?
3. 国内大学生会展项目策划比赛的参赛项目包括获奖项目,为什么很少为会展主办方采纳?

第三节 老项目"估值"的方法

对于举办多年(多届)的会展项目,主办方意欲出让会展老项目权益时,需要评估该项目的价值。这项工作被简称为"估值"。

相比于依靠经验判断,"估值"的方法要科学得多。

对于策划工作而言,了解"估值"的方法,无论是对于新项目的策划,还是对于老项目调整提升的策划,都具有重要的启示作用。

所谓"估值",就是通过数据化的方式评估会展项目的经济价值。

对于会展老项目进行"估值",必须依循规范的价值评估体系。由于"估值"是资本市场和资本运作的常规性业务,再加国际会展市场通过"估值"并购项目提供的案例,故而会展项目的价值评估体系业已形成。

会展项目的价值评估体系,一般由项目的内部因素和外部因素两方面加以构架。以下着重介绍展览会项目的价值评估体系。

一、展览会项目价值评估体系的内部因素

展览会项目价值评估体系的内部因素,须通过展览会项目的经济指标予以体现。"估值"工作就是分析这些经济指标(见表9-3)。

表9-3 专业类展览会内部因素的价值评估指标　　　　　　　　单位:万元

序号	评估内容	近三年指标及其比较			说明
		2015	2016(±%)	2017(±%)	
1	营业收入				
2	营业成本				
3	营业利润				
4	缴纳税费				营业税/增值税
5	净利润				
6	展览毛面积(平方米)				实际租赁展馆面积
7	展览净面积(平方米)				
8	参展商(家)				
9	专业观众数据库信息总量(条)				
10	观众数量(人)				展览会现场登记数据

该表所列经济指标,完全体现展览会项目的内部因素。需要说明如下:

这是针对专业类展览会的经济指标,其指标数据都是项目经营管理的重要数据。如果主办方的展览会项目不止一个,则每个项目的经营指标须分别列明,而后合计。

指标比较的时间长度一般是三年(三届)。如有需要,可以延长比较时间的年份。

考察展览会项目的内部因素,人的因素十分重要。所谓人的因素,是指主办方管理层及项目团队。人的因素同样可以采用指标化形式进行统计和分析。其指标包括人数、性别、年龄、学历、工作年限、项目工作年限、岗位、薪资、业绩状况等。当然,人的因素不能只看统计数据,更需要通过接触、访谈、调研,进行了解和考察。

二、展览会项目价值评估体系的外部因素

展览会项目价值评估体系中的外部因素,一般分为"大环境"和"小环境"两个方面。

先看"大环境"对于展览会项目的影响。

"大环境"就是宏观经济环境。"大"的范围可以是全球的,也可以是全国的,还可以是全行业的。这个"全行业",既可以是会展业,也可以是会展项目服务的某一行业,如汽车展览会服务的汽车行业。

任何展览会项目都会受到宏观经济环境的影响。以消费类展览会为例,国家出台的房地产业调控政策,对于房地产展览会就有重大影响;人口增长率下降以及"少子化"趋势,就会对婚庆展览会、孕婴童产品展览会产生重大影响。再以专业类展览会为例,欧美市场需求疲软直接冲击国内外贸出口,以国际市场尤其是欧美市场为对象的展览会如"广交会",就会产生消极影响;大型基建工程投资增加,将带动建筑工程设备采购上升,将对建筑工程设备展览会带来积极作用。

评估"大环境"的指标,既包括国内生产总值(GDP)、工业增加值、固定资产投资额、产品进口/出口额、人口数量及构成等反映国民经济与社会发展的指标,也包括各个行业的经济指标,如与房地产业相关的经济指标就有房地产投资额、政府土地出让金收入、建筑开工/竣工面积、商品房销售价格、银行房贷利率等。这些宏观经济的指标都可以列表,用统计数据来反映变化。

再看"小环境"对于展览会项目的影响。

所谓"小环境",是指展览会项目所处的特定环境。展览会项目只要在某地某时举办,它就处在一个特定的"小环境"之中了。形成这个"小环境"的因素包括展览会所在城市、展馆、展览档期、主办方与合作方关系、主办方与竞争者关系等,甚至包括主办方是就地办公还是跨地操作、参展商是以制造商为主还是以代理商为主这样的因素。如在北京举办专业类展览会,既要考虑首都特定的政治环境(如国庆阅兵前后二个月时间内停止办展)、交通环境甚至大气环境(如展馆周边地面交通拥堵严重、不同季节空气污染的状况),也要考虑展馆的选择或档期的安排(因为北京展馆较多,租金价格不一,同一主题展览会之间的竞争难以避免)。

如何评估展览会项目的"小环境",本教材第四章第二节"市场分析与可行性研究工

作"已涉及，故不赘述。

表 9-4 所示为专业类展览会外部因素的价值评估内容。

表 9-4 专业类展览会外部因素的价值评估内容

序号	内容分类	序号	评估对象与可选经济指标
一	市场前景	1	近三年行业发展状况（产值、销售收入、企业数量、新增投资等）
		2	未来三年行业发展预测（产值、销售收入、企业数量等）
		3	政府政策是否促进展览会发展
二	办展条件	4	举办展览会的时间是否合适
		5	举办展览会地方/展馆是否合适
三	资源配置	6	可否利用行政资源、行业资源（与权威性行业协会合作关系）
		7	可否利用合作伙伴资源
四	风险预测	8	有无新的或潜在的政策风险、法律风险
		9	有无新的或潜在的市场风险
五	对比研究	10	同主题展览会在国内外的发展状况
		11	竞争对手展览会的发展状况

评估"小环境"的指标，需要根据展览会项目的特点进行选择，不能一概而论。

三、展览会项目"估值"及"尽职调查"的方法

展览会项目的"估值"只是资本市场上各种商品"估值"的一种，其工作叫"尽职调查"。展览会项目的"估值"及"尽职调查"的方法简介如下。

一是可供"估值"的项目。

一般是举办多年、有一定规模和影响力的专业类展览会（新项目或消费类展览会一般不会成为"估值"的对象）。

二是"估值"的动因。

目前，推动展览会项目"估值"的动力来自两方面：一方面因有投资方意欲购并项目，而且主办方愿意出让项目权益；另一方面因主办方规划"上市"，希望通过证券市场融资。

三是"估值"工作的程序。

展览会项目购并"尽职调查"的工作程序一般是：展览会项目所有者（主办方）与购并方达成购并意向协议；所有者（主办方）根据协议向购并方提供"估值"的资料；购并方审核"估值"资料（包括到展览会现场考察核实）；双方对于"估值"资料确信无误后，洽商购并安排，包括所有者（主办方）出让/购并方收购项目权益的比例、出资金额与支付方式、项目的经营管理体制调整等问题。

展览企业"上市"问题比较复杂，但其展览会项目需要"估值"则是无疑的。有兴趣者可以查找资料自行了解"上市"的基本知识和有关程序。在国内，可查阅"新三板"会展企

业的资料。

四是"估值"工作的机构。

"估值"工作需要会计师事务所、律师事务所等第三方机构参与咨询或论证,以保证工作的专业性和规范性。

五是"估值"的计算。

购并展览会项目,其价值计算的公式一般为:该项目三年平均利润的一定倍数。倍数高说明项目价值高,也就是项目值钱。当然,也不排除资本市场竞争因素而推高倍数(2019年法国公司购并北京某公司建材展览项目,溢价高达15倍)。

六是"估值"工作的时间。

"估值"工作的时间一般不少于六个月。

评估会展项目的价值,无论是从内而外,还是由外而内,都需要考察内外双重因素。孤立地、片面地、静止地考察分析,缺乏科学性,不利于客观"估值"。综合地、全面地、动态地考察分析,才能使"估值"比较准确,并能发现被并购方在项目经营管理中存在的问题。

评估会展项目所处的"大环境"和"小环境",旨在把握项目未来发展的趋势,判断有利或不利于项目发展的因素。脱离环境的项目"估值",易陷入"只见树木不见森林"的境地。在全球化、信息化的时代,会展项目的发展岂可忽略环境因素。

评估会展项目的价值,当然是对主办方"上项目"决策是否科学的检验,也是对"上项目"前市场调研与可行性研究工作质量的检验。经评估,价值高且前景好的项目,策划之功当为首功;而价值不高(投入产出比偏低)或不具价值(投入大、产出小)的项目,策划之过则为首过。

思考题

1. 了解展览会项目"估值"及"尽职调查"的知识,对于学习会展策划有什么启示作用?
2. 如果某展览公司申请上市,其项目"估值"对于申请上市有何重要意义?
3. 了解英国励展集团在华购并展览会项目的情况,分析其购并的特点。

第四节　展览会项目经济活动分析的方法

展览会项目的经济活动分析,是主办方或经营者根据经营工作的需要,针对展览会项目组织的经常性管理活动。新老项目都适用。经济活动分析的形式一般为会议。

以展览会新项目为例,主办方或经营者组织的经济活动分析往往基于以下情况。

①展览会的销售出现严重困难;

②展览会成本支出大幅超过财务预算；
③展览会的参观效果远差于预期；
④展览会亏损严重；
⑤关键的合作伙伴对于展览会的操作、效果表示严重不满；
⑥项目团队对于项目管理问题反映强烈；
⑦主办方决策层对于项目未来发展产生严重分歧。

以上情况都说明展览会项目在操作过程中出现了较大的困难、矛盾或问题。主办方或经营者组织经济活动分析，旨在掌握情况，做出判断，寻求对策。

经济活动分析须针对存在的困难、矛盾或问题，或偏重市场分析，或侧重财务状况分析，抑或是分析项目团队的业务工作情况。

必须指出，新上的展览会项目出现困难、矛盾或问题并不奇怪。但导致困难、矛盾或问题的原因，有可能是策划工作不周造成的。如销售困难或参观效果远差于预期，可能是策划工作对于市场需求的判断过于乐观；再如项目财务预算失控，可能是策划工作忽略了重大事项的成本开支；又如合作伙伴对于展览会的严重不满、项目团队对于项目管理问题的强烈反映，可能是立项工作思虑不周，对于项目操作中可能产生的许多具体问题缺乏预见性，没有提醒决策者或管理者加以注意。这些过失对于策划工作而言，非同小可。因此，在新项目的经济活动分析会议上，策划工作者不是旁听者，而是重要的当事人和参与者。

展览会主办方或经营者的经济活动分析，同样可用于总结项目的成绩。总结项目成绩的经济活动分析，同样可以评判策划工作的作用。

通过以上方法的简要介绍，可知会展项目策划工作的效果评估一般不会独立出现在主办方或经营者的工作日程上。换言之，会展项目策划工作的功过评判只能反映在主办方或经营者的管理需要之中，而不论这种需要是资本经营的战略管理，还是项目经营的日常管理。

必须强调，会展项目规范的、专业的"估值"及其"尽职调查"，或者是经常的、有针对性的经济活动分析，都需要参与者具有丰富的经验。缺乏从业经验或管理经验的人（包括机构），是难以主导这方面工作的。

会展策划的学习者必须明白，策划工作的成败得失只能通过会展项目的经营管理和经济效益体现（"政府展"还要体现社会效益），而不能游离其外。

思考题

1. 会展项目的"估值"及"尽职调查"工作与会展项目经济活动分析有什么不同？
2. 为什么说策划工作的成败得失只能通过会展项目的经营管理和经济效益体现？

附　　录

 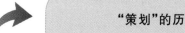

"策划"的历史

参考书目

[1] 高润浩.中国古代军事谋略文化[M].上海:白山出版社,2012.
[2] 高娟.西方策划学[M].北京:当代世界出版社,2009.
[3] 吴粲.策划学[M].6版.北京:中国人民大学出版社,2012.
[4] 菲利普·科特勒.市场营销原理[M].14版.楼尊,译.北京:中国人民大学出版社,2015.
[5] 格鲁尼格,等.卓越公共关系与传播管理[M].卫五名,等,译.北京:北京大学出版社,2008.
[6] 上海市标准化研究院.展览业标准化综论:《经济贸易展览会 术语》国家标准解读[M].北京:中国标准出版社,2011.
[7] 张风林.会展词语手册[M].吉林:吉林电子出版社,2011.
[8] 毛泽东.毛泽东选集第一卷[M].北京:人民出版社,2003.
[9] 丁俊杰.创意学[M].北京:首都经济贸易大学出版社,2011.
[10] 陈春花.经营的本质[M].北京:机械工业出版社,2013.
[11] 魏炜,朱武祥,林桂平.商业模式的经济解释:深度解构商业模式密码[M].北京:机械工业出版社,2012.
[12] 杨凤荣.市场调研实务操作[M].北京:北京交通大学出版社,2008.
[13] 沃尔夫戈·普尔曼.展览实践手册[M].黄梅,译.武汉:湖北美术出版社,2011.
[14] 朱迪·艾伦.活动策划完全手册[M].王向宁,等,译.北京:旅游教育出版社,2011.
[15] 杰克·R.梅雷迪思,小塞缪尔·J.曼特尔.项目管理:管理新视角[M].戚安邦,等,译.北京:中国人民大学出版社,2011.
[16] 李艳婷.现代会议组织与服务[M].北京:中国人民大学出版社,2012.
[17] 刘海莹,许锋.会议中心设计、运营与管理[M].北京:旅游教育出版社,2012.
[18] 王春雷.展览项目管理:从调研到评估[M].北京:中国旅游出版社,2012.
[19] 叶曙明.广交会[M].广州:广东教育出版社,2010.
[20] 过聚荣.中国会展经济发展报告(2011)[M].北京:社会科学文献出版社,2011.
[21] 龚维刚,杨顺勇.上海会展业发展报告(2013)[M].北京:中国文史出版社,2013.

后　记

本书编著者从事会展业以来，作为职业经理人经历过许多会展项目的策划及其经营管理。其中，既有成功的，也有失败的。与此同时，对于业内同仁的项目策划及其经营管理，多有观察或调研。因此，深知会展策划是极富挑战性且责任重大的工作。

2012年决定写这本书时，基于两方面需求：一是，会展主办方（包括新入行的创业者）希望有实用性的教材提供会展策划工作参考；二是，本科和高职院校会展专业希望有创新性的教材用于改善会展策划的教学质量。针对需求，此书以务实有用为出发点，采用贴近实际、注重实用和结合实例的方法，力求有的放矢地介绍会展策划的专业知识。

此书2014年经武汉大学出版社出版后，被全国20多所本科和高职院校会展专业征订为教材。与此同时，许多会展业者将其作为培训教材或自学读物。其中，中国会展经济研究会主办的"中国会展集训营"将此作为培训教材，有超过2000名学员获得此书。

鉴于此书2014年版业已售罄，本人将此书列入华中科技大学出版社《会展实务丛书》系列（张凡、王春雷总主编），修订后再版。

2019年新版《会展策划》，以2014年版为基础，进行了大范围修订，主要是：去掉不合时宜的内容（如展览会冠名"中国"或"国际"的行政审批）；更新案例（以新近案例取代部分老的案例，或对原用案例补充新的材料）；改写或增加部分论述（如每章增写"本章教学要点"）。修订工作始于2019年2月，自6月初完成。

修订工作得到张剑（好博塔苏斯展览公司员工、本人助理）、王治峰（武汉商学院实习生）的协助。

张　凡

2019年6月于武昌

使用支持说明

《会展实务丛书》系华中科技大学出版社"十三五"重点规划丛书。

为了提升使用效果，提高丛书的使用效率，满足高校教师和会展行业学习和培训的需求，本套丛书免费配备有与纸质图书配套的二维码案例资源、电子课件（PPT）和拓展资源（视频、案例库和知识库等）。

为保证本丛书相关配套资源为图书使用者所得，我们将向使用本图书的高校授课老师和会展从业者免费赠送相关资料，烦请通过电话、邮件或者加入会展专家俱乐部QQ群等方式与我们联系，获取"配套资源申请表"文档并认真填写后发送给我们，我们的联系方式如下。

地址：湖北省武汉市东湖新技术开发区华工科技园华工园六路

邮编：430223

电话：027-81321911

传真：027-81321917

E-mail：lyzjjlb@163.com

会展专家俱乐部 QQ 号群号：641244272

会展专家俱乐部 QQ 群二维码：

群名称：会展专家俱乐部
群　号：641244272